Child Safety Management
兒童安全管理

郭靜晃◎著

黃　序

「再度發生幼童悶死於幼童專用車的事件，真的讓自己很痛心。」

近年來，不斷的從新聞媒體中看到不同角落裡，兒童不幸事件的重複發生，事故發生後媒體以斗大字眼一再探究憾事為何重演，看著孩子父母不捨的眼神，那將是永遠的痛，而對社會大眾而言，更是一種焦慮不安及害怕與擔心，因為在專責人員的照顧下，竟會讓一個小小的幼童發生如此可怕的遭遇！如何讓父母心安，如何讓社會大眾相信自己的小孩乘坐幼童專用車是安全的，如何讓父母們相信孩子所處的環境是安全的，如何建構一個安全無慮的生活空間，讓我們未來的主人翁健康無慮的生活，攸關國家未來發展甚鉅。有鑑於此，如何讓兒童擁有一個安全及健康快樂的成長環境，建立國人兒童安全認知觀念，是國家與社會每一個人責無旁貸的責任。

依據行政院衛生署的統計，二〇〇四年台灣地區未滿十五歲人口之死亡人數為 2,066 人，其中屬意外事故傷害死亡者為：運輸事故 121 人、意外中毒 18 人、意外墜落 26 人、火及火焰所致 22 人、其他意外事故 185 人，合計為 372 人（約占 18%）。兒童因意外事故發生，導致受傷或甚至死亡，所造成國家與家庭的遺憾與損害，其中大多數是可以避免的，但往往因照顧者一時大意，使得這

些日常生活的潛在意外成為可怕的殺手。因此，建立一個正確的兒童安全認知觀念比什麼都來得重要，從小父母就須耳提面命告訴孩子玩遊戲時要注意哪些安全、哪些場所不可任意攀爬、出入公共場所應遵守哪些規則，並不斷的用發生於你我之間的小故事來告訴孩子們什麼地方、什麼遊戲、什麼舉動是危險的。然而孩子在懵懂的發展過程中是需要大人扶持的，不管是家長、照顧者以及托育幼教機構工作人員，都必須要對於幼童生活照顧、遊戲場所的安全有深刻的認識，惟有家長、照顧者與專職人員都能體認與確實注意維護其安全，並同時扮演照顧者與教育者的角色，才有可能減少我們的孩子受到傷害，甚至避免不幸事件的發生。

欣聞郭靜晃教授有意將其對托育機構人員訓練及進行親職安全教育過程中所累積的講義、心得與經驗，並參據各方專業及實務人員著作，編輯成一實務性教材，提供家長與幼托機構從業人員作為兒童安全管理教育之教材，本人至表贊同。此書將有關兒童生活與活動環境中的家庭、機構、學校、遊戲設施、食品、交通、建築物設施等場域的安全教育與管理、事故傷害處理及兒童安全資源等均羅列其中，在有關兒童安全管理書籍教材中實屬完備。《兒童安全管理》的誕生，將能讓照顧兒童生活起居的家長及幼教工作者，認真體會兒童意外事故隨時無處都有可能發生，且惟有將兒童安全教育落實在日常生活中，並以實務範例瞭解安全教育之內容及實施方式，秉持專業處理原則與善用社會資源，提醒父母、照顧者、幼托機構工作人員及社會大眾，時時刻刻重視兒童安全的各項問題及教導孩童從小注意自身安全的觀念，讓兒童學習如何自我保護，方能減少意外事件的發生。

推展社會福利工作，保障人民生活安定，是政府的責任，也是人民的權利，兒童安全健康快樂的成長，是所有父母共同的心願，也是內政部積極推動的重點工作，但「事故」的發生常讓我們感到

措手不及，「多一分謹愼，就少一些危險」是絕對不變的定律，因此，爲了不要讓孩子因爲大人們的疏忽而必須終生伴隨著痛苦的記憶或甚至來不及長大，我們必須在每一個環節建構一個完善的兒童安全空間，這不僅是家長與幼托機構共同的責任，更需要社會各界的重視，冀望透過郭教授所出版的《兒童安全管理》一書，能爲所有的家長、幼教工作者及社會大眾對兒童安全帶來更清楚的認知，進而在每個生活環節中落實，如此才能眞正的陪伴每個兒童平安、快樂的長大。「一個孩子，一個希望」，維護兒童安全眞的很需要大家共同來關心。

內政部兒童局局長

黃碧霞　謹識

2005 年 11 月 8 日

自 序

「今日不投資，明日一定會後悔」。每個人只有一個童年，且兒童正處於人生發展的前面階段，由於個體尚未發展成熟，所以受周遭環境影響很深。在兒童的成長階段中，個體必須要接受環境及成人的保護，以塑造其健全人格及孕育日後成長的潛能發展；所以世界各國為了兒童健康、生長與發展，無不挹注各資源以制定兒童福利政策，開展兒童保護工作，重視兒童基本成長的權利，冀望營造一個兒童健全成長、無安全可虞的環境。

社會福利學者 Howard Leichter 更以情境、結構、文化及環境等四個因素，來檢視台灣的兒童照顧發展政策，其中情境因素就包括層出不窮的托育環境之事故傷害、失業潮引發的兒童虐待事件等。這些事件無不怵目驚心，透過媒體報導之後，也震撼了社會。在經過檢討之後，促使政府對兒童照顧的關心，甚至立法，及制定政策介入，以代表政府保護兒童安全的決心。

兒童需要被保護，除了有完善的保護法令與政策之外，還需要有成人呵護及提供安全的環境，不過上列兩項作為仍是消極性的，相對地，更需要提供兒童安全的訊息及技巧等積極作為，力圖避免陷入危險的困境。

近年來，失業家長攜子自殺的事件時有所聞，且有逐漸增加之趨勢。依行政院衛生署於二○○一年之統計：台灣地區年齡在十九

歲以下，因機動車事故、淹溺、意外墜落、火及火焰、其他及中毒等共有七百八十九例，若依此比例估計，在二○○一年，我國兒童及少年可能超出一百萬因受傷而需要至急診室就醫。更離譜的是，有些事件常因成人疏忽所造成，例如有兒童被悶死在娃娃車上，從一九九五至二○○五年，就有類似三例兒童傷害至死亡的事件發生，究其原因，可能是照顧者的疏忽，或缺乏危機意識，抑或是兒童欠缺安全的技能。

　　本書就基於作者長期訓練托育機構之實務人員或進行親職安全教育講座時，皆強調兒童安全的重要性，甚至於也曾擔任過靖娟兒童安全文教基金會第一位執行長，有感於倡導兒童安全教育時，常缺乏一本較實務性可教導家長及托育工作人員之教材，故在第三次又發生娃娃車悶死幼童事件之後，動手整理個人之演講講義及心得，並參據各方專業及實務人員之著作，動筆撰寫本書。本書共分十二章，包括緒論，家庭中的安全，托育機構與學校中的安全，社會中的安全，安全教育內容與時機，安全技能管理——學齡前階段、小一至小三、小四至小六，安全教育的規劃與實施，環境安全的規劃，事故傷害處理，及兒童安全之資源運用。內容除了介紹兒童所處環境之危險因子之外，並闡述兒童安全教育之內容及實施方式，最重要的是如何掌握教導的時刻、機會教育，以及遵守教育及臨床工作人員所恪遵之適齡方案。除此之外，本書更提供進一步規劃兒童安全的環境，以及提供萬一遇到事故傷害之處理原則，及如何運用相關兒童安全資源。

　　本書力求文字簡單，並輔以實務為例，冀望提供家長及托育機構從業人員多一層安全認知之外，也期望透過安全教育之實施，能給兒童實用的安全訊息及技能，以確保我國兒童能有健康及安全無虞的童年，造就未來社會及人力的資本，更能厚植國力。無庸置疑地，培育安全、健康的兒童是一件艱難的事，但身為兒童的教育及

保護者，更須有強烈的責任感，務必要做好安全措施，因為兒童的名字就叫「今天」，其生命是不能等待，而且不能因忽視而使其遭受傷害。

　　本書之付梓，感謝威仕曼文化事業股份有限公司宋總經理宏智的催生、督促及鼓勵，以及閻總編辛苦的催稿及校稿，為本書之付梓提供各種協助，才能使本書在短時間內順利交稿及出版，在此表達誠摯的謝意。

郭靜晃　謹識

陽明山華岡

2005 年深秋

目　錄

第一章
緒　論

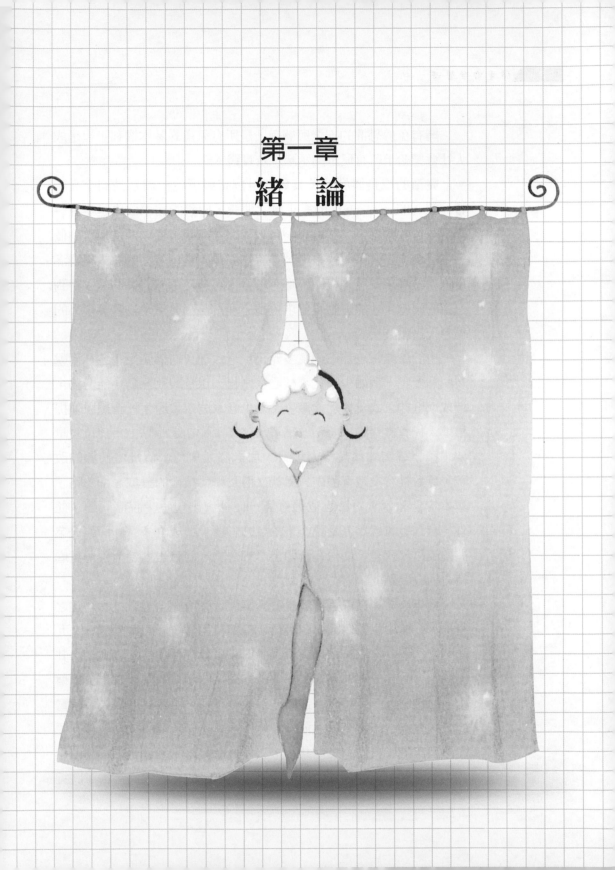

擁有免於恐懼的安全與感受，是所有兒童的基本權利，也是成人社會應給予所有兒童的承諾以及實踐。

兒童的成長與發展，其實就是個體與環境持續互動的交互影響，就 Albert Maslow 的需求層次理論，個體的需求依序是生理→安全→自我歸屬→自我尊重→自我實踐等階層，依循漸進以達到個人之健全人格發展。換言之，唯有在兒童的生理層面的需求獲得滿足，才會尋求安全的保障；唯有安全、舒適及免於恐懼的需求得到適當的回應，才能驅動及追求更高心理（自我尊重及自我實現）的理想人格發展。

由於工業化、都市化及多元化，導致社會結構產生了各種衝擊及劇烈變化，例如少子化、核心家庭化，以及親朋互動功能薄弱，造成家庭非正式支持功能減少；雙生涯家庭以致產生托育需求並提早進入托育機構尋求照顧，為了讓孩子不輸在起跑點上，父母及早要求孩子學習才藝及學術教育；加上個人角色價值及價值觀的改變，導致社會及教育體制只重視文憑及學科技術的養成，卻忽略了基本安全教育，更缺乏危機意識，使社會出現不少脫序問題。此外，台灣社會近年來受經濟不景氣的影響，造成許多家庭面臨失業問題及財務窘境，使得在資源上居於弱勢，同時也容易衍生兒童虐待之社會問題。

近年來，失業家長攜子自殺的事件時有所聞，且有逐漸增加之趨勢。依據中山醫學大學附設醫院精神科相關統計記載：自一九九二至二○○一年間，媒體報導過的攜子自殺事件就有七十八件，其中一半發生在一九九九至二○○一年間，此類自殺案件數量不斷增加，而且常在一段時間內連續發生類似事件，更容易形成社會學習的模仿效應（黃淑芳，2003）。另外依據家扶基金會統計記載：二○○三年攜子自殺的案件共有十七件，而從二○○一至二○○四年間也高達五十八件，其中以母親帶小孩自殺的比例較高，占了將近

六成。其原因為婚姻及感情問題（占 49%），另外 24% 是財務問題，22% 是失業問題（徐毓莉，2004）。從上述可見，最近台灣的失業及貧窮問題嚴重影響兒童福祉與權益，甚至威脅其人身安全。此外，家扶基金會曾對近一千六百位家長進行問卷調查亦發現：有兩成家長認為為了不讓孩子承擔經濟上或其他不良後果，會選擇結束小孩生命，一成七父母在遇到婚姻問題時，會把小孩當作報復對方的工具（徐毓莉，2004）。除了這些極端的兒童虐待事件之外（本身已嚴重侵害兒童的基本生存權，涉案父母不僅犯下重罪，後續的醫療、司法、安置與心理復健等工作，更損耗巨額社會成本），還有為數不少的兒童疏忽、傷害事件，也造成兒童人身安全受到威脅。

　　諸如此種，也提醒一味追求高度經濟文明的台灣社會，不僅要推動經濟發展和工業技術的提升，也反映了我國社會亟需完善的兒童少法福利法令及相關措施來支持家庭，以預防及因應這些人倫悲劇。馮燕（2001）就曾呼籲政府，應擴大辦理家庭支持性服務、寄養、托育等措施，甚至擴大至社區福利化之觀點，配合問題解決、生活引導和喘息式托育服務，以便讓這些危機家庭能度過難關，更積極地要提供親職及安全教育，教導父母親職教養技巧，落實兒童權益，以避免兒童身心受到傷害。

　　除了家庭為傷害兒童之宿主（hosts）之外，影響兒童傷害事件另一重要因素是環境（environment）及物件（vehicles）（李燕鳴，2004）。據行政院衛生署（2001a）之統計；台灣地區年齡在十九歲以下之死亡原因，依序為機動車事故、淹溺、意外墜落、火及火焰、其他及中毒等，共有七百八十九例（見**圖 1-1**）。若以此比例估計，在二○○一年可能有超出一百萬傷害須到急診室就醫。依 Gallagher、Finison 及 Guyer（1984）的研究估計，每一位青少年（under age 19）死於事故傷害時，估計有四十五位青少年須住院及

Maslow 需求理論

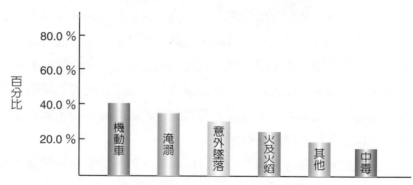

圖 1-1　1 至 14 歲事故傷亡之主要種類及百分比
資料來源：行政院衛生署（2001a）。

一千三百位須到急診室就醫，另外有兩千人是在門診或家中自行處理。當然，事故傷害或暴力傷害死亡所導致的是個體潛在生命年數損失，潛在工作日和經濟損失最大，其後遺症或殘障對健康生活品質衝擊也十分嚴重，更影響日後的人力資本（human capitals）及社

會資本（social capitals）。台灣地區事故傷害除機動車交通事故傷害比韓國低之外，其餘高出新加坡、日本、澳洲或其他歐美國家甚多（行政院衛生署， 2001b）。

　　由於兒童本身較欠缺安全認知，加上成人疏忽，缺乏危機意識，社會安全教育也未落實於生活中，福利政策規劃未臻完善，使得近十幾年來，我國因安全事故而死亡之比率也是亞洲地區第一位。兒童是國家未來的主人翁，父母心中的瑰寶，但他們也是環境安全欠缺的最大受害者。一則因為兒童是無聲音（invoice）的弱勢團體，也不具備投票資格，致使他們的需求易遭到社會大眾、甚至政府及政策的忽視，除非發生重大事故傷害或死亡，獲得媒體的報導，才會在短時期內獲得社會大眾的注意，在一陣口誅筆伐之後，又漸漸被社會大眾淡忘；二來因兒童年紀小，自我獨立生存能力不足，認知與先天體能的限制，也使得他們不能在大環境中自我保護。因此，兒童安全與否實有賴於大環境的安全措施與政策的提供，以及照顧他們的成人有心的保護。

　　台灣社會發展上對兒童的重視莫過於在一九六三年制定兒童福利法，但歷經二十年（在一九九三年第一次修訂），兒童福利法始終只是政府宣示爲兒童權利倡導及執行兒童福利相關工作的依據。但是本身的條文未隨著社會變遷及現況做改變，也未能加以修正與充實，因此，兒童福利仍屬過時或聊備一格而已。一直到一九九三年的修訂及之後十年來的修法，才將兒童福利法與少年福利法合併成爲兒童少年福利法，其內容共有七章七十五條，包括：總則、身分權益、福利措施、保護措施、福利機構、罰則與附則，整體內容與規定除了詳細列舉各目的事業主管機關之權責與罰責外，亦對執行工作之細節做較爲完備之規定，以更有效的保護和處理兒童少年被侵害的權益。諸如：(1)嚴格規定出生通報責任，妥善解決棄嬰、非婚生子女無戶口或其他因素而造成的戶口問題，以及就養或出養過程中的必要行爲，以便兒童少年在成長過程中，就醫、就學或就養權益得以維護；(2)落實早期療育資料建檔，建構發展遲緩評估與早期療育服務之網絡；(3)保障三歲以下兒童免因家庭經濟因素而無法獲得醫療照顧；(4)對於提供不當教養、未善盡教養和利用兒童少年謀利之父母，得實施強制性親職教育；(5)代替父母或監護人協助、輔導和安置兒童少年之條件；(6)詳細規定安置保護程序和應有之作爲；及(7)扶養人不支付費用時，爲保護兒童少年，主管機關應先行支付（郭靜晃，2004）。

　　在政府宣示捍衛兒童權利、制定兒童福利政策，修訂及研擬兒童福利相關法規、規劃不同的兒童福利措施，以期有積極作爲來防範、補救、彌補兒童等弱勢族群在社會變遷中所造成的不幸，將傷害降至最低程度。雖然政府對兒童權利及兒童保護日益重視，然社會大衆卻無法感受到政策及積極作爲的成效，社會大衆對於政府保護兒童安全之重要性，認知及滿意情感卻也反映出：(1)對於「兒童安全及保護」普遍有一致性共識，並肯定其重要性；(2)一半民

眾（尤其是女性）不滿意「兒童居家生活安全」；(3)非常不滿意「兒童校園生活安全」；(4)非常不滿意「兒童在公共場所的安全」；(5)對政府所實施「保護兒童安全法令措施」滿意度低（約占 27%）；(6)普遍認為社會不能提供一個安全環境給兒童；(7)期望政府應加強兒童安全之保障措施，注重公共場所安全，其次為校園安全（許咨民，1998）。

　　台灣在一九九二年五月十五日一場遊覽車火燒車意外事件，奪去了二十三位台北市私立健康幼稚園師生的寶貴生命，造成社會譁然，日後也成立靖娟兒童安全文教基金會，期望對社會建立更完善的安全制度，也透過各種教育及研習，不斷叮嚀、宣導及喚醒社會大眾及家長重視兒童安全，期望兒童學習各種自我保護的觀念及技能，以期兒童能安全的成長。不僅如此，政府也修訂各種法令以期建立兒童安全防護制度，加強對兒童安全更深一層的保護措施，並將兒童安全管理納入兒童福利專業人員訓練的課程之一，以明示兒童安全是不容忽視與暫緩的。

　　雖然政府捍衛兒童安全已在法律制度上有了積極作為，但是面臨社會變遷之不良因子作用，台灣有關兒童傷害事件仍是時有所聞。兒童安全已亮起了紅燈，**表 1-1** 是作者從《聯合報》整理二○○四年有關兒童因成人疏忽或侵害造成兒童身心受創之新聞事件，這些事件更說明我國兒童需要被保障安全權，而兒童安全除了要有兒童的法律制度，成人提供無障礙及無危害之環境，最重要的還是要落實兒童安全教育，尤其是要透過教育，教導兒童如何避免被危害。

表 1-1　2004 年台灣兒童遭受傷害之新聞事件

疏忽

日期	標題	類型	大意
2004/1/2《聯合報》B4 版	九樓墜下，男童送醫不治	疏忽	與四歲弟弟在九樓的中庭玩耍，疑似推開安全門走到樓梯間爬上距地面一公尺的敞開窗戶，不小心墜樓。
2004/1/2《聯合報》B5 版	糊塗女子廁所產子，藏進箱子	疏忽	桃園一名十九歲女子，在廁所產子後認為嬰兒已經死亡，所以就將她藏在房內，生產後因感染性出血，才告訴母親身體不舒服，醫生研判是流產，但卻沒有胎兒。經過社工員訪談後才得知產子之事。
2004/1/9《聯合報》A8 版	幼女唉唉叫，重現母親出牆聲	疏忽	女子紅杏出牆，還讓讀幼稚園的女兒在旁觀看與情夫的做愛過程，結果女兒學老媽「性高潮」的模樣給老爸看，致使姦情曝光。
2004/1/12《聯合報》A8 版	保母費沒到手，男嬰丟樓梯間	疏忽	男嬰父親失業，母親生重病，無力支付保母費，進而被保母丟在母親友人的家門口。
2004/1/13《聯合報》A9 版	幼兒指揮倒車，母排錯檔撞死	疏忽	六歲兒子在車前指揮，印籍單親媽媽誤將前進檔當成倒車檔撞死兒子。
2004/1/27《聯合報》B5 版	隔壁兩哥哥疑似狼，四歲女童指遭性侵害	性侵害疏忽	嘉義縣一名四歲女童遭隔壁一對就讀國一及小六的兄弟性侵害，女童指出某日早上在家中看電視，被隔壁的哥哥抱到男童家拜拜的地方欺負。
2004/2/4《聯合報》A8 版	二月大男嬰死，體重掉 1/3	疏忽	外貌似非洲飢荒地區小孩，研判營養不良致死，負責照顧的外婆說都餵他喝米漿。
2004/2/13《聯合報》A8 版	母留幼兒看家，十月男嬰燒死	疏忽	母親中午去買便當，出門才四分鐘，屋內即冒濃煙，兩歲姊姊說曾玩打火機。
2004/3/6《聯合報》A8 版	玩球傷人，男童和父母判賠八十二萬	疏忽遊戲安全	十二歲李姓男童到鄰居家玩擊球遊戲，不小心擊中蔡姓男童的頭部，導致右眼視力嚴重受損，父母監督不周。
2004/3/8《聯合報》A8 版	小兄妹葬火窟，辛苦父親好傷心	疏忽	王俊達以開計程車維生，今早還起來做早餐給五歲的兒子和四歲的女兒吃，並看他們寫完功課，收拾好後才去睡覺，直至十點多時，聞到濃煙味驚醒後，衝去開兒女的房間，卻反鎖，兒女倆被燒得焦黑。

（續）表 1-1　2004 年台灣兒童遭受傷害之新聞事件

日期	標題	類型	大意
2004/3/15《聯合報》A8 版	掐死三歲女兒：醫囑曾要她戒毒	疏忽	有精神病史的林娟娟與郭姓男子同居，育有一名三歲女兒，在割腕後掐死女兒，郭母返家後發現，指出兒子在出門前叮嚀林女有精神疾病以及自殺的傾向，不要讓林女與女兒獨處，以免發生意外，稍早她看林女沒有任何異狀便出外購物，沒想到就發生了悲劇。
2004/4/1《聯合報》A1 版	被綁勒贖二千萬，女童獲救	疏忽	3 月 18 日下午侯姓女童在住家後門玩耍，父母在前面的店面做生意，歹徒利用此時綁架女童，再打電話勒贖二千萬，拿到三百萬後歹徒即被逮捕。
2004/4/7《聯合報》A8 版	驚魂二小時，寶貝兒子失而復得	疏忽	一名張姓婦人開車載皤皤至新莊市的一間醫院看病，將兒子及菲傭留在車上，車子卻讓歹徒強行開走，菲傭跳車逃出，警方也尋獲人車。
2004/5/10《聯合報》A8 版	男童壓脫紗窗，十一樓墜落摔死	疏忽	北縣十歲的李姓男童，前天晚間在板橋市阿姨家和弟弟與表妹玩捉迷藏，躲在窗戶旁壓脫紗窗自十一樓墜落身亡。
2004/5/12《聯合報》A8 版	家中沒大人，四歲男童墜樓死	疏忽	宜蘭羅東鎮一名四歲邱姓男童昨晚從十二樓墜下死亡。事故發生之前，母親騎車要去接老公回家，男童說要在家看卡通，母親便沒帶他去，怎料回家後發現天人永隔。
2004/5/13《聯合報》A8 版	五歲女童悶死娃娃車內	疏忽	五歲女童張雅雲昨天意外悶死在娃娃車內。由於司機和老師的疏忽，使得女童在高溫悶烤下含恨離開人間。
2004/6/20《聯合報》A1 版	反鎖屋內，三姊弟被活活燒死	疏忽	潘女把女兒從寄養家庭接回慶生，並與同居人出外捕魚，準備幫女兒加菜。準備出門時，三個小孩都在睡午覺，潘姓婦女怕小孩睡醒後會亂跑，就把門鎖上，不料午後房間突然起火，三個小孩無法逃生而被嗆死。
2004/6/21《聯合報》A8 版	為玩伴撿皮夾，五歲娃墜樓死	疏忽	五歲翁姓男童前天在基隆市住處墜樓身亡，經調閱錄影帶後，發現曾和十一歲羅姓男童一起上到頂樓，男童告訴警方翁童是為了幫他撿皮夾而摔死的。
2004/6/21《聯合報》A8 版	誤食汽車蠟，一歲男童不治	疏忽	板橋市一歲多的簡姓男童誤食汽車蠟後身體不適，送醫後不治。醫護人員發現其身體上有多處傷痕，懷疑遭受家暴而通報。才知道原來父親發現後，先打一頓再餵瀉藥，而後才送醫急救，凌晨不治死亡。

（續）表 1-1　2004 年台灣兒童遭受傷害之新聞事件

日期	標題	類型	大意
2004/6/23《聯合報》A3 版	又是這條溪，二女童戲水溺斃	疏忽遊戲安全	九歲和十歲的顏姓及張姓女童，昨日結伴到新店南勢溪戲水，不幸溺水送醫後不治。
2004/7/4《聯合報》A8 版	遠親綁學童，勒贖時被逮	疏忽	台中縣潭子鄉林姓學童在 7 月 29 日被奶奶送至學校後失去蹤影，家屬隨後不斷接到歹徒的勒贖電話，警方預測到發話地點後趕去抓人，當時被害人就乖乖的站在旁邊。
2004/7/5《聯合報》B1 版	北投運動中心，學童墜樓骨折	疏忽遊戲安全	昨日上午劉姓學童到中心的三樓陽台透氣，後來想回室內但門打不開，於是從三樓爬到二樓墜落地面，疑似中心設計不良。
2004/7/9《聯合報》A8 版	北市天母男童遭綁，付贖二百萬獲釋	疏忽	模範生游完泳後失蹤，劉母獨自談判，歹徒現身基隆取款放人，警方於今晨逮捕三名嫌犯，疑有一名共犯在逃。
2004/7/29《聯合報》A9 版	坐學步車，女嬰栽進餿水桶	疏忽	桃園縣一名九個月大女嬰，趁祖母不注意時，獨自坐學步車入廚房，竟栽入餿水桶，祖母發現後馬上求救，女嬰一度停止呼吸。
2004/9/5《聯合報》B2 版	遊冷水坑，女童走失未尋獲	疏忽	家住淡水的九歲女童，隨父母和親友至陽明山遊玩，疑似自行走入山區玩耍，父母發現後尋找了三個小時，才報警協尋。
2004/9/6《聯合報》A8 版	八歲男童溺斃三溫暖水池	疏忽遊戲安全	父親去蒸氣室，留男孩一人戲水，回來時發現男童面朝下浮在水上，立即施以心肺復甦術，仍回天乏術。
2004/10/1《聯合報》A8 版	公寓失火，疑過動兒玩火肇事	疏忽	北縣土城市有過動兒症狀的黃姓學童昨日涉嫌在自己家放火，不只是自己的家全毀，還造成三人受傷。母親氣到大罵：「你為什麼不跟著去死」。
2004/10/15《聯合報》A9 版	公園椅壓破頭，女童命危	疏忽遊戲安全	林姓學童前天放學後，在等待表姊一起回家的同時，與其他小朋友一起坐搖搖椅，玩到正高興的時候林姓學童突然墜地，被搖盪的搖搖椅壓中頭部後，便不省人事。
2004/10/15《聯合報》A9 版	三歲男童，十二樓墜樓身亡	疏忽遊戲安全	北市萬美國宅一名三歲男童，昨晚在十二樓的家中窗台玩耍時，不慎掉落到三樓平台，母親發現後送醫不治。
2004/10/15《聯合報》	夜市小公主被拐走，爸媽跪求協尋	疏忽	一對在士林夜市賣蚵仔煎的夫婦，前天晚上十一點多有位身穿黑衣的女子向他們購買蚵仔煎，女子趁夫婦不注意時拐走小女孩。

（續）表 1-1　2004 年台灣兒童遭受傷害之新聞事件

日期	標題	類型	大意
2004/12/30《聯合報》C4 版	異物塞入耳鼻，兩童麻醉取出	疏忽	兩名四歲男童分別將原子筆筆頭和玩具塞入鼻腔和耳朵內無法取出，送至醫院後才麻醉取出。

性侵

日期	標題	類型	大意
2004/1/30《聯合報》B4 版	女童遭性侵兩年，姨丈扮狼人	性侵害	十三歲女童因父母離異交給阿姨照顧，阿姨離婚後交給其前夫，未料遭染指，女童無意間告訴同學，同學家長得知後檢舉。
2004/3/7《聯合報》A8 版	前案拖太久，性侵犯再害一名女童	性侵害	沈姓男子（在 1999 年以強暴方式猥褻十四歲以下少女，2001 年 11 月被判有期徒刑六年二個月，繼續上訴最高法院，仍在等保密分案）涉嫌性侵害女童，2003 年 8 月初，沈姓男子在高雄縣某一公園內，看到女童和男童在玩耍，以購買飲料為由支開男童，猥褻女童，事後留下行動電話，之後一再找機會約女童出來，8 月底性侵害女童得逞，2004 年 3 月 2 日，老師知道女童有三千元，懷疑錢的來源，才知道是阿伯給的。
2004/3/25《聯合報》A8 版	窮媽媽為借錢，任富朋友性侵害女兒	性侵害	台北縣一名母親為借錢，默許一名公司負責人性侵害自己十二歲的女兒長達兩年，女童之前雖將此事告知母親，但她仍未保護自己的女兒，直至 2002 年底，少女的父親得知借錢一事，經過追問才得知女兒被侵犯，憤而報警。
2004/3/29《聯合報》A8 版	滿身傷，一歲半幼女死因可疑	身體性侵害	下體紅腫疑遭性侵害，父母否認，鄰居出面指出夫妻倆「怪怪的」，幼女的頭、臉、頸、胸和四肢，遍布十餘處新舊傷痕，下體紅腫，疑她有受虐情形或性侵害。
2004/3/31《聯合報》A9 版	性侵二十五名小沙彌，法師被判十二年	性侵害	北縣三寶沙彌學院，前住持法師釋智浩利用小沙彌洗澡或睡覺時，強迫肛交、口交，於 2000 年被控性侵害二十五名小沙彌案，被駁回上訴，須接受強制治療。
2004/5/27《聯合報》	小五生，疑性侵小三女童	性侵害	台北縣土城市，小三謝姓女童，前天下午放學後被同校五年級有中度智障的男童帶走，昨天凌晨在北二高土城大暖路涵洞的草叢被找到時，身受重傷，疑遭性侵害，調閱監視錄影帶後，發現劉童涉嫌最大。

（續）表 1-1　2004 年台灣兒童遭受傷害之新聞事件

日期	標題	類型	大意
2004/6/15 《聯合報》 A7 版	老爸性侵，國中女兒二度墮胎	性侵害	台中縣大肚鄉張姓攤販，涉嫌性侵害就讀國中的女兒長達兩年。張姓男子趁太太外出補貨以及兒子補習時，性侵害正在看電視的女兒。此外，還利用太太不在家時，逼女兒一起看 A 片，要求模仿影片中的動作，並威脅女兒不可告訴其他人，還染指女兒的同學。後來因為張姓男子沒付錢，女兒遭同學催討，獸行才曝光。
2004/6/15 《聯合報》 A7 版	學 A 片，小五生涉嫌性侵六女童	性侵害	南投縣仁愛鄉一名就讀國小五年級的鍾姓男童，涉嫌性侵害六名女童。由於學校接獲家長反映，他在放學途中猥褻女生（摸胸部和私處），於是校方開始對鍾姓男童進行輔導，老師也以他作為訓誡學生的案例，學童才說出他性侵害女生，並舉出時間和地點，才曝光此事。
2004/6/15 《聯合報》 A7 版	受害六女童，家境都不好	性侵害	受害人家長被警察通知，還以為是小孩子偷東西，直至警察局後，才知道孩子被性侵害。由於家長忙於工作，沒有注意到小孩的異樣，在得知小孩子被性侵害後，相當自責。
2004/6/16 《聯合報》 A9 版	幼女下體紅腫：「爸爸抓的」	性侵害	母親為女兒洗澡察覺有異，報警處理。父親辯說是女兒自己摔倒弄傷的。警方函辦。
2004/6/16 《聯合報》 A9 版	性侵二女童，小五生：只是遊戲	性侵害	「我只是覺得一直看 A 片沒意思，想找真人發洩。」鍾姓男童還表示「這只是一種遊戲」。男童的父親還表示「小孩子不懂事，大家玩遊戲，你情我願，實在沒有必要大驚小怪」，且怪罪學校不該把事情鬧大。
2004/6/22 《聯合報》 A8 版	兄弟互侵子女，哥哥求無期徒刑	性侵害	淡水李姓兄弟，互相性侵對方幼年子女。哥哥連自己女兒都不放過，還假意拍攝兩人裸照威脅公開照片，直到十一歲女兒的老師發現後，才報警處理。
2004/7/8 《聯合報》 B4 版	親哥十二歲起性侵智障妹五年	性侵害	高職少女從國小就遭親哥摧殘，老師察覺有異，揭發不法，將之移送少年法庭處理。
2004/7/26 《聯合報》 A8 版	六歲女童裸屍住處蓄水池	性侵害	新竹縣林姓女童，前晚被發現裸身溺死在住處公寓地下室的蓄水池，下體流血、身上有多處擦傷、太陽穴遭重擊，疑似性侵害後被殺；同一社區，年初亦有女童遭到性侵。

（續）表 1-1　2004 年台灣兒童遭受傷害之新聞事件

日期	標題	類型	大意
2004/8/6 《聯合報》 A11 版	爸爸戳我，準博士性侵幼女	性侵害	鄭姓男子利用幫女兒洗澡或在床上以手指插入其下體。檢方利用「偵查遊戲」撤除女童心防，將鄭姓男子起訴。
2004/9/2 《聯合報》 A8 版	野獸父母，聯手性侵幼女，重判	性侵害	台中縣潭子鄉一對夫婦被控連續性侵害三歲小女兒長達一年半，甚至連女兒腦震盪時仍然不放過。
2004/9/2 《聯合報》 A8 版	小女生日記，意外成性侵證據	性侵害	1. 小五的原住民女童由於父母離異暫住親戚家，遭玷辱還被恐嚇不能聲張。 2. 國一女生和表姊及表姊的網友出遊，喝酒後投宿旅館，醒後才發現被性侵，在日記上寫下遭遇，父親發現後才報警處理。
2004/11/17 《聯合報》 A9 版	好友性侵稚女，擺攤夫婦好氣	性侵害	台北縣一對姊妹，疑從今年二月起遭乾爹假藉按摩名義連續性侵害。姊妹兩天前覺得肚子怪怪的，在父母的追問下才知陳姓男子的犯行，將他扭送警局。
2004/12/4 《聯合報》 A8 版	收容所內，小六男童性侵五男童	性侵害	高雄縣某社福機構收容的十二歲男童性侵至少五名學童，由於自幼隨父親流浪，也曾遭受性侵害，親友又不願意收容他，在欠缺外在環境、親友支持及提供安全信任下，若只靠諮商輔導要他自我調整，也很困難。
2004/12/17 《聯合報》 A7 版	竹竿插女童，謝振茂改判有罪	性侵害	八年前年僅五歲的林姓女童，在台中市一處空地嬉戲玩耍，遭謝姓嫌犯以削尖的竹竿插入下體性侵害。就醫後，女童子宮及小腸因受損嚴重而遭切除，身心備受煎熬。

交通安全

日期	標題	類型	大意
2004/1/14 《聯合報》 E3 版	兒童安全座椅 6 月 1 日上路	交通安全	由於家長安全知識不足，兒童乘車處於高危險狀態，所以兒童安全座椅宣導聯盟提出，一些良好的習慣，可避免孩子發生危險。

（續）表 1-1　2004 年台灣兒童遭受傷害之新聞事件

傷害殺人、身體虐待

日期	標題	類型	大意
2004/1/23《聯合報》A4 版	女友要分手，遷怒殺死她兒子	傷害殺人	高雄市覆鼎金公墓發現的殘缺屍骨，即是失蹤的許姓學童，許母之男友因為不滿許母要求分手，在酒後遷怒許童，失手打死後，棄於草叢中。
2004/1/30《聯合報》A8 版	被夫毆，她悶死稚齡兒女洩憤	身體虐待	老公手機開銷大，夫妻屢生爭執，被夫毆逐而陸續悶死其兒女，事後非常後悔向警方自首。
2004/2/18《聯合報》A1 版	擺地攤婦人，攜三女燒炭同死	身體虐待	婦人的親友說她有可能是因為欠卡費二十萬還不起才想不開，監獄丈夫聽到時，哭說都是因為他的錯（九二一受災戶，因盜賣光碟被抓）。
2004/2/19《聯合報》A8 版	父攜子自殺，遺書滿紙	疏忽身體虐待	雙親感情不和睦，九歲兒子遺書寫著：「媽媽我好餓，泡麵吃得好膩。」
2004/3/3《聯合報》A5 版	失業憂鬱爸，斧頭砍兩兒女	身體虐待	李姓男子失業多年，患有憂鬱症，於凌晨時砍殺睡夢中的兩個女兒。李姓男子說：「欠銀行錢、房租負擔、沒錢看病，不如讓小孩解脫。」
2004/5/6《聯合報》A5 版	父酒後揮刀，十歲兒含淚提控	身體虐待	桃園縣中壢市劉姓男子，昨天酒後涉嫌拿刀刺傷兒子左手臂，劉母氣得帶十歲孫子報案，一臉驚恐的孩子含淚要告父親傷害。
2004/5/6《聯合報》A8 版	打死過動兒，年輕媽媽判刑	傷害殺人	九歲男孩不聽管教，偷看阿姨洗澡，讓媽媽很火大而施暴，並將兒子綁在床上要他好好睡覺，同日下午四點三十分，阿姨見小孩突然變得很安靜，前往探看後立即送醫，到院前死亡。
2004/5/9《聯合報》A8 版	疑他偷錢，阿姨砍殘男童手	身體虐待	家住大里市八歲的黃小弟，媽媽於九二一地震中喪生，爸爸在外地工作，由未婚的阿姨照顧，前天晚間阿姨懷疑他偷錢，拿菜刀嚇唬男童，不料將他的右手腕割傷。
2004/5/26《聯合報》	受虐兒首季一千六百多人	身體虐待	比去年多了近五百人，施虐者八成是親生父母。
2004/5/26《聯合報》A5 版	失心媽媽，割傷三歲女兒，十一樓拋下一歲女兒	身體虐待	「不能忍受與兒女隔離」，心情不好。叫醒越傭恍神中問小孩子在哪？越庸才發現小孩摔死在中庭，女子疑有精神異常羈押獲准，在醫院的丈夫快崩潰。

（續）表 1-1　2004 年台灣兒童遭受傷害之新聞事件

日期	標題	類型	大意
2004/5/27《聯合報》A5 版	貨車司機緊招四歲女兒兩小時	身體虐待	他是九二一受災戶，家人指曾患精神病，上週才獲錄用。隨車五歲的長女驚嚇萬分，警察攀窗救出兩女。遭他暴力相向的次女，見到警方把父親抓走，則天真的說：「爸爸被抓走了，好好！」
2004/5/29《聯合報》A8 版	母虐女，招脖、撞牆，功課寫二十二小時	身體虐待	嘉義市一對就讀國小的曾姓姊妹長期受母親虐待，字寫歪，想不出造句就遭打罵，鄰居反應半夜有哭聲，當員警問：「爸爸為何不管？」姊妹指出爸爸也被打過，所以救不了她們。

參考書目

一、中文部分

行政院衛生署（2001a）。《衛生統計——生命統計》。

行政院衛生署（2001b）。〈事故傷害死亡率國際比較〉。http://www.doh.gov.tw/statistic/data/公布欄資料檔/90 年/表 40.xls.

李燕鳴（2004）。〈台灣事故傷害之監控與防制〉。《台灣醫學》，8（1）：114-121。

徐毓莉（2004）。〈家扶：父債子償迷思，攜子自殺危險群〉。中央通訊社，2004 年 11 月 18 日。

許咨民（1998）。〈台灣地區兒童安全調查分析〉。《中國統計通訊》，5(9)：12-21。

郭靜晃（2004）。《兒童福利》。台北：揚智。

黃淑芳（2003）。〈終結攜子自殺悲劇家暴　中心籲家長尋求協助〉。《大紀元電子報》，2003 年 12 月 4 日。網址：

http://www.epochtimes.com/b5/3/12/4/n423840.htm.

馮燕（2001）。〈非營利組織在我國兒童福利發展中的角色功能
　　——以兒童福利為例〉。《整合與成長——二十一世紀非營利
　　組織與兒童福利國際研討會》。中華民國兒童福利聯盟文教基
　　金會。

二、英文部分

Gallagher, S. S., Finison, C., & Guyer, B. (1984). The incidence of
　　injuries among 87,000 Massachusetts children and adolescents:
　　Results of the 1980-1981 statewide childhood injury prevention
　　survelliance system. *American Journal of Public Health*, 74: 1340-
　　1347.

第二章
家庭中的安全

　　猶記得童年生活中可以在街上打陀螺、跳房子、彈彈珠，但自懂事以來，「注意安全」就如影隨形地跟著個人成長歷程而揮之不去。孩提時，許多嘗試、探索，甚至遊戲行為，都在大人以「安全」為由之情況下，遭到制止。求學階段，任何學校及私人的活動，也在「安全」考量下，被要求得向學校、家長報備，甚至申請核准。踏入社會之後，則因騎車、駕車而強調交通安全，或因職業技能而重視勞工安全，或因福利需求而出現的社會安全，或因生老病死而需醫療衛生安全；年老退休後，更需身體安全、居家安全，以及維持生活而需的經濟安全。

　　「安全」是一個人從搖籃到墳墓，都無法須臾怠忽的課題。其中兒童的安全更因兒童年紀小，對危險認知不足，加上先天體能的限制，自我保護能力弱，更需要成人的照顧與保護。所以，兒童安全須建基於成人之教育上。

　　但是，在面臨社會和家庭結構丕變，周遭的政治、經濟結構也同樣經歷前所未有的巨變，現在的孩子更面對前所未聞的新挑戰，諸如雙生涯家庭、單親家庭、貧窮、愛滋、藥物濫用、家庭暴力，這似乎意味著現代父母愈來愈缺乏照顧和保護孩子的能力，這也指出現代的孩子面臨更多的生活壓力。

　　台灣地區平均每天約有三點八個兒童死於意外傷害，這個數字比新加坡高出三倍，比瑞典高出十五倍（行政院衛生署，2001）。這些事故傷害致死的原因以交通事故、淹溺、意外墜落及燙傷為最多。縱然有許多事故傷害是在家庭以外的地方發生，但卻有更多的不幸是在家裡造成的。此外，台北市的調查亦指出：五歲以下的幼兒因家庭事故傷害就診的，以「跌倒墜落」為最多，受傷地點則以「客廳」居多，主因是「人為疏忽」。當然家中其他地方，如廚房、浴室、陽台，甚至臥室，對幼兒也是很容易造成事故之場所，只是大人對這些地點的安全警覺性較高，發生意外的機率也就相對減少

（郭靜晃，1998）。造成這些事故傷害的原因主要有二：(1)家庭對兒童而言，是一個熟悉、自由、放心的地方，他可以毫無忌憚的遊戲，伸展四肢，自由自主地移動，而且缺乏安全技能；(2)成人因熟悉、習慣而自然，對家庭的安全警覺性不高，缺乏危機意識，就很容易造成意料不及的事故。所以說，觸及孩子的安全議題，要從自己的家庭及自身檢視開始。

近年來，透過媒體報導，大眾意識到家庭受虐兒童，失蹤兒童問題，鑰匙兒童的嚴重性、普遍性以及傷害性。這不僅是現在才時有所聞，其實在我們孩提年代（如一九五〇、六〇年代）就像今天一般嚴重，我們不能不正視這些問題的存在，以及這些問題對兒童的傷害。通常兒童都是遭他們所認識的人虐待，可能是家裡信任的好友或是受大家喜愛的親戚，包括父母親、繼父母，或同居男女，都可能是施虐者。所以，身為現代父母，我們必須瞭解孩子可能面對的危險；身為補充父母角色不足的兒童托育者，更有義務去提醒及教導父母瞭解這種情況，並教導他們避免受到傷害。吾人必須正視周遭和社會環境的實際情況，幫助孩子安全地探索、試驗，透過安全教育幫助現代兒童學得特定的預防策略，以防範各種潛在的危險，培養孩子安全技能，以避免他們受到潛在的傷害。

本章將以兩節來談論家庭中的安全，一是居家生理安全的介紹，另一是提供家庭安全保護之策略。

第一節　居家生理安全準則

家庭是兒童最早的社會化場合，也是兒童最可能遭受事故傷害的地方，因此涉及孩子的居家安全問題，宜先從自家檢視。

影響兒童居家安全之因素有三：(1)宿主（hosts），主要是照顧

聰明的小朋友，廚房裡有哪些隱藏的危險呢？

者的觀念及行為；(2)環境（environment），家中的布置及擺設；(3)物件（objects），兒童所使用的物品（李燕鳴，2004）。由於兒童涵蓋出生至十二歲，所以包括嬰兒、嬰幼兒、幼兒及學齡兒童四個年齡階段，此四個階段的動作技巧、體力及生活智能相差甚大，對安全的需求亦有所不同，故本節將兒童分為零至一歲、一至三歲、三至六歲及六至十二歲四部分，分別加以敘述不同階段可能面臨的居家安全危機。

一、零至一歲：脆弱而費心的新生兒階段

(一)懷孕前：欲為人父母，先做好健康管理

計畫當父親的人

1.避免隨便與人發生性行為。濫交易感染性病（如梅毒），可能因而傳染給未來孩子的媽媽，提高孩子淪為天生畸形兒的機率。

2.注意營養與健康。禁絕煙、酒、毒品等。有健康的身體才能

製造好的第二代。

3.避免暴露在有害環境中。根據最新研究發現，以往認為「得以在千萬個精子中脫穎而出、與卵子結合者，必屬上乘之品」的說法並不正確，「有瑕疵」的精子或「強者」精子和卵子結合的機率是一樣的。因此，計畫當爸爸的人最好遠離有金屬毒害、污染嚴重、具放射性傷害等的環境，以避免精子受到傷害，導致瑕疵精子與卵子結合、孕育問題胚胎的不幸。

計畫當母親的人

1.避免隨便與人發生性行為。除了孩子血緣確定的目的之外，也是保護自己不得性病、不生出畸形兒的必要作法。

2.注意自己的營養與健康。懷孕、育兒都是一段艱辛的過程，需要相當的體力與心力。有健康的媽媽才有健康的寶寶；懂得愛惜自己的媽媽，才是懂得愛惜孩子的媽媽。因為孩子先天及後天的好壞，媽媽擔負了一半以上的責任。

3.禁絕煙、酒、毒品，並遠離放射線的危害。酒精中毒或吸毒者常常有生理及精神上的損害，在懷孕過程中，會讓母體遭受嚴重危機，進而危害胎兒，包括先天畸形、發育不良、早產等。

4.完成應有的預防注射。育齡婦女，假若成長過程中未曾感染過德國麻疹，且不能確定幼時是否曾接受過德國麻疹預防注射時，最好在懷孕前至少三個月，接受預防注射，以免生下畸形兒。

5.做好迎接孩子來臨的心理準備。包含經濟上及心理上的準備。研究指出，貧窮、母親生病、不被期待而生的孩子大都是「兒童福利」服務的對象；也就是說，這些小孩的福祉常

遭到侵害，例如身體或精神虐待等。

(二)懷孕時：以「愛」迎接寶寶降臨

1. 有煙癮的爸爸，絕對不要在孕婦身邊抽煙。根據研究，孕婦自己不吸煙，只是吸入別人的二手煙，也會對腹中胎兒造成不良影響，包括胎兒心跳加速、易得先天性心臟病、肺部組織病變等。

2. 準爸爸應多擔待家事。許多粗重家事，準爸爸此時應主動代勞，以避免孕婦過度勞動，生出早產兒。

3. 孕婦本身應戒除煙、酒、毒品，以免對胎兒造成傷害，或生出先天有缺陷的孩子，或致孩子早產、體重不足等現象。

4. 孕婦避免做劇烈運動，但仍應有適度的活動，以和緩的體操或散步最佳，有助順利生產，預防胎兒因產程不順而招致缺氧傷及腦部的情況發生。

5. 孕婦應避免 X 光的照射。

6. 懷孕期間，孕婦用藥務必小心，並應徵詢婦產科醫師意見，切忌亂服成藥。因許多藥品，即使是感冒藥，都有可能危及胎兒健康。

7. 孕婦宜以愉悅的心情迎接寶寶降臨。懷孕時若對胎兒心生排斥，可能使胎兒出生後成了「磨娘精」，在教養上發生困難，埋下孩子日後受身體、精神疏忽或虐待的因子。

8. 懷孕階段，準父母都應積極充實育兒知識，以免嬰兒出生後手忙腳亂，不僅大人承受極大壓力，孩子也因未得到良好照顧而影響其身心發展。

9. 孕婦須定時做產前檢查，對醫護人員的指導，應完全配合實施。

(三)零至四個月：獨立又依賴的小人兒

　　此階段的新生兒雖是完整獨立的個體，擁有基本的生理及心理需求，但其能否順利成長則完全仰仗照顧者。又由於如此小的孩子尚無自主能力，更絲毫沒有自我保護的能力，所以，照顧者一定要格外小心。因為，一時的疏忽，就可能奪去一條寶貴的小生命。

1. 棉被、衣物、枕頭、蚊帳等，必須隨時留意，勿蓋住寶寶的鼻子，以防寶寶因窒息而死。

2. 嬰兒吐奶、回奶是正常情況，因此餵完奶後，應記得抱起寶寶，輕拍其背部，使胃部空氣排出，再讓寶寶躺下，以免回奶或吐奶嗆到寶寶，引發吸入性肺炎，甚至死亡。

3. 四個月內的寶寶，由於前額中央的囟門尚未發育到完全閉合，是小嬰兒身體特別容易受傷害的一個部位，大人應特別留意照顧。此外，家中若有幼兒在逗弄寶寶，也應分外注意，莫讓無知的幼兒傷了寶寶。

4. 逗弄寶寶的玩具應選擇安全玩具，懸吊的位置及方式應適當而牢固，以免鬆脫而傷及孩子。

5. 寶寶的骨骼尚未發育完全，頸部十分柔軟，抱弄寶寶時宜特別小心。

6. 嬰兒的皮膚細嫩，極敏感，易受傷害，給寶寶喝的牛奶溫度、洗澡水的溫度、衣服的厚薄及質料、外出時的防曬、寶寶所處環境的溫度等，都應維持在其最舒適、最安全的狀況下，避免寶寶受到傷害。

7. 最好讓寶寶睡在自己的小床上，避免和大人一起睡，免得大人熟睡中傷及寶寶而不自知。

8. 絕對禁止將寶寶交給其他幼兒單獨照顧（兒童福利法也有明文規定，禁止六歲以下幼兒單獨在家或給予年長幼兒照

顧）。

9.按時接受預防注射。

10.老人家愛孫心切，往往遵古法餵新生兒服用八寶粉、珍珠粉、香灰等，常因此造成寶寶中毒或不適，應盡量避免。

11.不宜懷抱幼兒乘坐機車。以汽車載送寶寶時，應將寶寶以幼兒汽車用椅固定於後座中間位置，切不可採大人抱幼兒坐於駕駛座旁的方武，以確保行車中孩子的安全。

(四)五至七個月：乳牙兒當家，父母看招

寶寶的脖子漸漸硬了，骨骼發育得更好，開始會翻身、抬頭、攫取物品、會爬、藉著他人幫助就可坐起、會認人、會咯咯笑，乳齒也冒出來了——一個讓大人視為一大成長特徵的里程碑。

1.隨時以寶寶的高度，檢視寶寶活動範圍內是否有危險物品，如尖銳物、熱水、藥品、易纏繞物、未覆蓋的插座和電線等。

2.嬰兒床欄杆的高度或兩根欄杆間的距離務必適當，以防寶寶摔下，或頭被欄杆卡住。

3.這時寶寶會把所有到手的東西都往嘴裡送，因此大人務必眼明手快，為寶寶把所有可能塞入嘴裡造成危險的物品拿開，例如不經意掉落的花生米、瓜子、鈕釦、銅板、水果籽、玩具零件或塑膠袋等。

4.會翻身的寶寶睡覺及遊戲時，一定要有安全護欄，以免他在睡夢中或睡醒時、遊戲忘我時，摔倒而受傷。

5.由於寶寶愈來愈好奇，肢體動作開始向外探索，所以沖牛奶、準備副食品或餵食時，熱水、刀、筷、湯匙、桌巾等，應遠離寶寶，免得他好奇亂摸，卻又控制不好自己的動作，而被熱水燙到、刀子割傷，或筷子戳到眼睛。

6.長牙的寶寶特別喜歡齧咬，因此所有給寶寶的玩具、物品，
　皆須留意是否有易脫落的小零件，免得寶寶因吞食而生意
　外。

7.為寶寶洗澡時，應先放冷水，再加熱水，以防其因迫不及待
　要洗澡，冷不防伸出手、腳到水裡，遭到燙傷。

8.寶寶在水中總是快樂地動來動去，所以最好在浴缸內或澡盆
　內放入防滑墊，防止寶寶滑倒。

9.六、七個月大的嬰兒，有的已開始使用學步車。選購學步車
　的時候，一定要選擇合於安全規定者，以免寶寶受傷。另
　外，使用學步車時務必注意安全，比如遠離樓梯口（以防摔
　落樓下）、電線、電鍋、有桌巾垂下的桌子、玻璃門窗、鏡
　子，以及尖銳的桌角、椅角等。

(五)八個月至一歲：行走坐臥，處處小心

　　此時的寶寶更成熟了，醒著的時候更多，活動力更強，會坐、
會站、會扶著物品移動身子、能獨立搖擺著行走，小肌肉的控制愈
來愈自如；而家已不再能滿足他的好奇心，他會喜歡成人帶他出
去。因此，成人要照顧的範圍就由家庭延伸到戶外了。

1.前述各項安全注意事項仍應確實遵行；惟寶寶由爬而坐而
　站，其視覺高度已與先前大不相同，成人在照顧時，亦應隨
　時調整。

2.乳牙愈長愈多，嚼咬的能力愈來愈強，給寶寶的物品、玩具
　更要留意。

3.寶寶剛學步，步履、重心都下穩，大人記得盡量清除孩子活
　動範圍的物品，如玩具、家中雜物、繩索、地毯等，以防受
　傷。

4.移走有尖銳邊、角的桌椅、櫥櫃，或易碎物（如花瓶、花

盆、玻璃器皿等）。

5.準備適當的鞋子，如免綁鞋帶、以魔鬼貼黏貼、膠底的鞋子，防止孩子跌倒、滑倒。

6.熱菜、熱湯絕對禁止置於桌緣或孩子碰得到的地方，避免孩子好奇探究而釀成傷害。

7.孩子因為好奇，有可能把到手的小東西塞進鼻孔、耳朵內。所以，照顧者除盡力清除可能造成「意外」的小物件之外，最好能時時讓孩子在自己的視線範圍之內，以防萬一。

8.為孩子洗澡時，除了謹守「先放冷水，再放熱水」的原則，更要防止孩子單獨在浴缸、澡盆中玩得忘形而摔倒。此外，熱水龍頭最好設在高於孩子的位置並拴緊，讓孩子打不開，或者及早教導他「不准碰熱水龍頭」的禁令。

9.做飯、用火之際，最好有人幫忙把孩子帶開，免得他在廚房跟進跟出時，遭到燙傷或灼傷，或者好奇的觸弄菜刀、火苗而被割傷、燒傷。

10.濕漉漉的地板，容易使人打滑、跌倒。擦地板時，應該要求孩子坐在椅子上，待地板乾後才下去走動。

11.孩子常喜歡爬上爬下或鑽到桌椅下、櫃子後，因此這些地方亦應注意，勿留有危險物品。

12.對於孩子爬上鑽下、四處探索的行為，父母的態度應該是鼓勵而非禁止，但應事先以孩子的高度、大人的安全標準，掃除可能的危險，包括清除或移開危險物，教導孩子正確的使用法（如喝湯時，宜先淺嘗，探探湯的溫度是否過燙）。

13.勿讓孩子單獨在廚房、浴室，或有安全之虞的陽台上玩耍嬉戲。

14.家中的門窗最好有安全護欄，避免孩子爬上窗子失足摔

　　落，或擅自走出屋外，發生危險。欄杆的間距更要注意，
　　以免卡住孩子的頭或身體，招致意外。
15.玩具以大型、簡單、輕巧爲宜，免得孩子邊玩邊咬，甚至
　　因而哽到、噎到，以致窒息。

二、一至三歲：牙牙學語，可愛又難纏

(一)周歲孩子的安全問題

　　熱熱鬧鬧的過了生平第一個生日之後，孩子的表現更加成熟。從搖搖擺擺的走路，到會小跑步，可以雙腳併攏往前跳、後退走等，四肢的控制力、協調力更好。

　　此外，他開口牙牙學語，進而時常以可愛的童言兒語博得大人歡心，對事物的認知愈來愈多，也愈發好奇。周遭世界對他有股擋不住的吸引力。他的活動量愈來愈大，範圍也愈來愈廣，讓大人照顧起來倍感吃力。

1.爬高爬低、鑽進鑽出的活動，雖然讓孩子的大肌肉得到充分
　伸展，但由於對危險的認知不足，仍易發生摔落或碰撞的危
　險。不過，大人與其一味禁止，不如做孩子的「跟屁蟲」，
　時時關照他的安全，比如：爬上去後，會不會摔下來？摔下
　來會受傷嗎？鑽進去有沒有危險？會不會卡住或撞到等。
2.孩子喜歡「跳——」的一聲，從有點高度的地方往下跳，但
　卻又無法評估自己有多大能耐、跳下去是否會受傷。大人最
　好隨侍在側，一方面爲他預先評估，一方面爲他清理地上雜
　物，如小汽車、尖銳物等，以免跳下後碰撞這些物品而受
　傷。
3.此時期的孩子自我概念開始萌芽，許多事都要求自己來。大
　人應準備安全的剪刀、刀叉、湯匙、筆、牙刷等，讓孩子安

全而愉快的操作，將有助其自信心的培養。

4.孩子走得愈來愈穩當，活動範圍日漸擴大，所有危險物品，例如剪刀、菜刀、針、削鉛筆機、易碎器皿、尖銳邊緣物品（如易開罐）等，成人應該隨手收好或放置高處，避免因一時疏忽造成意外受傷。

5.熱水瓶、熱湯、電器用品等勿置於桌緣，防止孩子因好奇撥弄而傷了自己。

6.電扇宜加罩保護網，以預防孩子好奇以手撥動，遭使用中的扇葉打傷。

7.為任何年紀的小孩洗澡，基本原則都是一樣的——先放冷水，再放熱水。國外甚至有因母親接電話，致幼兒單獨在浴室內遭熱水燙死的案例，不可不慎。

8.不要讓孩子單獨在浴室、廚房內遊玩。

9.孩子愛玩水，因而幼兒在家中浴室溺斃的案例時有所聞。家中浴缸、洗臉盆或水桶中，最好不要存留有水，免得孩子不慎摔入溺斃。

10.孩子喜歡蹦蹦跳跳。為安全起見，有必要調整家中的擺設，如把大人床、小孩床靠牆邊放，減少他從床上摔下來的機率；同時應移開有尖銳角的桌、椅、茶几、櫥櫃等。

(二)兩歲孩子的安全問題

兩歲的孩子正處於人生的第一個反抗期，卻又不太能瞭解大人所說的道理，因此，與其教孩子「不可以……」，不如在他產生念頭之前，就先一步防範。舉例說明：爸爸剛剛使用過的鐵槌，隨手一放，沒有收好，孩子好奇，拿起來學爸爸的動作，有可能一槌敲下去，敲破玻璃，傷了孩子。

如果只是要求孩子「不要動那個」，他將不能瞭解「為什麼爸

爸能而我不能」，好奇心也得不到滿足。

1. 這年紀的孩子還不能與人玩合作遊戲，因此，不要單獨留兩、三個同年紀的孩子一起玩，他們可能一不高興就大打出手，卻又不知輕重，難免造成傷害。

2. 孩子喜歡玩「躲貓貓」遊戲，平時即應告誡他哪些場所不可以躲，如廢棄的冰箱、衣櫥等孩子無法由內開啟的地方。當然，最好的方法是，廢棄冰箱應及時丟掉，不要給孩子玩耍的機會，衣櫥等不適合孩子遊玩的物品應上鎖，或設法讓他無法擅自開啟。國內曾發生幼兒爬進乾衣機中卻爬不出來，結果窒息的案例，不可不慎。

3. 此階段的孩子仍然好奇，許多東西會拿來「咬咬看」，所以給孩子使用的物品、玩具等須注意其安全性，如應是沒有易脫落的小零件、不易咬碎等。

4. 塑膠袋等應收藏妥當，以免孩子拿去套在頭上玩，而發生窒息的危險。

5. 孩子雖然牙齒漸多，但齧咬力仍不夠，應避免給予較硬的食物，例如花生米、瓜子、硬的糖果、沒有煮爛的紅蘿蔔、生黃瓜等，以免噎到。

6. 龍眼、荔枝等水果的種子宜先剔除，免得孩子噎到窒息。

7. 孩子進食時有一大口塞進去的習慣，因此給孩子食物、點心時，不宜一次給太多，並最好能看著他吃，預防一次塞太多而哽到。另外，餵食湯圓等黏性較強的食物更應特別留意，不要造成任何意外。

8. 別讓孩子單獨在不安全的陽台上或窗戶邊玩，尤其注意孩子拿小板凳墊高的行為，孩子有可能就因這麼一個動作而從窗戶、陽台墜落。

9.維他命、藥品都應以安全容器裝妥，收在孩子拿不到的地方。

10.勿將有毒物品置於冰箱內，以免孩子誤食。

11.農藥、化學藥品、有毒物質等務必收妥在孩子不能拿到的地方，以防發生危險。

三、三至六歲：培養「自我保護」能力的啓蒙期

這個年紀的孩子，已或早或晚的開始上托兒所、幼稚園或到保母家等托兒服務機構，生活範圍擴大許多，在家中的時間沒有以前多，需要家長隨侍在旁的時間也比較少，偶爾可以自己玩。在發展上，孩子也到了愛問「爲什麼」的年齡，是父母可以跟他說理、建立生活規範、開始給予簡單的「安全教育」的時期。

也就是說，這個階段的孩子，父母除了地毯式的搜尋，爲他掃除安全上的任何威脅之外，也該著手培養孩子照顧自身安全的能力，如果能與孩子在托兒所、幼稚園或保母家中所接受的安全教育相配合，當可收事半功倍之效。

1.孩子雖然年歲漸長，但絕對還不到可以把他單獨留在家中的地步。我國甫修正公布的兒童福利法有此項明文禁令。觸法受罰事小，孩子若因而發生意外事大，千萬不可心存僥倖。

2.這個時期孩子的各種能力發展得愈來愈好，但其自身的安全，父母仍不適合完全交給孩子自己負責。不過，培養孩子自我照顧的能力卻是必要的，重點是必須在父母的監督下，循序漸進地教導孩子認識周遭事物及環境，避免意外發生。

例如：此時孩子在生理發展上進入須多做小肌肉練習的階段，常會用到剪刀、刀子、筆、尖銳物、小件物品等，父母可從提供經安全設計的工具開始，除教導孩子如何正確、靈活使用外，更要教

孩子應用各種工具的規則與禮貌，譬如不可拿剪刀嬉鬧、比畫，遞物給人時該以何種方式為之，不拿筆尖指人、戳人，不可把小指頭當鉛筆伸進削鉛筆器中；下把鉛筆含在嘴裡，小玩具絕不放在嘴內等。

在此必須再強調，不論孩子使用這些器物的技巧多麼成熟，都應該在父母的監督下進行，而且必須確定符合安全原則。

(一)說出每一道禁令的理由

1.當父母告訴孩子：「不可以……，要……」時，請同時以孩子能理解的字眼，告訴他為什麼不可以那樣、要這樣。例如：「不可以在媽媽的床上跳，因為一不小心就會從床邊掉下來撞到頭。」

2.教孩子哪種水果有籽、該如何吃、如何把籽吐出來，示範給孩子看，再看著他把籽吐出來，確定他學會之後，才讓孩子自己進食該種水果。

3.不允許孩子嘴裡邊吃東西邊嬉鬧、奔跑，尤其是口中食物是顆粒狀或黏性較大者，如荔枝、麻薯等，以免哽住窒息而生意外。

4.教孩子浴室安全，並示範給孩子看。包括：先放冷水再放熱水、不可以在浴室推打吵鬧、沖水前先以手試水溫、腳底抹肥皂時的注意事項、勿嘴含牙刷嬉戲、不以濕手碰觸電源開關、水龍頭要關好（水點火式的熱水器有可能因此而發生瓦斯外漏的危險）等。

重點是：孩子此時期極盡模仿之能事，所以父母欲教孩子正確的安全知識時，切忌自己違規，卻要孩子遵守。其實，父母平時就該示範正確的安全動作，並向孩子說明理由，耳濡目染下，他終會自自然然內化為守規矩的孩子。

5. 教孩子居家安全。如：有人按門鈴，一定問清楚是認識的人方可開門，否則要等候父母處理；住高樓層公寓者，在看到上樓來的人確是認識的人時，才可打開自家的大門；接電話時，不主動報上姓名及家中電話號碼；家裡的電話號碼、地址、父母的名字、家裡的經濟狀況等，絕不隨便告訴別人；絕不擅自轉動家中的瓦斯開關、電源開關；絕不玩火等。
當然，孩子需要父母一而再、再而三的教導、示範，更須經歷無數次的演練才能學會。

6. 平日應注意不讓不相干的人任意碰觸孩子的身體，更要教孩子「自己的身體不要隨便讓人看或觸摸」。但是，家長須先從尊重自己及孩子的身體做起。

(二)提供安全的居家環境

1. 對好動、好奇的三至六歲孩子來說，父母最重要的是「提供安全的居家環境給孩子」，包括：
   (1)家中無易碎、尖銳、容易造成割傷、中毒及撞傷等物品或擺設，必要時應予收藏妥當。
   (2)給予適合的桌椅、器材，以防孩子因高度不夠或力道不足而受傷。例如：一般家中浴室的洗臉台對孩子而言，位置太高，可在其下置一平穩的矮凳子，讓孩子能安穩地站上去洗手、洗臉等；又比如大人用的馬桶，宜加裝一專供幼兒使用的馬桶蓋，讓幼兒也可以安心、安全的如廁。

2. 給孩子一個專用的收藏櫃，收置他個人物品及玩具，以免大人、小孩因室內零亂而摔跤。

3. 嚴禁孩子在危險場所嬉笑遊玩，如樓梯口、桌子底下（某些桌子有夾傷幼兒之虞）、陽台上、緊靠窗戶的床上、廚房、浴室等處。

4.勿讓孩子拿繩索、塑膠袋等物套在頸上或頭上嬉戲。孩子可
　能因一時的好奇，又不知其嚴重性，而釀成不可彌補的傷
　害。

5.除了給予孩子安全的環境、妥善的照顧，以及適齡的安全教
　育之外，身負孩子安全重責的成人，最好能熟悉小兒急救常
　識，俾便在各種突發狀況下，把握時間搶救，讓孩子所受的
　傷害減至最低。此外，當幼兒生病（如感冒、發燒、腸炎、
　便秘等）時，食慾會較差，應立即送醫治療，以免延誤時
　機。

四、六至十二歲：即將振翅的準青少年

孩子穿起制服、背起書包，成為一名小學生，展開他人生的另
一個階段。

從六歲到十二歲，孩子會從一個怯生生、細嫩嫩的小小人兒，
發育成長為身高、體重直追父母的準青少年，其間的變化，不可謂
不大。

在照料孩子的安排上，一般都覺得學齡前兒童必須二十四小時
有人照顧，父母不是親自擔起育兒責任，就是送至托兒所，或委由
親戚、保母照顧；即使是上全天班的幼稚園，在孩子下課、父母仍
未返家的一、兩個鐘頭內，也會做特別的安排，讓孩子一直都在成
人的保護之下。

孩子上了小學之後，情況就大不相同了。許多父母開始思考
「可不可以讓孩子單獨留在家中？」或「有手足相伴，孩子們待在
家中應沒問題吧？」之類的課題。也就是說，很多父母認為，孩子
上小學之後，年紀較長，「應該」比較有照顧自己的能力，有的父
母甚至想藉讓孩子單獨留在家中來訓練孩子的獨立性。

另一方面，我國的兒童福利法也對六歲以上的孩子，解除了

「不得使之單獨留在家中」的禁令；社會上對六歲以上孩子的能力，顯然亦有某種程度的共識與期許。

而由於社會變遷，教育水準提高，婦女就業情形極為普遍。但是，許許多多的職業婦女卻在生養兒女之後，返家擔負起傳統上賦予女人的天職——照顧孩子；直到孩子踏入小學之門，才又認真思索起重回職場的可能性。顯然大人相信，六歲以上的孩子可以承擔部分自身的安全責任，或在教養過程中逐步建立孩子照顧自己的能力。

(一)瞭解孩子的能力因材施教

然而，先決條件是：父母必須確實瞭解孩子的發展狀況及孩子能力的極限，並依據年齡做適當的安排與教育，如此，方能在孩子健康、安全的前提下，達到培養孩子獨立、自主、自理的目的。

由此可見，學齡兒童與學前幼兒的安全教育內容應有極大的不同，父母不可不察。

充實親職知能，培養良好的親子關係，建立開放的溝通管道

為了給孩子適合的安全教育，父母在設立生活規範，甚至下達禁令時，都需要與孩子充分溝通，讓他在完全理解的狀況下，接受父母所訂的規矩，更負起維護自身安全的責任。

至於以傷害、虐待方式來教育孩子的父母，親職知能的充實更是刻不容緩。

親職知能的充實，可幫助父母在面對孩子不被接受或出現問題行為時，採取溫和有效的方式處理，減少以打罵等體罰方法糾正，而造成孩子身心方面的傷害。

培養孩子良好的生活作息習慣

當孩子生活範圍從家庭擴大到學校，一切的起居作息也該配合

學校的規定。以上學不遲到為例，作息習慣不好的孩子，晚睡晚起，每天早上都是父母三催四請、睡眼惺忪匆忙上學，在尚未十分清醒又氣急敗壞的情況下，摔傷、撞傷、跌傷等傷害發生的機率自然提高。另外，由於時間匆促，許多孩子未吃早餐即趕赴學校，長此以往，將損害發育中的身體而不自知；或拿了錢，胡亂買東西吃，不但衛生、安全堪虞，吃壞了肚子更是對健康的一大戕害。

因此，規律、良好的生活作息，是照顧孩子生理安全的第一步，大人、小孩都責無旁貸。

給孩子營養豐富的三餐

學齡兒童的身體正快速發育，營養的充足與否，不僅關係身體健康，甚至影響智力高低；有些研究更證實某些營養素的缺乏，可能分別造成精神恍惚、骨骼脆弱易折斷、視力發育不良等病症。

工商社會中，忙碌的父母常視費時費事的準備三餐為畏途，尤其是早餐，經常隨意打發，殊不知在父母省事快速的需求下，無形中傷害了孩子的健康。所以，父母若不能親自為孩子調配三餐，在外食時，也要注意孩子的膳食營養是否均衡。

(二)給他魚，更教他釣魚

教孩子各種器物的安全使用規則

隨著孩子大小肌肉的靈活度增加，以及學校教學內容的多樣化，孩子使用的器物也愈來愈多元，應用的機會愈來愈多。父母最好在孩子開始用各種工具時，即明確告知使用規則與禮貌，並要孩子明瞭「物可以為我們所用，但也可以對我們造成傷害」的道理，要求孩子確實遵守。

例如：針線用完一定隨手收好，不可亂擱，以免刺到；剪刀用畢不可放在椅子上，以防不知者一屁股坐下去而刺傷；美工刀用後

立刻隨手把刀刃收回；拿刀子走動時（這種機會能免就免）一定把手垂下，刀刃向下，不可舉在胸前，以免別人衝撞或下愓跌倒，造成傷害；雕刻刀只能在雕刻時使用，不可另作他途。

最重要的是，父母應視孩子的能力，讓孩子操作他能力所及的器物，其他則由大人代勞（比如鋸子的使用等）。

教導明確的生活規範，並在充分溝通後，嚴格要求孩子遵守

孩子的生活圈子擴大後，父母不可能隨侍在側。當父母不在場時，為了安全，父母應給予孩子明確的規定，並要求孩子充分遵守。

比如：不在未徵得父母同意下，到別人家或外出遊玩；不隨便接受他人的饋贈；外出、返家必稟報父母；不在未告知父母的情況下，在家招待朋友、同學；不隨意將自己家中的經濟狀況告訴別人。

當然，許多禁令都要在與孩子充分溝通，讓他瞭解設立禁令的理由及其危險性後，方可要求孩子確實遵行，他也才能真正做到。可以採用獎勵的方法增強孩子的意願。

教孩子水、火、電的安全

父母平時在請求、訓練孩子做家事時，就該一點一滴建立其水、火、電安全的知識以及維護的習慣。包括：

1. 隨手關水龍頭，電器用品用完隨手拔掉插頭，熱水器一定置於戶外，不用瓦斯時要把總開關關掉，開、關瓦斯應請大人代勞。
2. 使用電器用品時，必先擦乾雙手；有漏電情況時，應及時拔掉插頭，甚至以木棍等絕緣物品將插頭鬆脫，避免以手碰觸而觸電。

3.聞到瓦斯異味時，應該馬上關閉瓦斯總開關，並打開門窗通
　風，絕不可在此時開、關任何電器開關，以免引發火災。

4.浴缸中的洗澡水勿放太滿，以防溺水。

教孩子適當的居家安全

　　對家有成人照顧或母親是全職家庭主婦的國小學童而言，平時
放學回家後，安全上較無顧慮，惟照顧者仍須對萬一臨時有事，不
及在孩子放學前返家的情況預作安排——與孩子講定遇此情況，可
到平時即有來往的鄰居家，或到家附近的某家超級商店、書店等公
共場所等候，絕不可亂跑，讓隨後趕回的大人遍尋不著，更不可獨
自逗留在自家大門口、樓梯間，以防予歹徒可乘之機。

　　對下課返家後得自己照顧自己的孩子，也就是鑰匙兒的安排，
不論是讓他獨處，或家中尚有其他未成年手足相伴，有些安全措施
相當重要，務必讓孩子確實遵守：

1.訓練孩子熟記各個緊急電話號碼，包括一一〇、一一九，以
　及父母辦公室聯絡電話，甚至附近素有來往、可以隨時提供
　援助的鄰居電話，以備不時之需。最好也將這些號碼寫下，
　置於電話機旁明顯之處，幫助孩子在緊急狀態下即時運用。

2.教孩子家門鑰匙要收妥，不可隨便示人或拿出來把玩；父母
　更不宜將家中鑰匙以繩子綁在孩子脖子上，甚至顯露在衣服
　外，明白的告訴人家：「我是鑰匙兒，我回家沒有大人照
　顧。」

3.平日以討論、故事、扮演，甚至藉由電視新聞，教導孩子緊
　急狀況的應變措施。如返家時，發現門鎖已被打開，不可逕
　行進入，應趕忙退出，以公用電話向派出所報案，或通知父
　母趕回家。又如單獨在家時，接到不明電話及不明訪客，或
　臨時有病痛時，最重要的原則是——即刻聯絡父母。

4.父母隨時以電話探問孩子在家的狀況，並且嚴格規定外出
　時，一定先以電話徵得父母同意，以便時刻掌握孩子行蹤，
　並透過電話讓孩子瞭解父母的關心。

　　根據國外的研究，鑰匙兒並不見得比非鑰匙兒容易在同儕的壓
力下變壞，只要父母隨時掌握孩子動向，必可做到有效的防範。

　　讓孩子成爲鑰匙兒，無論是出於不得已，還是爲了教育上的目
的，都應爲孩子事先做好妥善的訓練與教導，否則未蒙其利，先受
其害。當然，父母的所有安排一定要考慮孩子的年齡與能力，做萬
全的準備，否則，待傷害發生後再來補救或悔恨，就爲時晚矣。

第二節　家庭安全保護之策略

　　「保護孩子」係指爲何？是如影隨形跟著孩子，不讓他們受到
任何傷害嗎？雖然每位父母皆有保護孩子安全的強烈慾望，但此方
法卻因現實生活限制而無法做到。有些父母可能過度保護兒女，而
有些父母則抱持著「事故傷害的悲慘事件總不會發生在我小孩身上」
的錯誤觀念，過度放任小孩。這兩種極端的保護方法只會讓孩子更
容易受到傷害，正好與父母保護孩子的心願相違背。

　　過度保護孩子卻讓孩子失去機會發展自己的直覺與判斷力，減
少培養孩子判斷危險或可疑環境的能力，進而失去安全危機意識
感；父母過度保護孩子的心態也可能出自父母本身的控制感，因權
力需求而出現過度保護的行爲，無形中削減孩子的自尊，加重孩子
的無助感。無助感與自卑無法在孩子發生危險情境時派上用場，相
反的，它們正是受害兒童的特質。

　　「給他魚，不如教他釣魚」，是教育子女、培養子女生活技能的

準則。不管成人喜歡與否，隨著年齡的成長，父母對子女的影響就愈來愈小，甚至於孩子更想脫離父母的約束（臍帶），尋求獨立自主。為了教育兒童變成一個稱職的獨立個體，成人必須給孩子一些獨立成長及自主的空間，換言之，成人的職責不只是透過教育幫助孩子獨立，更要提供更多的機會讓他們學習獨立自主。

一、如何保護兒童

　　本節將提出五種不同狀況題，請你選擇你認為最理想的處理方法。如果你的孩子性別不同或年齡層不同，請運用你的想像力選擇一項最理想的答案。

　　1.當你帶你的幼兒在逛街，有陌生人一直稱讚你的孩子很可愛，並伸手摸她的臉龐，你會如何？

　　　a.對陌生人大叫：「馬上離開我的小孩」！

　　　b.保持沈默，並默許此行為。

　　　c.對陌生人說：「我知道你沒有惡意，不過，請不要摸我的孩子。」

　　2.你有一位小學一年級的孩子，想要和朋友在公園玩，你會如何做？

　　　a.讓他們自己去玩。

　　　b.只要他與朋友遵守你與他們的約定，就讓他們自己玩。

　　　c.讓他們去玩，你則隨時監督。

　　3.你的保母（或外傭）剛離職，而你碰巧有一個重要的會議，這時，你的十歲大的小孩提議替你照顧四歲和七歲的弟弟，你會如何？

　　　a.打電話請你的朋友或親戚過來幫忙，讓他陪他們。

　　　b.告訴孩子他還太小，然後另外找保母。

c.讓他照顧弟弟們。

4.你有一位小學三年級的孩子對於即將到同學家過夜的事特別擔心，你要怎麼辦？

a.問他擔心的原因，並對他保證：到了朋友家，一定會玩得很開心。

b.因為孩子擔心，就不讓他去。

c.如果此種焦慮並不很大，而且也很少見，不妨讓他自己決定，並尊重他的決定及感受。

5.你有一位小學高年級的女兒想要和朋友去看電影，你會怎麼做？

a.讓她去，因為你想讓你女兒學會獨立、自主。

b.告訴你的女兒她還小，不能獨自去看電影。

c.根據她之前及同行朋友有無人監督之下的處理及表現，以及商場附近的安全情況，再決定要不要讓她去。

上列情境題，最好的選擇是 1c、2b、3a、4c 和 5c。

如果你選擇的答案是 1b、2a、3c、4a 和 5a，那你可能對孩子有下列的保護模式：

1.太早對孩子期望太高。

2.孩子還沒有足夠的準備就讓他嘗試新經驗。

3.因孩子抗議就放棄你的約束與規定。

4.因自己的需求而拒絕承認孩子的情緒。

如果你選擇的答案是 1a、2c、3b、4b 和 5b，你可能對孩子有下列的保護模式：

1.對孩子期望太低，即使孩子有能力或興趣接受更多責任，你

也不願讓他嘗試。

2.即使孩子已顯示應變能力，你仍會不厭其煩地告訴他做某件事很危險的原因，你仍不願放任孩子，而採取保護他的策略。

3.根據自己的理解或害怕，對孩子設定過於嚴苛的限制。

上列的例子你所選擇的答案不宜對孩子過高及過低的期望，宜採取中庸之道。第一個例子你要善用身教的影響，傳遞很清楚的訊息：行為合宜的陌生人不會隨便撫摸小孩。如果擔心與陌生人有人際衝突，也可以向陌生人解釋：「我正在教小孩如何與陌生人應對」。機會教育（teaching for moment）就是掌握一般的普通生活事件教導孩子安全概念，以便讓孩子將「個人安全教育」訊息及技能融入家居生活中。

第二例中，小一的兒童想獨自與朋友在公園玩，最好的方法是採取較安全的策略，並要參考小孩的年齡層及應對的能力，請記得：這個年齡層的小孩出門時，一定要有可信賴的成人在旁看顧。

第三例中雖然有一高年級的學童，其不一定有照顧弟弟的能力，但表示自願幫忙，絕對不要澆他冷水，以免得到負增強。不過，如果能委付一位成熟的人照顧，再從旁監督並邀請他幫忙，他也可能成為成人的小幫手。等到較成熟（或年齡稍大），再訓練他們如何照顧小孩，並培養他們獨立照顧弟妹的技能和責任。

第四例中要堅守這個原則：保護孩子就是要尊重他們的感受和決定，而不是要他們一味聽從父母的決定。所以，即使孩子提不出具體的事實支持他的情緒，千萬不要生氣，還是要尊重他的感受，並對他的反應要感到好奇，並能積極傾聽。如此一來，才能與孩子保持開放式溝通，對孩子表達同理心，保持冷靜，利用機會，必要時要提供他將來保護自己的重要訊息。

　　最後一例中，要抱持合乎年齡的期望，不要要求他們做超越能力之事，並要在答應孩子要求之前，考量他們應對情況的能力，如此一來，孩子才能受到良好的保護，總而言之，保護孩子就是要適度監督，給予他們適齡的期望，掌握機會教育，利用開放溝通方法，來幫助孩子獲得健康成長的機會。

　　本節是利用情境來傳遞父母是引領孩子成長的最佳保護人，一味的保護孩子，還不如教導孩子辨別安全的訊息，並掌握最佳的機會教育，教導孩子安全的技能。教導孩子時應注意下列的原則：

1. 為孩子的利益，要出面制止或表達自己任何可能會傷害你的孩子的一些看法。
2. 瞭解你的孩子，並要求孩子必須合乎其年齡。
3. 不管孩子如何表達，要尊重孩子的感受。
4. 依據孩子表現的技巧和能力，給予適當的自由與責任。
5. 監督孩子，直到他可以承擔更多責任為止。
6. 給予孩子明確、堅決的界定限制。

參考書目

行政院衛生署（2001）。《衛生統計——生命統計》。

郭靜晃（1998）。《安全的童年——讓孩子遠離危機》。台北：台視文化。

李燕鳴（2004）。〈台灣事故傷害之監控與防制〉。《台灣醫學》，8(1)：114-121。

第三章
托育機構與學校中的安全

　　「娃娃車又悶死幼童」，八個斗大的字刊登在二〇〇五年九月二十一日的頭版，這消息如青天霹靂閃在眼裡，心中的震撼不下於六年前「九二一」大地震的頭條。這已不是第一起，十年前屏東九如鄉已有首例，一年前台中市也有過第二例，這卻是第三例。由於托育人員的疏忽，忘記或未注意到，而造成慘劇一再上演，事發後，再多的責難、追究與賠償，也不能挽回未來主人翁寶貴的生命。這樣的悲劇產生，托育機構實在難辭其咎。但社會及教育（社政）機構再如何檢討，甚至來場社會運動以呼籲社會大眾應如何正視幼童的安全問題，找出積極的防範措施，但如果幼兒安全教育信念與技能未能落實，未來無法擔保慘劇不再發生。

　　父母自幼兒三歲起較能獨立後，或因個人需要，或因希望幼兒能有同儕相處的機會，或希望幼兒能及早接受啟蒙教育，因此，會考慮將幼童送到托兒所或幼稚園等托育機構。

　　在父母方面，把一個還需要成人二十四小時叮嚀與照顧的孩子所有身心安全都託給素昧平生的保育員（幼教老師），想必要下定很大的決心，並說服自己全然信任他們才行，而父母最大的要求，莫過於「照顧好孩子的安全」，然後其他層面才會顯得有意義。因此，幼兒的父母，除了自己隨時注意孩子的安全之外，對托兒所（幼稚園）等托育機構的安全措施是否恰當，自更有高度的敏感與關切。此外，更要隨時與托育機構人員保持密切溝通，甚至通力合作，以養成幼兒的安全技能，彼此更要隨時注意幼兒的安全。

　　對教保人員而言，那麼多個細嫩珍貴的小生命，在父母及家人的殷殷託付下，交到自己手中，這是多重的責任，相信每位教保人員無不戒慎恐懼，唯恐稍有疏忽，對孩子造成傷害，將何以面對家長的囑託？業經太多太平時日，或許生活習以為常，但可能因一時疏忽或缺乏危機意識，事故難免產生。幼兒在園所活動難免產生意外，但教保人員的事故預防及因應能力會影響到幼兒。所以身為托

育機構之教保人員，對園所中的安全，更應有最敏銳之心及最深的關注，以便為孩子的安全做最好的守門員。

本章共分三節：(1)托育機構的安全，(2)幼兒安全教育及(3)國小校園的安全，每節將以指引（guidelines）提醒成人對兒童安全的重視與關切。

第一節　托育機構的安全

一、娃娃車的安全：馬路如虎口，娃娃車小心走

1. 司機的個性穩重，無酗酒或情緒不穩的情況，駕駛技術精良，要接受安全教育訓練，無不良記錄，以防範司機強暴女童的案例再度發生。

2. 車身應依規定添上「黃、綠」的警戒色：車況佳，設施裝備要合乎規定，並定期接受安全檢驗。

3. 車內座椅的安排方式必須考慮安全性，例如加裝扶手、安全帶等。

4. 絕不超載、不隨意超車、不蛇行，將車停妥在安全處後才讓小朋友上下車，隨時檢查安全門、煞車是否失靈，車上並備小型滅火器。

5. 隨車老師在車行途中保持最高的警戒心，確定孩子都坐好，頭手不伸出車外，不隨意在車內走動、嬉鬧，車門沒有鬆動的情形。

6. 隨車老師要合乎規定並接受安全教育訓練，離車接送小朋友時，時間雖不長，但仍應注意關好車門，並委託司機暫時看顧。

7.接學童上學時，應走到家門，由家長手中接過來，否則要請家長親自送孩子上車，絕不可讓孩子自己搭電梯或下樓梯，而在一樓門口接孩子，甚至讓孩子自行穿越馬路（即使只是一條窄巷子）上車。

8.送孩子時亦然，絕對要把孩子親手交回大人手中，不可只開車門，讓孩子自己下車，自己按門鈴，甚至等他一進門，娃娃車就駛離；或者雖帶孩子到家門，為孩子按了門鈴，通知家長孩子回來後，卻不等家長下來接孩子，即自行離去。

　總而言之，接送孩子時，一定要和家長當面交接。倘若家長沒能在孩子返家前回到家，也絕不留孩子一個人等門，寧可帶走孩子，等一會兒再送回來，或電請家長到園所接孩子。

9.都市地區的交通混亂，娃娃車的路程不宜走太遠，因為孩子在車上的時間愈長，所冒的交通危險愈大。

10.司機、隨車老師要時時提醒自己，有那麼多條可愛的小生命在自己手上，一切的行事皆要小心翼翼。

11.絕不在車上仍有孩子時，駛入加油站加油。

12.主管機關要隨時對立案機構進行例行性安全檢查，對未立案機構稽查及評鑑，以確保幼兒安全的落實。

二、校園安全：門禁管理確實執行

1.托兒所、幼稚園經常有家長前往探望、接送孩子，進進出出，門禁管理不易，但園所仍應想辦法做好門禁管理，不予歹徒混進園所、傷害孩子的任何機會。而園所圍牆更是不應有缺口，一則防範外人由此進出，再則防孩子在自由活動時間溜出園外，發生意外。

2.對到園所接回小朋友的家長，園所應有一套識別制度，如要求固定的人來接，或發給家長識別證，若臨時委由別人代勞

時，必須出示家長持有之識別證，才准帶離小朋友。不過，萬全之計是家長以外的人士來接小朋友的時候，老師最好先電告家長，對其身分求證無誤後，才准予將孩子帶走。

3.園所中的廁所、遊戲場地、沙坑等，不宜安置在所中偏僻且遠離教師視線的地方，以便隨時照顧到孩子的安全。

4.園所的遊戲設施應符合安全標準，包括攀爬架、溜滑梯、鞦韆等，地上應鋪設安全草皮或軟墊；遊戲器材經常檢驗，不可有突出物或尖銳物，以免割傷、刺傷孩子；油漆有剝落情形一定要立刻補救，以防孩子發生鉛中毒。

5.建築物的配置應符合孩子的人體工學，避免出現安全死角，譬如：孩子的教室不宜在二樓以上；樓梯的照明亮度要夠，每一階的寬度、高度要符合幼兒的動作能力需求，且應設置扶手；二樓陽台欄杆高度或窗戶高度，應考量妥當，不讓幼兒有攀爬摔落的可能；校園中的柱子、洗手台的邊角等，宜設計成圓形或把尖角包起來，以免幼兒撞傷；園中若有小型戲水池或游泳池，水深宜適當，且要有完善的維護（如柵欄、安全門等設施），防止幼兒擅自進入，發生溺水事件；園所中廚房設置的位置亦須妥善規劃，減少幼兒靠近廚房，或廚房工作須頻頻通過幼兒活動區的機會。

6.廁所、餐廳的地板皆應鋪設防滑建材，避免幼兒摔倒。

7.平日做好校園環境清潔工作，以免蚊蠅螫咬，食物、器具遭到昆蟲、老鼠等污染而傳染疾病。

三、課室中的安全管理：精心規劃，符合幼兒所需

1.教室中的照明度要夠，以能讓孩子在明亮的自然光線下進行一切學習活動最好，但遇上陰雨天，就需要足夠的照明設備，以維護幼兒發育中的視力。

2.課桌椅設計應符合幼兒的人體工學,高度、寬度要適宜,桌角、椅腳也不可有尖銳邊緣,以免孩子遊戲或走動時碰撞而受傷。

3.門窗的設計要牢固,並隨時檢查及維修,門後最好加裝「門止」固定,以免風大時幼兒被門板撞傷或壓傷。

4.教學的角落設置、動線應流暢,防止幼兒碰撞;而物品、玩具的擺設亦須精心規劃,以免阻擋活動進行,或發生推擠、搶奪的場面;更要教導幼兒養成收拾玩具的好習慣,避免因踩到地上散落的玩具而摔倒。

5.有危險性的教具,如剪刀、刀叉、牙籤等,應收在孩子不易隨意拿取之處;須經老師同意,方可取用,並在老師的監督下使用,用完後立即放回原處。

6.教室中的插座、電源開關、電風扇等,宜有安全保護,以防幼兒好奇把玩,發生危險。

7.課室的空氣應流通,以維護孩子的身體健康。

8.老師要具有公共衛生的觀念,對感冒或患有傳染性疾病的幼兒,除了取得家長諒解,讓孩子在家休息,以免感染給其他學童之外,最好也能發出通告給未罹病學童的家長,以採取必要的預防措施,防止「幼稚園症候群」的蔓延。這項公共衛生預警制度,對身體衰弱、過敏、免疫功能不全的孩子尤其重要。

9.幼兒應各自備有專用餐具、毛巾、牙刷、棉被,以防止疾病的相互感染。園所應該定期為餐具做消毒工作,或要求家長將棉被、餐具等定時取回洗淨並消毒。

10.園所應設有專屬的醫生及護士,隨時照顧幼兒的健康,並可與該地衛生所合作,做定期健康檢查及牙齒等的護理。

11.教室中每個幼兒應準備一套預備的乾淨衣褲,以備需要時

更換。

四、廚房安全：清潔衛生第一優先

園所的廚房負責準備師生的餐飲，關係師生的健康甚巨，在安全上的要求更不容忽視：

1. 廚房不宜與廁所比鄰，以免污染水源。
2. 廚房應保持乾淨、光線良好、空氣流通，地面尤須常維持乾燥，排水更要通暢，避免細菌蚊蠅孳生。
3. 須有足夠大型的冰庫或冰箱貯存食物及待處理的蔬果魚肉。
4. 工作人員定期做健康檢查，生病或本身罹患傳染病者應遠離廚房工作。料理食物時應先做好個人衛生，如戴帽子、剪短指甲、手洗乾淨等。
5. 廚房用具隨時刷洗乾淨，餐具亦要定期消毒，且收置在密閉的櫥櫃內。
6. 菜刀等危險物品應收置妥當，以免孩子無知拿來把玩。
7. 注意水質的乾淨。若有水塔，更應定時清洗。
8. 剩餘的食物應該即時做妥善的處理，絕不可以用餿水桶來做收集的工作，避免污染環境，孳生細菌。
9. 特別留意食物的安全使用期限，不提供過期食物、飲品給師生食用。食物烹製過程中，亦須注意衛生與安全，例如盡量清洗至沒有農藥殘留，不添加過多的鹽、糖、味精或其他色素、化學物質。烹飪食物的分量應妥為規劃，以防發生食物不夠或浪費的情形。
10. 最好有營養師針對幼兒的特殊需要調配菜單，並提前公布菜單或讓幼兒攜回，若幼兒對某種食物有過敏現象或禁食某種食品時，家長才能及早通知園所，避免孩子在調配師

　　不知情的情況下，食用不適於他的食物（例如：小兒糖尿病患者忌糖，遇有甜點時，應做一些適當的配合措施）。

11.廚房的送貨車進出，或餐飲配送到各教室的路線，應盡量避開孩子活動或遊戲的區域，例如穿越遊戲區等情況。

12.選購蔬菜水果等食物的時候，宜以新鮮、安全、衛生為優先考量，價格其次。最好購買經有關單位檢驗合格，無農藥殘留的蔬果，買得安心，吃得安心。

13.不用保麗龍、塑膠袋裝置熱食。事實上，應禁用保麗龍及盡量少用塑膠袋。

五、校外教學的安全：快快樂樂出門，平平安安回家

　　幼稚園、托兒所為了豐富孩子的學習，拓展孩子的視野，讓他們得以舒展筋骨，盡情跑跳，都經常或定期舉辦校外教學。但在老師人力有限、孩子又像出籠的小鳥般興奮雀躍卻不懂得危險的情況下，家長及老師對校外教學總是「既期待又怕受傷害」，安全問題是最費心的。站在園方的立場，除了考量教學內容的有趣性之外，也要兼及安全上的顧慮；而對家長來說，最大的要求莫過於快快樂樂的出門，平平安安的回家。

　　校外教學既是幼兒教育重要的一環，因此，園方、老師及家長必須互相配合，為孩子規劃一次次安全與趣味兼具的校外活動：

1.目的地須遠近適中。幼兒的體力有限，長途的步行或舟車旅行將造成他因體力不支而吵鬧，減低教學的效果及孩子的學習興致。

2.決定目的地之前，老師應親自走一趟。不管是步行或乘車，記得以孩子的高度及眼光視察沿途景物、路況，並檢查路上是否有危險或足以令孩子分心之處，然後再評估該目的地是

否適合孩子前往，需不需要採取預防措施。

3.目的地活動場所的安全，教師更該事先親自考察與審核。例如：活動場所有沒有易引起孩子摔傷、跌傷的設備、台階、突出物、壕溝，或易刺傷、創傷的尖銳物、鐵絲、玻璃等，孩子活動時是否會曝曬在豔陽或寒風中：活動場地是不是太空曠，使老師有顧此失彼的可能：遊樂設施是否符合安全標準；甚至活動場所適合孩子參觀與否等，老師都該巨細靡遺地加以仔細考核。

4.出發時，若以步行前往，一定要派出足夠的人手，分別照顧孩子及指揮交通，甚至可採「以手搭前面小朋友肩膀」或「牽繩索」等特別方式，讓小朋友不脫隊，以維護行進中的安全。最好每個小朋友皆佩帶「名牌」，註明園所及姓名、電話。

5.如果是搭校車前往，則所有安全措施應與上下學時的安全措施相同，包括行前檢查車子、不超載、不超速、不隨便超車等。

6.如係租用車子，園方除考量價格問題，更應親自到租車公司瞭解車況，甚至要求查看車子的行車及檢驗記錄；另外，對司機亦應該有所瞭解，不接受酗酒、情緒不穩定、喜開快車、前科違規累累的司機來為小娃兒掌方向盤。最好老師事先登車查看車況，例如安全門是否被釘死、車上有沒有危險物品等。待一切滿意後，還要與車行簽立契約，詳載責任歸屬等問題。

7.須有足夠的成人隨行，比率絕不超過一比十，可發動家長參與，既能當作一趟愉快的親子之旅，讓家長瞭解孩子的活動，而且家長支援，可使幼兒安全的照顧更周延。

8.行前，老師對小朋友要做充分的指導，譬如務必聽從老師指

示，不可擅自離隊；萬一跟丟了該如何應變；老師交代不可
以去、不可以做的，絕不去、絕不做；想上廁所時要告訴老
師等。

9.若是藉由公共交通工具出遊，或體驗學習乘車常識，則應特
別重視交通工具的安全管理，事先要交代孩子上、下車的規
矩，萬一沒跟上車怎麼處理；應該在哪一站上下車，車行途
中該注意的安全等。上下車時，應有一位老師先行上下車，
另一位則尾隨最後一名學童照料全局，以免先上或先下車的
小朋友發生意外。

10.所有參加校外教學的成人應接受急救訓練，並應在出發前
確實掌握目的地及途中的醫療機構。

11.活動進行中要隨時清點幼兒人數。

12.師生出遊後，園方應有人坐鎮，隨時掌握師生旅遊的最新
狀況。

13.隨車負責帶隊的老師應監督司機遵守交通規則，不超速，
也不可在車上有吸煙及酗酒的行為。小朋友上車前，更須
徹底檢查車子的安全，是否具備滅火器，安全門能否打開
等。

14.工作人員、家長及孩子都應投保各項平安險。

15.攜帶簡易醫療及急救用品，以備不時之需。

16.如果須攜帶餐點，則以不易腐壞、新鮮、衛生者為宜。

17.每位參加人員都有座位。

第二節　幼兒安全教育

　　近年來，社會大眾已開始重視兒童安全問題的嚴重性、普遍性和悲劇性，尤其從大眾傳媒上提供太多的訊息，家長或社會大眾已經麻木了。雖然大家都想逃避事實免得心情沮喪，但有些事實是可以供父母作為資料並為之記取教訓。這些訊息可幫助我們提高警覺，更願意教導孩子，讓他們有所準備以應付潛在的危險，以符合「給他魚，不如教他釣魚」的原則。「預防勝於治療」，尤其逃避這種負向的感覺，不如協調社區資源，針對兒童各種安全教育主題，為父母及照顧兒童的專業人士設計課程與訓練。幼兒安全教育不是在恫嚇孩子，而是積極地從家庭關係的建立，重視並鼓勵肯定的態度，利用正向溝通方法，教孩子學會保護自己的知能，以下提供一些安全教育的原則及指引：

1. 培養孩子良好的生活常規，不在教室中追打、碰撞、推拉，也不爬高爬低，不任意推動、玩弄器材及門窗。
2. 遵守遊戲規則，如：別人盪鞦韆時，絕不站在前面；溜滑梯時不可倒著溜，或不從階梯上而從滑梯那邊上去；小朋友一起遊戲時，絕不做推人擠人的舉動；在沙坑遊玩，不可把沙朝人丟；戲水的時候，不在水池中推擠，以免滑倒被水嗆到，甚至溺水；不搶奪、丟擲玩具，或以玩具砸人；不玩老師禁止的遊戲等。
3. 不擅自離開園所，離開教室或脫離團隊活動時，一定先徵得老師的同意。
4. 教導孩子防火、逃生的應變方法。課程中，老師可利用教

材，適度地讓孩子瞭解火的可怕；亦可藉機教孩子明白廚房重地不能擅自進入的原因，另外，平時老師也要教導孩子，萬一園所發生火警時的逃生方法及路線，並透過實際的演練，加深孩子的印象；而平日老師對火及火柴、打火機等的謹慎態度，則是孩子最好的榜樣。

5.台灣地處地震帶，老師應透過課程的設計，幫助孩子瞭解地震及地震發生時的應變之道，以免萬一發生地震時，孩子因驚慌而出意外。

6.教導孩子不在樓梯口或上下樓梯時遊玩、嬉鬧或推擠。

7.教孩子交通安全規則，如上下娃娃車須排隊，不爭先恐後；乘坐娃娃車時，不在車上走動、打鬧、喧嘩、不跟司機伯伯說話、不將頭手伸出車窗外；沒有大人攜帶不擅自過馬路，紅燈停、綠燈行，行人走天橋、地下道、行人穿越道等。

8.規定孩子每天離開園所的時候，一定跟老師打聲招呼，老師
　才能確定孩子是否由其家人或家長託付的人接走。此外，也
　要教導孩子，不論是以何種理由，絕不隨他不認識的人離
　去，遇有陌生人欲帶走他時，應報告老師。

9.教導孩子身體有任何不舒服時，要報告老師或大人，做適當
　的處理。

10.教孩子熟記家中電話號碼、自己的姓名、爸媽及老師的姓
　　名，以及就讀園所的名稱，甚至自己家及園所地址，以備
　　不時之需；同時也應教導孩子不隨便告訴別人這些訊息。

11.教育孩子飲食安全，包括飯前、便後洗手，飯後刷牙，吃
　　東西不狼吞虎嚥、要細嚼慢嚥，不邊吃邊玩或說話，進食
　　熱食應先小口試探，確定不燙嘴後再吞食，不偏食，定時
　　定量，熱湯、熱點心應請大人或老師代為舀取等。

第三節　國小校園的安全

　　國小階段是國民義務的開始，不論以前接受了多少學前教育，
這會兒統統背起書包、穿上制服，到有廣大操場、一間間教室、一
張張課桌椅的學校，去接受正規的學校教育。

　　進小學，是孩子人生另一個階段的起步，從此，他的生活重心
不再集中於家裡，而是慢慢隨著年齡的增長，從家裡移向學校；對
孩子影響最大的人，也會逐漸從爸爸媽媽移到了老師，甚至再移至
同學、朋友身上。

　　當家長看到孩子穿起了國小制服，心裡在感嘆時光飛逝、欣喜
孩子成長之餘，一般都會開始考慮孩子的獨立訓練，及自我照顧能
力的培養問題。因此，對國小兒童的安全考量，自是有別於以往。

不過，儘管他已經到了國小，他還是個孩子，也有很大可能會產生危險，或遭人侵害，例如綁架或性侵。雖然預防兒童傷害之運動及倡導在最近幾年的努力，已有了一些成效，不過我們目前仍有一些新的挑戰，喚醒社會大眾的注意，將危機知識轉化爲技能及社區安全訓練，以符合兒童安全的最佳利益。

一、上、下學途中的安全：灌輸行進安全，幫助孩子走穩求學路

孩子初爲小新鮮人時，父母大都會接送一段時間，帶孩子熟悉上下學的路線及說明途中注意事項後，才讓他「單飛」自行上下學。不過都會地區有些孩子由於越區就讀，或因家長能力許可，長期以機車、汽車接送，即他們上下學的安全仍由家長負責，自然另當別論。

一般孩子每天上學、放學在抵達校門或家門之前，自身的安全完全掌握在自己手中，因而父母、師長平時的教誨益形重要，應時常提醒孩子提高警覺，遇有類似事件或新聞時，可以與之進行討論，甚至偶爾看到不良榜樣的時候，也可趁機機會教育。

1. 上下學途中，不要在路上逗留，例如彎進電動玩具店、租書店、便利商店等，去看人家打電動、看漫畫書，延誤上下學的時間，甚至沈迷電動玩具不能自拔，戕害身心至巨，更惹家長擔心。
2. 遵從路隊、糾察隊、導護媽媽、導護老師的指揮。家長去接送孩子時亦須遵守，給孩子良好示範。
3 行走時，不互相追逐、推拉、嬉鬧，以免發生危險。
4. 家長若以汽、機車接送孩子，應將車停在離校門口遠一點的地方，以防堵住其他學童的進出。

5.走路的時候應遵守交通規則，絕不闖紅燈、搶黃燈，有天橋或地下道時，一定走天橋或地下道，否則必須走行人穿越道，絕不任意求快穿越馬路。

6.上下學途中，不走偏僻人少的巷道，盡量選擇人多的道路行走。

7.走路時，不靠近路邊停放的車輛而走，宜與之保持適當距離。

8.校方及家長有責任向有關單位爭取，在孩子上下學出入頻繁的路口設置紅綠燈、天橋或地下道，以照顧孩子的安全。

9.學校老師在自己上、下學途中，最好也能留意、照顧學生的安全。

10.不在上下學途中買東西，邊走邊吃，以免因而疏忽交通安全。

二、門禁安全：警衛，校園安全的把關者

1.一般學校皆設有警衛室，應確實負起門禁安全的責任；家長為了孩子在校安全，也應全力配合校方的安全措施。

2.非學校教職員或學生進入校門，一律對警衛說明來意並登記。家長為孩子送便當、課本文具等，亦應留在警衛室，由學生自己到警衛室領取。

3.送貨員應先在警衛室登記後，再至校內卸貨，警衛並應注意送貨員是否適時離去，隨時追蹤送貨員的行蹤。

4.推銷員、販賣人員禁止進入校園內。

5.送貨車禁止開入校區，若確有必要，應在學童上課時或學校放學後才准進入。

6.對開放運動場供社區居民活動的學校，校方應宣導學生不要太早到校（現在國小已取消早自習，學生最好不要在七點半

以前到校）；都會地區部分家長為配合自己上下班時間，不得不讓孩子早早到校者，校方應有妥善安排，如將早到的學生集中在一個教室，由值日（夜）老師照顧，或者請他們留在警衛室，由警衛臨時看顧，切不可讓孩子單獨進入校區或教室逗留，提防發生意外。

7.家長臨時有事、未按時間接回孩子時，校方應將孩子集中於警衛室，不宜讓學童獨自站在校門口，或單獨回教室、校園等候家長，以免產生安全死角。

8.學校應聘用身體強壯、負責、受過專業訓練、身家清白者擔任警衛，並由學校出資，定期進行在職訓練。

三、校園安全：清弭死角，保障學童就學安全

1.國小校園一般都比幼稚園大很多，管理較為困難，也容易產生安全死角。例如：校園或花園的角落、垃圾場、活動中心的地下室、頂樓及樓梯間、貯藏室、位於邊緣的舊式廁所，不常使用的分科教室等，校方應盡力消除上述校園安全死角，或斥資改建，或加強巡邏，老師也不宜在全校師生上課時間，派學生單獨到有安全顧慮的地方取物、置物，或讓學生一個人去上廁所。

2.學生遊樂器材的擺設地點、器材項目的選擇與維修，都應以安全為最優先的考量。避免設置在校園內偏遠處、大樓地下室、頂樓陽台等校園內主要動線之外的地方，讓學童的活動一直都能在師長、同學的看顧下進行，避免予歹徒可乘之機，萬一發生意外，也才能及時處理。

3.學校最好以高度適當的圍牆加以區隔校園內外。一來校園的安全才能掌握，二來也可防止學童擅自離校而生意外。至於圍牆本身的安全性，也須有周詳的考慮，避免本是為保護孩

子而設的圍牆，卻反而成了傷害孩子的罪魁禍首，例如：圍牆不牢固，倒塌而壓傷孩子；圍牆有危險突出物，導致孩子遊戲中不注意而受傷；圍牆以有毒的石棉瓦建築，傷害學童於無形等。

4. 學校垃圾若採焚燒方式處理，焚燒時應有專人從頭到尾在現場照顧，火勢應控制得宜，避免火苗亂竄，引發火災或傷及孩子。

5. 校園應準備足夠的滅火器，且隨時注意是否超過安全使用期限，以免萬一發生火警，喪失搶救契機。

6. 學校因特殊的地理位置而各有特別的安全需求。如建築在山坡地、海邊、鐵軌旁的小學，在校園安全的照顧上，自應因地制宜；都會地區的國小，由於地狹人稠，學童在跑跳之際，很容易發生碰撞情事，須有特殊的防範措施或制度，以維護孩子的安全。

7. 校園須設置充足的水龍頭供學生使用。飲水機的設置地點應選擇適當且安全的場所，並須與廠商簽約，定期清洗及更換濾心。學校水源的衛生與安全亦須嚴格要求，若設有水塔，應加蓋並定期派員清洗、消毒。排水系統亦應有良好的規劃，務必暢通而不致污染。

8. 走廊、樓梯間的照明度要夠。

9. 國小教室不宜建築太高，樓梯間要夠寬敞，坡度不宜陡峭，樓梯每一階的寬度亦應足夠，並須嵌上止滑條，以防學童上下樓梯時發生意外。

10. 許多學校在樓梯間、學生活動中心或禮堂的大門安裝電動鐵捲門，最好避免；若非得安裝，則開關的高度、鐵捲門升降的速度、聲音大小等，都應視各校情況詳加斟酌，一切以學生的安全為優先考慮。

11.許多民眾喜以學校操場、籃球場作為考機車駕照前的練習場所，應嚴加禁止，以免在校園中盡情玩耍的學童被撞傷。

12.學校為管理田徑場，有時會使用除草劑抑制雜草生長，除草劑的使用必須十分審慎，提防學童受傷害。

四、教室安全：照明夠、空氣佳，造就健康學童

1.教室的照明度要夠。據瞭解，台灣地區國小教室的照明設施絕大部分不足，個人認為這是使台灣成為「眼鏡王國」的重要原因之一。事實上，教室中不只電燈數量要考慮，電燈的安置方式也關係重大。想好好照顧孩子的視力，只有主事者體認到教室照明的重要，肯花心思，則孩子清澈明亮的眼睛就不會一對對藏到厚厚的鏡片後面去了。

2.教室的窗戶要足夠，除了可增加教室的亮度外，空氣的流通更是孩子健康成長的要素之一。尤其都會地區，一班四、五十個學生，十分擁擠，又處在亞熱帶燠熱的氣候下，如果空氣流通不佳，污濁的空氣不僅讓孩子頭昏眼花，提不起學習興趣，更傷害到他們成長中的肺及呼吸道，影響之大不可不慎。

3.教室內若有必要裝置電風扇，最好採用吊扇，並牢固的裝置於天花板上，一來能使教室內空氣均勻流通，二來防止學生下課期間嬉戲時，撞倒立扇而傷及自己。

4.現今一般國小大都在各教室後面設有電力蒸飯籠，若再加上電燈、電扇，電力的負荷不小，校方應考慮用電安全。除了防止電線走火、跳電之外，也可保證孩子每天中午有溫熱的便當吃，不致因電力問題而吃到冷的，甚至餿掉的中餐。

5.教室黑板的形式應考慮能讓所有學生對其上書寫的字體「一

目了然」，也就是說，應考量黑板「反光」的問題。必要時可以調整課桌椅排列方式加以改善，以照顧每個學童的視力。

6.課桌椅避免有稜有角。課桌椅應有不同的高矮大小尺寸，以符合不同身高、不同年級孩子的需求。因為課桌椅的高度，不僅關係到孩子的骨骼發育，也影響到他的視力。課桌椅若有損壞，應即刻換新或修理，避免外露的鐵釘或突出尖銳的木料造成傷害。

7.教室中的窗戶、布告欄、偉人肖像、掛圖，甚至門板等都要安裝牢固，以免鬆動、掉落而砸傷人。

8.教室的粉刷、油漆等工作，應在寒暑假進行，以防材料中有毒揮發物質無形中傷害孩子。

9.噪音問題令都市地區的老師及學生倍感困擾，雖然它所帶來的傷害並不立刻顯現，卻更不容忽視。校方應明瞭噪音對老師和學生聽力、聲帶、情緒上的傷害，做好妥善的防範措施。

10.學生上課時間內，若陽光有可能射入，則應適當裝置窗簾遮陽。

11.教室應每日清掃，並擺置垃圾箱，維持整齊與清潔，以免蚊蠅、蟑螂孳生，甚至最好能在寒暑假期間做好消毒工作。

12.老師可率領學生綠化教室，如種植盆栽等，不僅可讓孩子在賞心悅目的環境下愉快的學習，更可藉植物潔淨空氣，一舉兩得。

五、其他安全：關心孩子、照顧孩子

1.國小福利社不宜設在偏遠角落、大樓地下室，或與廁所、垃

坜場比鄰，尤其是販賣食物的福利社。此外，福利社的食品、飲料應放置在冰箱中，以免腐壞，傷及孩子的腸胃。

2.如果學校設有調製學童營養午餐的廚房，則其設置地點更應遠離廁所及垃圾場；在餐具的清潔、蔬果魚肉的烹煮與儲藏、採購、配送等過程中，每一步驟都要做到衛生、安全。

3.小學廁所是迄今最為人詬病的項目之一，校方除了應努力做到衛生乾淨的要求外，也要考慮學童使用時的安全性與方便性：廁所間數要符合全校師生所需，門鎖或水箱壞了應及時修理，地板排水要良好，選用不濕滑的地板材料，教導負責清潔廁所的孩子正確的清掃方式，甚至備置雨靴、水管等，以免孩子清洗完畢，搞得自己一身濕，甚或因而感染香港腳。

4.小學生的校外教學更應遵照教育局（廳）的規定，在地點的選擇、車輛的租用、人員的配置、學校及家長的聯繫、學生的安全教導上步步為營，務必做到快快樂樂出門、平平安安回家。

5.學校若備有校車接送學童，則從車輛的選擇、維修到安檢，駕駛員的聘用與考核，隨車老師的安排，路線的設計，接送學生時的安全規劃等，皆應與幼稚園娃娃車的要求無異，並應隨時接受主管單位的臨檢。

6.學校最好不要讓可樂、汽水等飲料販賣機進駐校園，因為一來占去了學校的活動空間，二來製造髒亂，三來也製造一些小胖子。

7.工商社會中，許多忙碌的父母無法為孩子準備午餐，因此學校對學生在學校所訂購之飯、麵、漢堡等，應確實負起監督責任，不使不符衛生安全要求的食物進入校園，危害學子的健康。

8.學校應避免使用地下水，因為如遇污染，容易造成集體傳染
　病。

第四章
社會中的安全

　　相對於現代的孩子，現今四、五年級的父母，小時候在物質上絕對比不上時下的孩子富足，昔日他們所擁有的公共遊樂設施，眞是少之又少，充其量只有個兒童樂園可以日夜嚮往，動物園、陽明山花鐘、碧潭划船、烏來的雲仙樂園也只是逢年過節偶爾去走一遭。要說到平常的遊戲設施，努力回想，好像也只有住家附近小學操場上的鞦韆、滑梯聊堪告慰；要不然只有到附近田邊、溪邊去挖地瓜、抓泥鰍或摘荷葉玩扮家家酒。而今日各式各樣的遊樂場、主題公園，甚至麥當勞或社區公園到處皆可以玩到遊樂設施，眞是天壤之別。

　　當時，學校操場或街上一角已夠孩子們玩得不亦樂乎，因爲社會民風善良，父母又忙於生計，總是讓孩子自個兒或呼朋引伴在操場上或街角上玩，直到天黑盡興了，才倦鳥知返地回家洗手吃晚飯；做父母的，對孩子在學校玩些什麼了然於心，從來也未擔心遊樂設施或街頭安全的問題。

　　經濟發達之後，人口往都市集中，孩子活動空間縮小，對有形器物（如遊戲設施）的需求比以往殷切。現代父母表示，他們給予孩子的限制和監督遠多於自己成長過程中所接受的；此外社會的暴力犯罪持續上升，家長時時擔心自己的孩子可能被人綁架、欺負或交到壞朋友。爲了保護自己的小孩，很多家長加入課後監督活動或強迫孩子進入安親課輔機構。他們設定嚴格的宵禁時間，嚴禁孩子天黑在街上玩或獨自在街頭玩，同時要求孩子和朋友外出時必須報備行蹤。相對地，小孩也發現能騎腳踏車或在街頭上玩的時間與機會愈來愈少。

　　由於「全職」父母愈來愈少，父母更須信賴學校或托育機構看照孩子，並爲兒童的安全擔負更多的責任，例如不敢讓孩子獨自上、下學，家長必須到學校接送小孩，或委付托育機構人員代爲接送孩子。身爲現代父母，我們必須瞭解孩子在社會環境可能面對的

快快樂樂上學，平平安安回家——「安全」是回家唯一的路！

危險，成人更須正視周遭和街頭環境的危險因子，幫助孩子安全探索。現代孩子必須學習特定的預防策略，以防範各種潛在的危險；而為人父母也要在保護孩子和領導孩子探索世界兩者之間小心拿捏。本章將介紹兒童生活環境常見的危險因子，共分五節：遊戲設施安全、食品安全、交通安全、建築物設施的安全及環境的污染，同樣地，本章也提供一些指引的方式給讀者。最後，本章將提供一些防止兒童在社會遭遇事故傷害之安全教育。

第一節　遊戲設施的安全

從前的遊戲設施不似現代愈趨多樣化、精緻和普遍。長期以來，國內遊戲設施安全管理未受重視，雖然媒體時有報導，但長久

之後，人們也麻木了。根據靖娟兒童安全文教基金會於二○○四年六月，針對托兒所的家長進行的「兒童遊戲設施安全」調查，結果顯示：只有 17% 的受訪家長認為國內兒童遊戲設施是安全的。而在家長的經驗中，高達 80.75% 的家長認為公園的遊戲設施不安全，其次則是國小的遊戲場 50.7%，速食餐廳則為 36.15%。靖娟基金會利用調查資料再進一步分析發現：每十人當中就有三人曾因使用遊戲設施而受傷（靖娟兒童安全文教基金會，2004）。相對於美國早在十九世紀末期遊戲場快速發展時，社會已對遊戲安全備加關注（汪麗莉等譯，1997）。尤其美國公共利益研究小組報告指出：美國每年約有十五萬名兒童因遊戲場事故傷害被送醫急救，平均每天約有十五名兒童死於遊戲場事故傷害（高慧娟，2001）。

二○○一年，台北地方法院判決某速食餐廳因沒有確保商品安全，導致幼童在遊戲區事故傷害，應賠償受害幼童三十萬元撫慰金（自由電子新聞網，2001）。此種消息經媒體報導，才再度喚起政府與社會大眾對兒童遊戲安全的重視。之後，行政院消費者保護委員會召開兒童遊戲安全相關會議，會中指定內政部兒童局為遊戲設施安全管理之主管機關。據此，兒童局於二○○三年四月九日邀集專家學者、相關部會、民間團體，研商遊戲設施安全管理辦法，並函頒「各行業附設兒童遊樂設施安全管理規範」，以維護兒童遊戲安全，防止兒童意外事故發生（陳歷榆、林月琴，2004）。本節將針對兒童遊戲設施分為室內與戶外兩小節，分別敘述其安全建立之原則。

一、室內遊樂設施安全：設計適齡、安裝牢靠

都會地區中，如百貨公司、速食餐飲店、大賣場、書店，甚至教會以及某些空地不足的幼稚園，為招徠顧客、照顧幼兒而設置規模不一的遊戲場的情況日漸普遍，遊戲措施的安全性也益受重視。

設於室內的遊戲設施有其特殊的安全需求須特別留意：

1. 因為設在室內，規模不可能大到適合任何年齡的孩子玩耍，所以對不適齡的孩子，應勸導或乾脆禁止其進入，一方面避免因器材的不適齡，而受到傷害；另一方面也可以確保器材的安全使用，同時延長器材的使用年限（三歲以下兒童是最常受傷的群體）。

2. 室內遊樂場既有年齡限制，更該有人數的限制。人數太多，容易發生推擠、爭吵行為，甚至超過器材的安全負荷範圍，引起倒塌、斷裂或傾覆的危險情事。而器材安置場所若不夠寬敞，過多的幼兒同時擠在裡面，劇烈活動下，空氣容易污濁，影響健康。

3. 地面應鋪設軟墊、地毯等軟、厚足夠的材料，保護孩子不受傷害，也較不易滑倒。

4. 一般來說，設在室內的器材體積不會太大。而這些小型遊戲器材在孩子經常爬上爬下、搖晃、跳躍的情況下，基部的穩固性應特別留意，以免傾覆，摔傷或壓傷孩子。墜落是兒童最常見的事故傷害原因。

5. 如所有供孩子遊玩的器材安全要求一樣，室內遊戲器材亦應沒有尖銳、突出、會傷及孩子之處。

6. 遊戲器材安置處宜空氣流通，最好光線充足，並在大人視線範圍之內。

7. 器材設置應遠離樓梯口、窗戶邊，並避免孩子的遊戲動線一再受到人潮的干擾。

8. 遊戲場所應隨時清掃，保持乾淨。

9. 器材最好能固定好，以免孩子任意推動，造成意外。

10. 器材須定期維修，並經過一致性檢查與維修標準認定。

11.孩子玩起來經常是又跳又叫，甚至還常爆出哭聲，如果是在密閉的空間內，聲音的分貝數可能很高，因此，遊樂場不適合設在密閉的狹小空間裡，若不得已，應考慮加裝吸音設施。

12.建立事故傷害通報系統。

13.建立遊戲設施產品認證並使用優質之認證設施。

二、戶外遊戲設施安全：玩，也要遵守遊戲規則

在重視休閒的現代，父母個個竭盡所能疼愛孩子，兒童普遍受到重視，每一個休閒、遊樂、觀光地區都可見到兒童遊戲器材，甚至都會地區的社區公園，有許多都以兒童遊戲區的設置爲主。所以，兒童使用戶外遊樂器材的機會相當多。身爲孩子照顧者的父母，對安全的要求不可不知。兒童在幼稚園、小學裡所使用的器材安全問題，有校方負責，但公共場所中的器材安全卻不容易找到負責的單位，父母只有多費點心思承擔公共場所的遊樂安全：

1.使用前，先與孩子一起評估該器材的安全性，孩子可從中學習到以安全爲最優先考量的習慣，及瞭解評斷安全的準則，包括：器材有無破損、斷裂，有沒有容易造成割傷、刺傷的尖銳物，有沒有危險鬆動的零件，有沒有傾覆的危險，使用時有沒有撞傷、割傷的可能，器材基部的保護措施做得夠不夠等。

2.有沒有因設置地點的特殊而發生傷害的可能。如建在斜坡處、水溝旁或周圍車水馬龍（以致空氣污濁）、遊戲中有被球打到的顧慮（像設在高爾夫球場、棒球場邊的兒童遊樂場）等。

3.器材是否因曝曬在太陽下而有使用時被灼傷之虞。

4.遊樂場最好設於稍有樹蔭處，避免孩子在大太陽下曝曬、遊戲。

5.孩子的安全要靠所有成人的維護，發現有不安全的遊戲設施，除熱心的通知主管機構加以修護，也可以警告別的孩子不要使用它。

6.負責遊戲設施安全管理的專責單位（如社會局、建設局、工務局、公園路燈管理處）應確實負起監督責任，建立完善的檢修制度，莫等到意外發生、孩子受到傷害後，再來追究責任，於事無補。

7.社區公園中的兒童遊樂設施主要供該社區的孩子享用，因此同一社區的父母應聯合起來，為孩子們的安全費點心，隨時留意遊戲設施的安全性。

8.不要讓孩子獨自在空曠的遊樂場中玩，應有大人作陪。

9.許多遊樂場中設有射箭、BB彈、飛鏢等遊樂設備，孩子一定要在大人的陪伴下，視能力所及，確實遵守遊戲規則，以免萌生意外。

10.許多商業遊樂場雖有定期維修，但卻沒有標示適合之年齡層，而且使用時經常沒有管理人員在場，所以大人宜多加留意孩子在玩耍中的安全。

11.器材維修要有一致性檢查及高標準維修認定。

第二節　食品安全

　　台灣經濟起飛之前，人們大都只求溫飽，安全並不是食品最主要的銷售訴求。幸好當時台灣生態環境尚未遭到破壞，土壤肥沃，沒有太多污染，也未大量使用化學肥料，因此，當時所有的食品雖

然較爲粗糙,但卻較今日安全許多。

四十幾年來的經濟奇蹟,造就了寶島國民的高所得,卻也賠上了我們的生態環境。如今,我們不知道、卻惴惴不安:每餐端出來的菜肴中,含有多少農藥(據統計,台灣每人每年要吃掉四公斤農藥);喝的飲水中,含有多少化學物質:吃的精緻點心中,含有多少化學添加物或致癌物質;給孩子吃的食物,有多少是回鍋油炸出來的……。

現代父母處處顧慮孩子安全的同時,食品安全自也疏忽不得:

1. 提供孩子均衡的飲食,養成孩子不偏食的好習慣。
2. 選擇安全的蔬菜水果,如不刻意強調果實大、顏色鮮豔漂亮、絲毫沒有蟲咬過、口感脆……,即可初步避免農藥、化學添加物的不當使用。
3. 以正確的清洗方法盡可能洗去殘留的農藥。以往泡清水、泡鹽水的方式並不能洗淨農藥(農藥仍停留在浸泡的水中),放水不斷沖洗才是一個較好的方法(農藥大都是水溶性)。
4. 不要選擇太精緻的食品。全麥製品、胚芽米或糙米、新鮮蔬果及肉類,比全白麵包、白米、罐頭食品、冷凍食品、香腸、火腿等,更符合安全健康的要求。
5. 少食用油炸食品,尤其是回鍋油炸的食物;在不確定該食品是否以回鍋油製作時,寧可捨棄不買。
6. 避免顏色鮮豔、添加人工色素的食品,像棒棒糖。
7. 食品在烹煮過程中,要注意安全與衛生,也要留心減少營養素的流失。
8. 少吃燻烤食品。
9. 食物的保存要特別留意,發霉、餿掉的食物寧可丟棄不食。
10. 避免給孩子太多高脂肪、高熱量、營養卻不足的垃圾食

物，以免造成肥胖兒。

11.發酵食品如養樂多、奶類食品等，雖能促進孩子腸胃的蠕動與吸收或提供豐富的營養，但這類食品極易腐壞、變質，食用時要特別注意它的安全性。

12.蛋對孩子而言，是價廉且營養豐富的食物，也是他們吸收蛋白質的主要來源之一。但須小心注意貯存，通常買回來後應放入冰箱冷藏，且最好不要超過二十天。

13.購買任何食品，一定要留意在安全期限內食用完畢。

14.避免孩子食用醃漬食品。

15.根據研究，學前兒童若看太多電視，將無形中減少他們做體能活動的時間，因而降低食慾，吃得比較少，孩子的生長及發育自然受影響。

16.不宜強迫幼兒改變其對食物的偏好，或吃下不愛吃的東西，大人可以花一些心思，將有營養但不受孩子喜愛的食物，像是紅蘿蔔、菠菜等切碎或變花樣，混入孩子的其他食物中，讓孩子不知不覺快樂地吃下。

17.都會地區的父母萬不得已要拿錢讓國小孩子自己打點正餐時，最好能關心孩子究竟吃了什麼，並教育孩子如何在眾多的食品中做最佳的選擇，以兼顧營養與衛生。

18.父母帶孩子外食時，應以衛生為最優先考量，久而久之，孩子也學會「食必衛生」的習慣。

　　其實，每個孩子都有其特殊的飲食習慣，如對某些餐具、食物有特別喜好，或堅持進食的方式與次序等，父母應拋棄成人本位，即莫將成年人的習慣加諸幼兒，只要合理就好，也可順勢而為，但要堅持以身作則，去除幼兒不良的飲食習慣，更積極的是培養幼兒正確的飲食觀念，以確保幼兒吃得營養與安全。

小朋友！馬路如虎口，上、下學途中，遇到馬路時，記得要選擇天橋或地下道行走喔！

第三節　交通安全

　　馬路如虎口，即便是大人，走在台灣的街道、騎樓、人行穿越道上，隨時都有可能被突然竄出的「車虎」嚇一跳或「吃掉」。

　　搭乘大眾運輸工具（如公共汽車、火車）的情況又是如何呢？與其說「坐車」、「坐火車」，倒不如說是「站火車」來得恰當，因為只有很少的機會是坐著的。而在台北地區搭公車上下班更不只是「站著的」，更多時間是「擠著的」，還得不時遭受公車司機對乘客的不尊重，甚至謾罵。開自家車又怎樣？坑坑洞洞的道路、柔腸寸斷的台北馬路，搶也搶不到的停車位，問題也是一籮筐。騎機車呢？先得訓練自己的肺像吸塵器，吸進一波一波的廢氣，機車專用道又屢遭汽車「侵入」，真是「以肉包鐵」的一種交通工具。腳踏

車則是所有路上跑的交通工具中最吃癟的一種。凡此種種,令人只有大嘆行不得也!

　　大人處在混亂的台灣道路上都已危機四伏,更遑論兒童。

　　當然,兒童沒有車輛壅塞、一位難求的問題,但同樣得忍受公車、火車不好搭之苦,甚至路不好走、馬路「難過」的威脅,每次穿越馬路都有如驚弓之鳥,慌慌張張,誠惶誠恐。更有許多騎機車的家庭,一家老小以一輛機車代步,一路險象環生,令人捏把冷汗。

搭乘汽車時,要記得繫安全帶(保護帶)。

　　「交通安全，人人有責。」兒童交通安全要從父母本身做起，但不是父母單方面努力就可以保障孩子的安全，還得社會大眾全體的配合才行。以下爲交通安全之指引：

1. 爲了自己及他人孩子的安全，請做父母的無論走路、騎車、搭車、開車，都確實遵守交通規則，做孩子的好榜樣。

2. 仿效外國制定保護校車的交通安全規則，包括：所有校車漆成統一顏色；不准與校車爭道；當校車停下時，其後方車輛一律都得停下來，以確保車內學童的安全。

3. 盡量避免以機車搭載孩子，「不要讓孩子的肉跟大人的肉一起去包那輛車（鐵）」。萬不得已要以機車載送孩子，也絕不超載、不行快車道、不超速，並務必爲孩子戴上安全帽、口罩。

4. 開車載孩子時，盡可能讓孩子坐後座，更應訓練幼兒養成坐後座汽車安全椅的習慣。孩子上小學後，也許可以慢慢考慮滿足他的想像，偶爾讓孩子坐前座，但條件是：必須繫上安全帶。曾經看到一輛轎車內，媽媽和約小學低年級的老大輕鬆的坐後座，爸爸身綁安全帶、掌握方向盤，但其位置旁邊竟然坐著約幼稚園大班的小兒子，還在座位上動來動去，奇怪的是，他卻未繫安全帶，簡直拿生命開玩笑。

5. 帶嬰兒出門，實不宜搭乘公車，原因是車內擁擠、空氣不好，嬰兒會不舒服、哭鬧，上下車也危險。幼兒時期就可帶孩子搭公共汽車，不過上下公車之際一定要照顧好，下車時大人要先下，再抱下孩子，絕不可讓幼兒自己先下車，免得遭後方來車撞上。

6. 教兒童搭公車的安全守則：扶好；不隨意走動；不喧譁、嬉鬧；不站在門邊；下車提早拉鈴準備；萬一發現過站，只須

在下一站下車往回走，絕不匆忙跳下車。

7.帶幼兒步行時，除了遵守交通規則外，在巷道內最好靠左走，並讓他靠馬路內側行走，大人走外側。

8.在交通繁忙地區，不宜讓寶寶坐在嬰兒車裡，寶寶會正好對著汽、機車的排煙口。

9.對小孩子而言，騎腳踏車是一項很好的運動，許多地方的小學生也以腳踏車為上下學的交通工具。但根據研究，七、八歲以下的孩子仍無法對突如其來的交通狀況做出適當且即時的反應。因此，家長請勿讓七、八歲以下的孩子騎著單車在馬路上追逐、奔馳。

10.除了為孩子示範正確的交通規則，並要求其嚴格遵守外，平時更要提醒孩子一些安全注意事項，包括：

(1)不在車後、大卡車底下遊玩。

(2)發現有車子要倒車，須立即走避。

(3)不從停在路邊的車陣中臨時竄出。

(4)走路時，當心路邊亂停的機車，因為孩子的身高會讓他一不小心就撞上機車，或為機車割傷、刮傷。

(5)開車載孩子外出，絕不把他單獨留在車內。

(6)絕對不可在停車場內跑動，更應隨時注意車子的動向。

(7)上下車、開關車門時，小心不要夾傷手腳，並繫好安全帶。

除了教導孩子行的安全技巧外，大人更要有危機意識。

第四節 建築物及設施的安全

雖然，現代兒童所享受的權利，比起一、兩個世紀以前的孩子好得太多，「兒童是國家未來的主人翁」早已是一句喊得漫天價響的口號，但在現代社會裡，孩子果真如此受到重視嗎？

答案恐怕是——未必！

民主社會裡，選票代表一切，尚無選舉權的兒童，其福祉包括大至全國教育經費總預算，小至兒童福利經費預算，常常因沒有選票而被剝削了。

這是一個成人社會。成人口口聲聲愛孩子，但在各方面卻未能表裡如一，從許多地方即可見微知著。例如頗多建築物及設施對兒童是既不方便又不安全。部分兒童意外的發生，即是因建築物及設施在當初設計時，未曾考慮兒童的安全所致。業者及為人父母的不可不注意下列之安全指引：

1.建築物或工地在施工時，應做好藩籬，必要時須加蓋處理，以免兒童擅自闖入嬉戲或不小心跌落而發生意外。

2.經常或偶爾有兒童出入的建築物，宜考慮的安全性包括：

(1)盡量少用落地玻璃門、窗，或少裝置透明的自動玻璃門。

(2)窗子及陽台的高度、形式，應留意不致讓兒童可攀爬而摔落，或卡住幼兒的身體或頭而出事。

(3)部分建築物的自動門，無法感應到孩子小小的身軀或體重，造成他們進出受困；也有些自動門的開關速度太快，會夾到孩子，應謹慎防範。

(4)有些大樓或公共場所採旋轉門進出。如果推門的力道及門

的旋轉速度設計未考慮到兒童，則孩子有可能被卡在中間或遭門撞擊。

(5)不論樓梯或電扶梯，若有自兩旁摔下的可能，就應有安全設計，如裝置安全網等。

(6)父母莫讓兒童單獨搭乘電梯，尤其當孩子還很小、根本構不到電梯按鈕時。電梯門開關的時間也不宜太短，免得乘客，尤其是孩子，被厚厚的電梯門夾住。

(7)公共場所的建築物內，所有逃生門或逃生途徑皆不可封死，有關單位必須確實負起監督責任。另外，應配置數量足夠及有效的滅火器，以防火災的發生。

(8)絕不帶孩子進入已經被評為「危樓」的建築物。

(9)電梯或電扶梯的升降速度應適當，免得嚇著孩子，或造成意外。

3.都會地區建築物翻新、改建的機率頻繁，經常可見建築器材占滿人行道，行人被迫改走大馬路與汽機車爭道；若兒童走在其上，更是險象環生。

4.許多廣告看板以鐵絲綁在路邊電線桿或柱子上，看板拆走後卻往往沒有一併拆除鐵絲，以致發生與鐵絲高度差不多的兒童經過時，遭其刺傷眼睛的案例，廣告商及家長都應小心防範。

5.公園等遊憩場所若設有噴泉、水池，最好有護欄裝置，以防兒童遊玩時候跌入。

6.兒童遊樂園等地所設置的遊樂器材，應由專責單位負責安全監督。

第五節　環境污染

　　環顧今日，在物質生活上，台灣地區的民眾是富裕了，但是我們周遭的環境品質卻惡化到了幾乎無法生存的地步：灰蒙蒙的天空、烏黑黑的水源、含毒的大地、無所不在的農藥、化學毒害……

　　然而做家長的我們，卻一心一意在鑽研如何做好父母、如何讓孩子不輸在起跑點上，忽略了放眼望望四周，關懷一下這塊未來將交到孩子手中的土地，是否能永續生存？今天精心炒出來的、孩子吃得津津有味的菜肴，有沒有殘留農藥？添加物安不安全？興高采烈帶孩子出遊，他尚在發育的肺吸進了多少煙塵？裝潢得漂漂亮亮的家，又充斥了多少的有毒物質？現在，你必須深思這些環境的安全問題了：

1. 少帶孩子到空氣污濁的地方。
2. 新裝潢的家具、新油漆的房子，最好隔一陣子再使用或住進去，以免揮發的化學物質引起孩子過敏、中毒。
3. 給孩子的食物，盡量選擇無污染且新鮮的蔬果，最子是不易遭受蟲害、農藥施用較少的種類。少吃加工食物及精製食品，其對幼兒的發育無益。
4. 噪音很大的場所，如電動玩具店等，不宜讓兒童進入。
5. 開水煮開後，打開蓋子，讓水中的氯散去之後，是孩子最好的飲料。少給孩子喝市售的各種飲料，因其中可能含有太多的糖或色素。
6. 有兒童在場時，勿吸煙，以免讓成長中的肺吸入二手煙。
7. 盡量少用清潔劑、含磷洗衣粉等，一來不會污染環境，二來

這些物質不易清洗乾淨，即使少許的殘留物質，對孩子的皮膚、腸胃等均有長期而嚴重的傷害。

8.勿隨意傾倒垃圾，製造髒亂，給孩子一個衛生、安全的成長環境。

9.嚴禁使用 DDT 、噴霧殺蟲劑，尤其是有幼兒的家庭。

10.現代孩子看電視的機會多，又早早就開始接觸電腦，暴露於輻射的危險機率增加，父母宜教孩子有所節制。

11.都會地區由於都市計畫不夠完善，開闊的空間及綠地普遍缺乏，孩子的視野有限且毫無美感。父母應找機會帶他們到郊外「極目四望」，保護孩子的視力。

12.不要讓孩子暴露在大太陽下，以免遭陽光中紫外線灼傷。換言之，學校老師或家長在為孩子設計活動時，應考慮陽光強弱對孩子可能造成的傷害。

13.地球酸雨的情況愈來愈嚴重，台北市的雨的酸度逼近檸檬的程度，不宜讓兒童淋雨。

第六節 引導兒童安全之教育

引起兒童安全事故傷害之原因很複雜（黃松元， 2000），可能牽涉到個體、機構及社會三個方面，茲臚列如下：

1.個體方面，包括：

(1)欠缺危機意識，疏於防範（席家玉， 1998）。

(2)欠缺安全知識。

(3)不當的安全態度。

(4)不良之習慣。

(5)不熟練之生活技能。

2.機構方面，包括：

(1)欠缺整體的安全計畫。

(2)欠缺對兒童適齡的期待。

(3)缺乏橫向連繫，溝通與合作不夠。

3.社會方面，包括：

(1)法令規章執行不力。

(2)傳媒未能發揮正面之社教功能。

(3)硬體設備及設施不良。

保護兒童除了消極性建立兒童安全之法規與制度，提供保護兒童服務之各種機構之外，最重要的還是訓練兒童有安全之知能，以便預防兒童受到傷害。因此，避免兒童在社會場所事故傷害之發生，必須由管理（環境）及安全教育（兒童行為）著手。前五節即是前者之預防，而本節則著重兒童行為之教育。

美國心理學兼兒童發展專家 Penelope Leach 曾表示：「我們不應該訓練孩子只依成人的命令行事，也不應該教他們服從任何一位成人的話。相對地，成人應讓孩子學習保護自己，以免受到他人濫用權力的傷害。」

而成人應如何教導孩子呢？以下提供一些原則讓成人做參考：

1.鼓勵孩子在安全之原則下，探索及實驗環境的情境及設施，以便讓孩子瞭解何種設施或方法會導致危險及傷害。

2.讓孩子質疑不懂的命令、拒絕不當的命令，利用傾聽（例如專心、面對孩子、保持目光接觸、表情和聲音透露關懷之情、主動的聽者、正確指述孩子的情緒等）及正向溝通方式（傳遞我的訊息，支持、接納、鼓勵與讚美，對孩子合理的期待等）。

3.多利用讚美、鼓勵，少用威脅、嚇唬及警告的字詞，來教導孩子養成謹慎及小心的習慣。

4.盡可能使用孩子可理解的詞彙，將安全技能之重點放在孩子應學會的技能，而不是傳達個人之恐懼和憂慮的情緒或反應。

5.練習溝通技巧，直到自己能冷靜、自信的談論個人安全的觀念。

6.隨時準備回應孩子所不懂的問題，或孩子需要你幫忙解決的問題或憂慮。

7.善用孩子所喜歡及理解的資訊，尤其是機會教育及學習鷹架。

8.適時鼓勵、讚美以提升孩子個人在安全知識的自尊。

參考書目

自由電子新聞網（2001）。〈幼童遊戲區受傷，麥當勞判賠30萬〉。網址：http://www.libertytimes.com.tw/2001/new/jul/20/today-14.htm

江麗莉等譯（1997）。《兒童遊戲與遊戲環境》。台北：五南。

高慧娟（2001）。〈兒童遊戲場所事故傷害之預防〉。《學校衛生》，38：70-81。

席家玉（1998）。〈談學校安全教育的強化與實施〉。《國教輔導》，37(6)：51-54。

陳歷榆、林月琴（2004）。《兒童遊戲設施安全法令制度建立之研究》。台中：內政部兒童局委託研究。

黃松元（2000）。《健康促進與健康教育》（二版）。台北：師大書

苑。

靖娟兒童安全文教基金會（2004）。〈托兒所家長「兒童遊戲設施安全」調查〉。台北：財團法人靖娟兒童安全文教基金會。

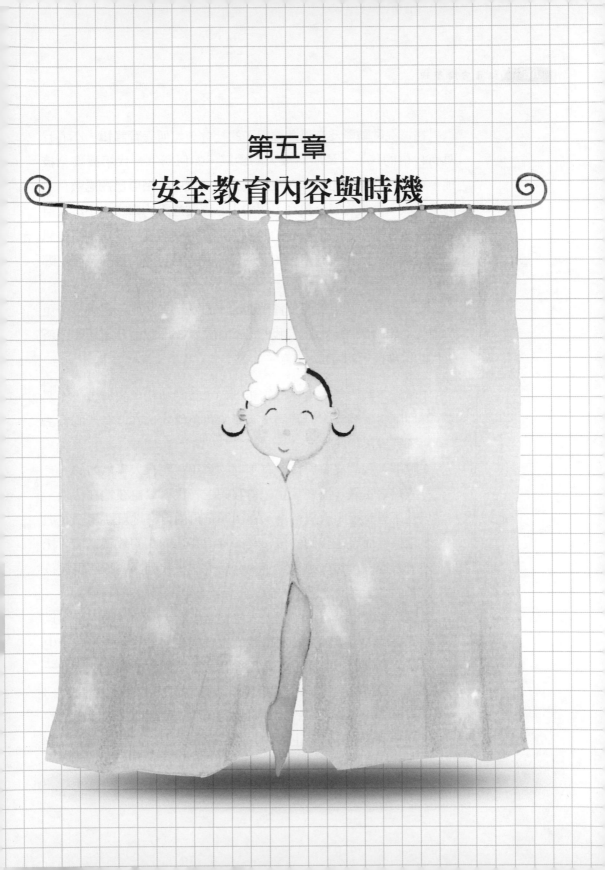

第五章
安全教育內容與時機

在這混亂動盪及充滿危機因子的社會，如何養育謹慎、小心且具有自信的孩子，是所有成人的願望。如何為下一代培養安全技能，更是我們應做的事。在我們成長的過程中，相信已聽過數百次甚至千次、萬次的安全教育，例如小心周遭危險的事物、不准獨自做這或做那、小心陌生人等，而我們是否會安然度過童年？這些訊息帶給我們什麼實質的定義，而同樣的訊息對我們的孩子又產生哪些重要的改變呢？

安全教育有其應然面及實然面的本質，前者我們已保護孩子免於遭受危險的傷害，而後者我們必須面對承認、瞭解及重新學習新世代的保護孩子的方法。

1. 承認：我們是為人父母的新世代，我們被期望教導孩子不要與陌生人聊天，但我們沒有新的角色模式，亦沒有新的方法來教導孩子保護自己。

2. 瞭解：我們沒有與孩子有相同的童年，沒有人喜歡如此，有人為之生氣、沮喪。猶記得我們這一代可以自在地在傍晚、在鄰里巷道中騎自行車，在街頭上自由自在地玩跳房子、造飛機。而現在我們的孩子必須身處在結構式的教育環境、托育機構中。父母必須為了生活而工作，我們應要瞭解現代孩子的生活與環境已不同於三十年前我們的孩提時代。

3. 重新學習：學習新的個人人身安全技巧，辨別危險因子，以使得個人免遭傷害。記得我們也曾經在父母的警告或威脅中長大，例如不能與不認識人說話，不然你會被綁架；不准一個人獨自去公園玩。現在我們必須做的是：將這些「警告」或用「威脅」孩子的教育方式的負性詞彙拿掉，取而代之的是，用積極具體且正向的方式來教導孩子如何面對陌生人及遠離危險的因子。

　　成人應如何判斷教導孩子哪些技能？什麼時候是最適當的教學時機？有些家長擔心太晚教、教的內容又少；有些家長更擔心，孩子遭到緊急狀況時會忘記重要的訊息。什麼時候教？教些什麼？這也是本章及後續三章（六至八章）的重點，其實這些問題對於專業的教保師是很簡單，他們也都熟悉教學過程所使用的引導原則，當然身為家長的成人也可以引用。不過知道是一回事，是否確實做到又是另一回事，本章據此再次提醒成人一些原則。

第一節　安全教育的時機

　　專業人員皆知道：孩子在「完成準備活動時」，才能學習新訊息與新技能。換言之，學習的時間（甚至下節要提及的內容多寡）要依孩子的理解能力來決定。不管你的看法如何，必須由孩子的能力來引導你的教導內容。因此，在開始教個人安全技能之前，應該先問自己：「孩子能理解哪些詞彙和觀念？」「孩子能學習並記住哪些東西？」除此之外，成人也要有觀察孩子行為的能力，以確定孩子真正瞭解你所教導的訊息。為了要確信孩子掌握了你所教導的訊息，成人可利用下列五個步驟來加以確認：(1)保護，(2)準備，(3)練習，(4)提醒及(5)預習。

　　記得在第二章我曾舉例：有一陌生人在你逛街購物時，對你孩子讚美有加，另一方面用他的手觸摸他的臉龐，說著：「你好可愛哦！」你會如何處理？

　　讓我們從上列確認原則來看你的孩子是否有安全技能。第一從保護開始，這個動作或狀況可能很平常，你也可能覺得這沒有什麼大害，可能你會允許這樣的行為，或許你也會做出如此的動作。但這是不允許的行為，因為對孩子而言，這是很重要的身教作用。相

對地，你應對陌生人說：我知道你不會對孩子有所傷害，但請你不要對我的孩子如此做！

上列的訊息很重要，除了掌握機會教育（teaching for moment）的原則之外，對孩子亦是很重要的示範（modeling）作用。告訴孩子要從小提防，即使陌生人對你是善意的接觸，你也要小心。「沒有人可以觸摸你，即使是善意的觸摸」，這是一個從小就要開始的機會教育。當然，我們也要讓孩子知道且辨別誰可以觸摸他，例如父母、親戚、愛他的人；但同時也要教育孩子，陌生人是要防範的。不認識的人（或突然表示對你有好感的人）不全然都是妖魔鬼怪。保護孩子最重要的是，讓孩子擁有具體的技能，使他們擁有具體應對的能力。

其次，我們要依循準備原則（這也是本節的重點），為孩子準備新的訊息與技能，是要適合孩子的年齡與階段，並具體為孩子準備及提供訊息與技巧，以便下個層次的具體瞭解及練習。Bredekamp 及 Copple（1997）提醒身為一個專業幼教人員必須要符合三項基本知識：適才、適齡和適性的知能。這三項重要的知識為：(1)兒童發展與學習的知識，(2)老師對每個孩子的瞭解，及(3)孩子所處的社會與文化，這是很重要的教育原則。換言之，專業老師要能理解孩子的能力，以決定教導之時刻及內容，這些原則又稱為適齡實務（Developmentally Appropriate Practice, DAP）、適性實務（Sexually Appropriate Practice, SAP），及適文化實務（Culturally Appropriate Practice, CAP）。

符合孩子身心發展的專業幼教是以幼兒發展及學習方面的知識為知識。Katz（1995）曾描述：「在設計符合發展需要的課程內容時，我們必須決定他們該學什麼，以及什麼方式才是最好的教學方式。但是在做這些決定前，我們要先瞭解兩件事：一是孩子的發展現況，二是早期生活經驗對孩子後續發展的影響。」因此，所有幼

教專業人員都必須瞭解孩子在零至八歲之間（甚至八歲以上）的發展變化，發展差異，以及如何幫助這年齡層孩子學習及發展，如此一來，專業人員才能在教學過程中順利教導或撫育孩子的工作。而家長呢？可能沒有受過專業訓練，但至少可以從坊間購買相關兒童發展的書籍，或利用網路、電視傳媒吸收相關知識，此外社區大學或空中大學也有提供相關的課程。

　　美國幼教協會（National Association for the Education of Young Children, NAEYC）針對兒童適齡實務提出十二項經驗法則（引自Bredekamp & Copple, 1997），臚列如下：

1. 孩子各發展領域之間（身體、社會、情緒及認知）的成長息息相關；不同領域的發展會相互影響。
2. 兒童的發展通常是循序漸進，所有的能力、技巧及發展的知識都必須以現有的發展為基石，一步步累積而成。
3. 兒童的發展速度因人而異，而且每個孩子本身在各個領域的發展狀況也互有不同。
4. 早期的經驗對兒童發展的影響短期內或許不明顯，但長期而言，其影響力會隨著時間的累積而愈趨明顯；某些形態的發展與學習是有其敏感期（或稱可教育之黃金期）（educable period）。
5. 孩子的發展會愈來愈複雜化、系統化與內在化。
6. 孩子的發展與學習會受到許多社會習慣與文化內容的影響。
7. 孩子是主動的學習者；他們直接從生理及社會經驗（physical and social experience），以及由文化傳承的知識中，建構他們對周遭世界的瞭解。
8. 發展與學習受到先天遺傳與後天環境（包括物質和社會環境）之交互影響。

9.遊戲是孩子發展社會、情緒及認知能力的重要媒介（medium），也是反映其發展狀況之鏡子，更是增強兒童發展的工具。

10.在能力有新的進展時，孩子如果有許多重複演練的機會，並且成功挑戰能力極限時，孩子的成長就會更上一層樓（也就是熟能生巧）。

11.孩子有不同的認知與學習方式，也會用不同的方式表達其認知與理解。

12.處於安全及受重視的群體環境中，孩子才能獲得更佳的發展與學習，因為只有在如此的環境中，他們的生理需求才能被滿足，心理才有安全感。

此外，專業幼教的落實也要依循以下五個原則（Bredekamp & Copple, 1997）：

1.創造一個充滿關懷的學習環境。
2.注重孩子的發展與學習。
3.設計合適的教材。
4.評量孩子的發展與學習。
5.與孩子的家庭建立雙向的溝通關係。

Piaget 自我建構之認知理論，對幼兒托育及臨床工作者在處理兒童問題方面有重大影響，影響不僅是在問題診斷與評估方面，也包括提供適當處遇模式之選擇。過去對兒童性虐待預防方案大都遵照成人被強暴預防計畫所訂定的原則，並輔以充權增能（empowerment）為主軸，結合「好與不好的觸摸」（good and bad touches）的指標，但這些方案並不適合學齡前兒童，也不契合這些兒童的發展能力。因此後進之社工實務計畫以兒童發展為背景，發展出契合

兒童認知發展的方案，這也是應用 J. Piaget 的主張，所以說來，適齡、適性的兒童處遇方案也是教育者和臨床工作者所恪遵的準則。

　　除了教育與兒童保護方案之外，實務工作者也常有機會面對兒童的後創傷症候群（post-traumatic stress disorder, PSTD）所引起的複雜情緒和創傷事件。例如：在一九九五年美國奧克拉荷馬市行政大樓爆炸事件，一九八五年美國哥倫比亞太空梭爆炸事件，台灣健康幼稚園的火燒車事件，某國中參加畢業旅行的車禍事件，當臨床工作人員（包括諮商、輔導或社會工作人員）為父母提供如何向孩子解釋這些恐怖事件的諮詢服務之時，Piaget 的認知取向理論遂成為適齡實務工作的最佳指引，也使實務工作者特別注意到孩童的認知能力，以設計適宜的處遇方案。

　　第三項是練習，想想當別人告訴你，你只要閉住呼吸，兩手往前，兩腳一蹬，練習划水，然後你可跳下海邊，你就能學會游泳的技巧。結果，你還是不會，還可能會沈到海底，為什麼呢？因為光說不練，這是無效的。缺乏練習的教育，口說無憑，孩子永遠學不會安全技能的。再想想看，成人告訴孩子：穿好鞋、刷好牙，然後走到對街上，試著與人相處，這樣，孩子就會有安全技能。這是不可能的。因為孩子缺乏監督的練習，安全不是口號而已，需要實務演練的機會，並確實掌握孩子擁有此項技能。

　　第四項是提醒，提醒不是僅告訴孩子「不准做這，不准做那」；而是不斷提醒孩子你應該要做（已確信他會做）的事。例如，當孩子出門時，成人應對孩子說，記住！你的安全技巧哦！當然孩子會回答我已長大了。這種提醒是讓孩子能為自己負責，做正確的判斷以及獨立自主，但是要有所監督的。

　　最後一項是預習，預習是預做準備。當孩子在游泳池游泳沒有問題，但換到海邊可不一樣。當然，我們可以告訴孩子：你的游泳技術不錯，可以在游泳池裡很自如，但在海邊游泳與在游泳池有很

大不同，我要你記得，在海邊游泳與在游泳池有哪些狀況不同，如此一來，孩子才能思考及準備應付新的狀況。

第二節　安全教育之訊息與技巧

教導孩子要先瞭解孩子基本的知能，因此，呼應孩子的能力及掌握機會教育的原則是很重要的，上一節我們已介紹相關的訊息。至於該教什麼，成人應掌握相關兒童發展的概念，或參考二至四章之相關指引，以及六至八章，我會提供一些具體的教導內容。然而有些成人，整天神經兮兮的，不是整天視線不離孩子，或為孩子做很多事，整天照顧他，這樣反而阻礙兒童學習的機會。過度保護孩子反而讓他受害。這種情形在孩子還小時，不會呈現太大問題，但當孩子長大，他們需要獨立自主及練習獨立所需之技巧，但是成人不應催促他們盡快遠離危險，這需要時間及練習。因此教育孩子及避免孩子過於或疏於保護，成人應做到下列五個步驟：

1.避免孩子超越其能力範圍。
2.提供訊息與技巧。
3.在監督情境下練習新的技巧。
4.提醒負責的行為及判斷的技巧。
5.預習新的情境以提醒更多的安全意識。

工作及缺乏時間是成人生活中的現實，加上社會又充滿使孩子危險的情境，這種情形令成人擔憂，但具體保護孩子就是教導他們具體的安全技能。本節將介紹有關人身安全訊息與技能，和獨自一人的安全訊息與技能。

一、人身安全訊息與技能

對於年幼的孩子，成人總是訂了許多規矩來約束他們，使得他們一直保持在成人視野之內。然而幼兒並不瞭解什麼是安全、什麼不是。故成人的角色就是教導幼兒具體事物，指明給他們看。有關人身安全之訊息及技能，成人應教導孩子瞭解：

(一)身體各部分的名稱（naming all body parts）

三歲之前，要教導幼兒身體各部位的名稱，讓他們瞭解哪些部位是私處（private）。這是一個很重要的技巧，尤其是在洗澡時，更是一個機會教育，而三歲是兒童「可教導的時刻」（teachable period）。例如，在替孩子擦乾身體時，運用自然的情境，讓他們練習說出自己身體各部分的名稱，同時詢問他們何處是不可以隨便讓別人觸摸的。這方面的技巧，主要是讓孩子瞭解誰可能摸他們的私處（例如父母、醫生在檢查他們私處是否有問題或衛生處理），誰不可以，教導他們當別人在摸他時，練習什麼是好的、壞的、不舒服的感覺。當有不舒服的感覺，如何說「不」的步驟及方法。

(二)瞭解什麼是陌生人（knowing what the stranger is）

「陌生人」最好的理解時刻是指五歲以下的孩子。所謂陌生人是指我們不認識的人。這個訊息是對的嗎？你是否發現這個訊息帶有警告之意味。陌生人對孩子來說，也是最簡單的說法，就是我們不認識的人，這非常符合孩子的智能。例如在公園玩，我們可以掌握機會教育，問孩子：看看在那邊那個叔叔（阿姨），我們認識他（她）嗎？或者說，那個人是我們的朋友嗎？我們的目的在於幼兒能夠成為一個不錯的觀察者，以便日後能有主動察覺周遭潛在危險情境的能力。

(三)瞭解辨認情境（knowing identifying information）

當你的孩子可以用語言表達，正對歌唱、童謠、音律節奏產生濃厚的興趣時，這是教導他們記住自己的姓名、住址、家中電話的好時機。用此種方式對孩子比較容易記，而且他們也較有興趣。

當然此種教導也可以用遊戲或演戲的方式。例如一位媽媽與一位幼兒：

> 媽媽：想要玩一下名字遊戲嗎？
> 幼兒：要。
> 媽媽：說出你的名字（指著小孩）。
> 幼兒：我的名字叫魏小娃。
> 媽媽：你家電話幾號，打電話給媽媽。
> 幼兒：8765-4321。
> 媽媽：你家住哪裡？
> 幼兒：台北市陽明山華岡路 55 號。

一旦孩子學會說出名字、電話和住址之後，接著要他多多練習，唯有多練習才能使他面對緊急事故時，仍能記得他的名字、媽媽電話和家中地址，以利於別人對他的幫忙。過度練習使孩子能在面臨不安及恐懼時，仍能不忘其個人資訊。同時，成人也要教導發生事情時，誰（例如警察、守衛、收銀員等）可以幫助你，這些人你可以告訴他們名字與電話。

(四)撥打一一○或一一九

猶記得二○○五年九月新聞報導一位小學四年級的女生，見媽媽昏倒（因心臟疾病），而能鎮靜撥打一一九的緊急電話，結果救回媽媽一命。在生活中，父母也可能教導孩子如何撥打一一九或一一○的緊急電話，但事實上，小孩子面臨危急時，例如火災，常忘

了一一九或一一○要怎麼撥，甚至會慌亂。所以讓學齡前幼兒學會撥一一九或一一○，而不是一一七、一一四。我們不能保證他們一定能在緊急時派上用場，但是我們應教他們瞭解一一九或一一○的一般適用情境。

成人可以用複習的方法來教導幼兒，或要他們辨識身體各部位器官（to review you can teach preschoolers or to identify the names of all body parts）。讓他們分辨陌生人及能幫忙他們的人，同時認清好的、壞的及令他不舒服之動作；記住他們的姓名、地址及電話；當危急時使用一一九或一一○專線。

二、獨自一人的安全訊息與技能

當幼兒獨自一人時（例如坐上別人的車或一人獨自在家時），成人可能會有一些擔心，與其擔心，倒不如教導孩子擁有一些因應的技能。以下就是一些相關的訊息及技能的教導策略：

(一)用一些密碼（using code words）

家長有時不能親自接送孩子，或允許孩子去搭乘特定人的專車時，成人必須列出一張他可以放心搭乘專車的駕駛清單，同時教他認識名單上的名字或人。這樣也可能不會完全放心，因為孩子是很健忘的，或者有時可能被說服或引誘去搭不在清單上的車子。所以還是要記得我們的安全策略之五步驟——保護、準備、練習、提醒及預習。成人可以藉由親子間的角色扮演（role play）或利用戲劇遊戲，來使他們瞭解在何種情形下可以搭乘，什麼情形不可以。成人應盡可能引發孩子們的興趣，使整個遊戲很好玩；同時，要記得角色互換，有時候讓他扮演陌生人，看他用何種方法引誘成人上車，如此一來也可增加孩子後設溝通（meta-communication）的能力及角色取替（role perspective）之能力。

　　萬一，我們得臨時拜託別人幫忙載你的孩子，而這些人不在你的名字清單中，這時候，你平時與孩子約定的暗號或密碼就可派上用場。每個月可以複習或更換你的密碼，當然要確定他瞭解及善用練習及預習的策略。

(二)和你分開時的安全應對（respond safely when the child separates from you）

　　告訴孩子：如果必要時，可以告訴別人他的名字、住址、電話；所以，首先成人要教孩子如何認清何人才是能幫助他的人。就學齡前或學齡期低年級的學童，如果他迷路了，他可以去找那些可幫助他的人，或留在原地，等待救援。舉例來說，如果你與你女兒逛街時走散了，這時，她應如何做？教導孩子的目的，在於讓他在不同的情形下，有誰能幫他的忙，如收銀員、警衛或警察等，這些人可以在她迷路的緊急時刻，指引她在哪裡可以找到你。

(三)信任感和保護自己的方法（trusting feeling and acting self-protecting way）

　　對學齡前幼兒，成人雖已告訴他何謂好的、壞的及不舒服的撫摸，同時要他注意陌生人，不要讓他們對他做出不適當的動作。同時，成人要讓孩子相信他的感覺，那麼他對自己的保護方式會變得較自然。

　　以下就有一個應對的例子：

女兒：走開，離我遠一點，我不認識你。

媽媽：很好！你做得很對。我喜歡你用強而有力的聲音對向著你靠近的陌生人。然後呢？我們要做什麼呢？

女兒：我要趕快跑開，去找大人！

媽媽：做對了！大叫、跑開、告訴大人。如此一來你會很安

找找看！
不管是男生或是女生，身體都有不喜歡別人碰觸的地方，請你找一找，把它圈出來。

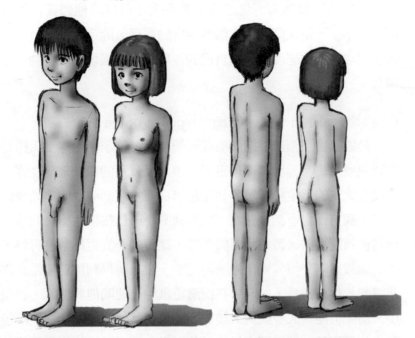

我就是自己身體的主人，我要保護世界上唯一屬於我自己的身體。

全。做得很好！

(四)和朋友在一起，不要落單（stay with friends at all times）

　　孩子落單的話，就容易成為壞人下手的目標。安全法則就是要讓他與人在一起。但是，千萬不要用威脅恐嚇的方法，而是要用正向及具體的說明。

　　舉例來說，媽媽可用下列方法：

　　媽媽：如果你沒有和媽媽在一起，你不要亂走，也不要走捷徑

哦！然後要讓媽媽知道你和誰在一起；同時，要讓我知道我在哪裡可以找到你。

家長一定很納悶，到底孩子要多大才可以讓他們獨自到外面玩？基本上，這個問題與年齡無絕對的關係，除了年齡考量之外，孩子對環境的敏感度、保護自己的技巧及居家環境的安全性，才是關鍵。

(五)接電話和應門（answering the phone or the door）

最近社會上頻傳電話詐騙或綁架或性侵孩子，這常令人擔憂。我國兒童及少年福利法亦規定不能讓六歲以下的孩子單獨在家。如果沒有大人的幫忙，多數的幼兒是無法回答電話或應門。如果你允許孩子獨自回答電話或應門，成人務必要確信孩子有安全的技能，而這種技能更需練習與預習的策略。練習安全的電話回應行為，成人必須教導孩子如何安全地應對電話。成人可以利用玩具電話作為演練的教材或道具，同時，在扮演遊戲中，要問他們問題。在遊戲中，幼兒可能說太多或與人談得太投入，此時，你需要在與孩子互動中故意拖延，利用觀察以確信孩子是否擁有足夠的安全技能。同樣地，應用到應門時，如果你的孩子總是聽到門鈴就去應門，或應門時未能確定是否為陌生人，這個時候，你還是告訴他，等他長大一點就可以去應門。當然，你更要掌握機會教育，順便練習他應門的安全技巧。同時，我們也要教導孩子要具備警覺性及面對各種突發事件的安全技巧。

上列各種訊息與技巧，千萬不能只用口語告知，最重要的是要勤加練習。除了練習之外，還要掌握複習策略，成人盡可能地學習更多事項來教導孩子，直到確信他已擁有安全技能為止，最好能形成其個人的行為習慣。

第三節　教學秘訣與學習活動

本節的重點在教學、練習及複習。對於個人之安全技能，我們可以應用在日常生活中的機會教育及教學活動設計中，不管何種方式，還是從你與孩子所喜歡的事物作為起始，基於孩子年齡不同，可能有不同之智能，以下就分為學齡前及學齡兒童兩部分。

一、學齡前幼兒

學齡前幼兒身處於 Piaget 的前操作期，其認知偏重想像，同時也缺乏具體操作的能力，故在教學上，可利用假裝之戲劇或應用圖卡或故事分享為主。

(一)扮演遊戲

幼兒園階段的孩子最具有表徵能力（symbolic abilities），故藉由社會扮演遊戲，利用一些道具，分配角色，規劃一些情境，以利孩子的演練。例如警察與走丟的孩子，或家中沒有人，而陌生人上門來，這些都是虛擬的情境，父母或老師可利用情境及同儕以掌握孩子「近似發展區」（zone of proximal development, ZPD），或提供孩子學習新技能的鷹架（scaffolding），漸漸地孩子才能從假戲應用到真實情境，以形成個人之安全技能。

(二)圖卡

如果孩子對美勞較有興趣，那麼成人可以利用圖卡來教導孩子個人安全。在教導時，要用輕鬆或非正式的討論較合宜。

例如，老師可以掌握小組活動中，介紹圖片上面畫有一一九的圖，並介紹可以幫助人的圖片。當然也可以透過大團體討論：問孩

小朋友，請動動你聰明的腦筋，看看你能不能過關？
如果你認為圖上的東西或地方是不能玩的，請走「×」，可以玩的請走
「○」。

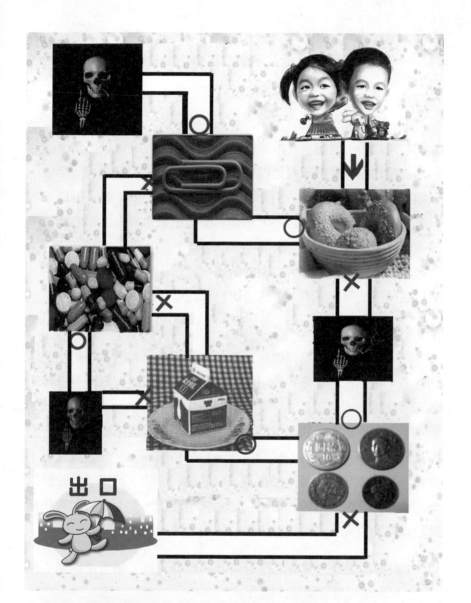

小朋友，請動動你聰明的腦筋，看看你能不能過關？
如果你認為圖上的東西或地方是可以吃的，請走「○」，不可以吃的請
走「×」。

子是否還有其他人也會幫助別人,例如救護車、警察、醫生、消防隊員……。然後再邀請他在小組的美勞活動畫圖,並說明圖的意思。

(三)說故事

　　幼兒園的小朋友都喜歡圖畫書或故事書,成人可以把安全觀念加進一般的故事書中,或選擇你要教導相關主題的圖畫書(例如小紅帽與大野狼)。記得!小孩並沒有能力記得太多資訊,所以一次只將一個觀念放在故事之中,然後再配合戲劇遊戲方式加強練習,並確信孩子已掌握了安全技能。

　　此外,成人可以運用自編的故事,將個人安全觀念融入其中,可以選擇孩子為故事的主角或運用已有的童話故事或電影情節。

(四)音樂、律動

　　之前我已經提過用唱遊、詩歌、律動方式來教導孩子記住他們的姓名、電話、地址等,故可以用此教學活動策略教導所有日常生活安全技能。

　　下列各種活動或教學策略,可以預先規劃,最重要也是最好的即是妥善運用「可教導的時刻」(teachable moment)或機會教育,當然,日常生活的媒體傳播也是很好的題材。除了利用活動設計以便讓孩子有練習的機會,但也別忘了要常複習。至少有五個教學秘訣可以幫助成人有效地教導學齡前幼兒之個人安全法則:

1. 遊戲與想像對兒童來說是最好的教學工具,藉著這兩種工具來傳達你想要傳達的觀念。
2. 不要太快期待孩子能夠自己找出解決事情的方法,不過成人可以選擇幾種方法,教導他們面對各種不同情境所需的反應及技能。

3. 態度要堅持、語氣多用讚美，教導的語彙要清楚、簡單及簡短。

4. 掌握適度學習原則，才能讓孩子在緊急事故時，形成反射或習慣地呈現安全技能。

5. 用兒童天真的邏輯來理解事物，少用大人的思考及邏輯，或硬要灌輸他們不能理解的事物。

二、學齡兒童

六至十二歲的小孩和學齡前幼兒所需的學習方式大不同。所以在孩子進入小學之後，我們要修正教學或活動策略，以下是較適合學齡兒童的活動策略：

(一)創造情境並一同討論

學齡兒童普遍已開始發展解決問題的能力，而且也少用戲劇等虛擬遊戲來解決問題。故激發、鼓勵孩子與成人共同思考問題，並與他們一同討論。此種活動設計之步驟有三：(1)界定問題；(2)發展多種可能解決問題的方案；(3)選擇最好的解決方式。

(二)運用多種可能的題材及素材

題材可以重複，但須兼顧孩子的興趣，運用新素材及方法來讓孩子能瞭解新資訊並誘發他們運用進一步的情境及方法。圖畫或戲劇會比要他們記憶來得有效。

(三)自我尊重與開放溝通

能自我尊重的孩子才能對別人尊重，這更是孩子發展自信及自我功效的要素。所以在與孩子互動中，要讓孩子感受他們是有價值的。此外，利用開放地討論事情的溝通方式，這意味安全技能教育是沒有禁忌，可以公開討論個人所擔心的事或秘密。

連連看

小朋友，你知道嗎？秘密分成「好的秘密」
與「不好的秘密」。請連一連吧！

「好的秘密」  「不好的秘密」

陌生人送我好玩的玩具，要我偷偷告訴他

我家的住址和電話號碼。

爸爸生日到了，偷偷準備禮物送給他。

有人要你摸他，還叫你別說。

叫我不要告訴別人。叔叔給我錢，摸我的身體，

拿別人的玩具，不讓他知道。

做好事，不讓人家知道。

偷偷做家事，給媽咪一個驚喜。

連 連 看

小朋友，你能分得清楚，哪些「好的碰觸」，哪些是「不好的碰觸」嗎？請連一連吧！

「好的碰觸」　　　　　　　「不好的碰觸」

擁抱　隨便親臉　握手　打耳光　摸屁股　親臉頰

(四)瞭解孩子的能力及發展

成人要以你孩子的能力，提供例子讓他學習安全行為（take advantage from your grade schooler's ability to use your example to learn how to behave safely）。不同的父母有著不同的孩子，成人所提供的方法要適用於他們孩子的興趣及需求。當然成人的參與是必要的。因為安全技能沒有成人的參與，是不會產生任何作用的。

(五)使用彈性、可激發孩子興趣的方法

成人要隨時注意引發他們的動機，來牽動更多的對話，為了要確信他們更獨立、更安全，成人要不斷地更新安全知識及技巧。同時，對高年級的學童，成人更需要注意下列三件事：(1)加入和他們有關的情境；(2)評估他們可能如何反應；(3)複習及更新較特殊的安全知識與技巧。

安全的訊息和技巧絕對不能光說不練，而且成人更要掌握瞭解孩子的年齡、能力及特性，才能選擇何時教及教什麼。除此之外，成人必須要掌握孩子自發性學習的機會，也就是機會教育，例如，在路上、逛街、購物、去餐廳。掌握機會教育對孩子說：即使對你看起來是友善的大人，我們還是不允許他對你的人身侵犯，他可能是陌生人。其次，要利用孩子可教導的時刻，應用孩子學習的鷹架，採用孩子所感興趣的話題或題材，掌握孩子的發展能力。最後要記得，安全教育的五種策略——保護、準備、練習、提醒及預習。與你的孩子在一起討論、演練及複習，須知成人是確信兒童是否安全的最佳導師。相信照著這些步驟，你會做得很好（trust me, you can do it）。

參考書目

Bredekamp, S. & Copple, C. (1997). *Developmentally appropriate practice in early childhood programs*. Washington DC: NAEYC.

Katz, L. (1995). *Talks with teachers of young children: A collection*. Norwood, NJ: Ablex.

第六章
安全技能管理——學齡前階段

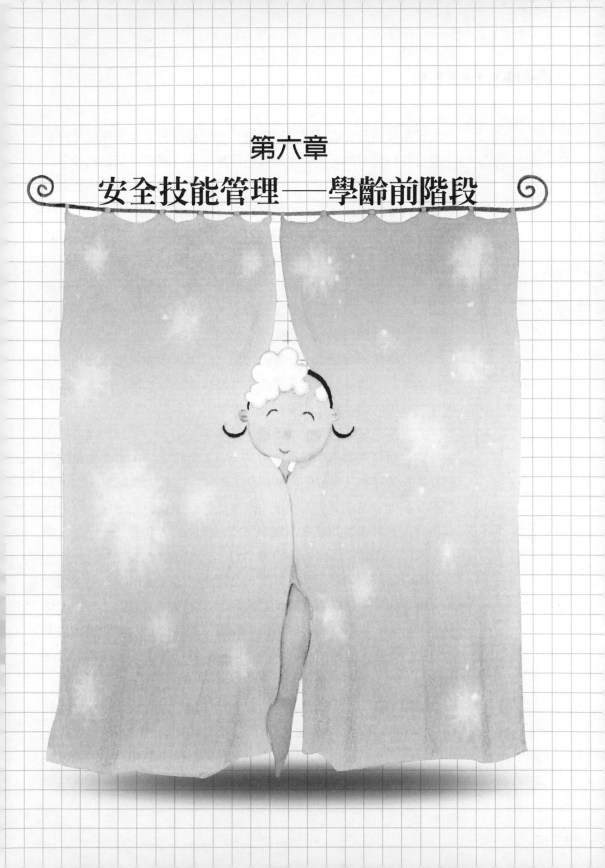

　　安全技能是要依兒童發展階段、年齡及個別差異來加以區分，主要是依據兒童的智能與人際關係作為標準。前者是指他們瞭解詞彙、概念及解決問題的能力；而後者是指他們的社交及溝通能力。教育的首要原則是從孩子所瞭解及感興趣的事物開始。

　　評量孩子的學習能力，別忘了衡量他的成熟度。孩子是否有效利用個人安全技能訊息，決定因素在於他願不願意做一些討厭的事，例如，拒絕大人的要求，或是把別人要求他保守的秘密告訴父母或老師。但這對於從小學習要服從大人命令或尊敬長者的孩子，是多麼令他難為的事。

　　要教導孩子分辨成人不當的行為之前，孩子須先被教育知道哪些是適當的行為，這種行為會產生什麼樣的感覺。萬一有了不安全的行為時，他們才能有比較區分的標準。

　　教導孩子最好的時機是等孩子具備學習某一項訊息的能力時才教他們；而期望孩子學習及運用某一項安全技能時，更要衡量他們的智力、情緒和社會成熟度。同時，不宜一次教太多訊息，以免他們承受不了或造成無謂的困擾。學習更是一個長期的過程，絕無法一步登天，最重要的是要掌握學習安全技能的五步驟——保護、準備、練習、提醒及預習。

　　學齡前階段的孩子活在「此時此地」（here and now），他們對未來會如何完全沒興趣，甚至對他們而言，那是一個抽象概念，他們沒有耐心，也沒有能力等待未來的事。此時他們才準備接納親人之外的成人進入世界，我們不能期望他們能有效運安全技能，但是我們要他們認識安全概念。

　　這個年齡的孩子正處於從一般事件推論到一般事件的跳換式推理（transductive reasoning），他們未具有歸納及演繹的推理能力；他們受真實事物的知覺與印象所主宰，所以凡事需要具體概念；他們的思考未具有保留概念、無法注意轉換的過程；而且是從自己的

觀點來看待此真實世界。所以，他們常搞不清楚規定「不可以和陌生人說話」，但卻要對大人有禮貌甚至問好。這些行為令他難以理解，為何大人如此的言行不一。兒童發展專家 Penelope Leach 認為，此階段孩子的教育是要用正面指導（例如應該做什麼），而非負面指責（不能做這，不能做那），如此一來，才能更加妥善保護他們。

此階段的孩子非常依賴規則，而且喜歡遵守規定，這是他們行事的準則，同樣地他也會要求別人要遵守規定（所以成人更應身體力行），因此，以簡單、明確、務實的詞彙訂定此階段孩子的個人安全規則，他們一定恪遵不悖。成人應善用孩子對「一致性」的需求，鼓勵他們培養警覺性，並用正向之鼓勵與讚美的方式來培養孩子個人安全之態度。

第一節　學齡前幼兒之安全概念

在這階段的孩子瞭解安全概念會比要求他們完全無誤實現安全技能，更能符合適齡實務，有關此年齡層應瞭解的安全概念，分列如下：

一、遵守規定

對年幼的孩子要加以限制，例如隨時注意他們的行動，要求他們待在我們的視線範圍內，成人是在保護孩子，也有它的道理在。學步幼童及學齡前幼兒無法分辨安全與不安全的事，成人的角色就是告訴他們，具體示範給他們看，並隨時掌握機會教育。限制幼兒的行為能確保他們的安全，這也是個人安全教育的始點；在限制孩子行為之後，孩子才能為他們自己的行為設限，不過成人要先明確

教導幼兒什麼是、什麼不是安全的訊息。

二、說出身體各部分名稱

　　幼兒在三歲左右，會開始說出身體各部分的名稱，而且對性器官開始好奇，同時學會哪些部分屬於私處。對他們而言，這是一次重要的技能。所有的孩子必須能分辨身體各部位，以建立他們的語彙和基本警覺性，所以在入園所以前，成人要教孩子一些非自覺性的語彙，包括私處，我們希望孩子說出及分辨身體各部位的名稱，而且要神情自若般。如果成人稍有一些猶豫或難為情，孩子會根據我們對答的語調，學習難為情或自在的態度。萬一不幸孩子遭到壞人性騷擾時，他們能正確指出被騷擾的部位，如此一來，成人才能幫助他們。

三、分辨「好」與「不好」的撫摸

　　教孩子區分「好」與「不好」的撫摸，才能進一步幫助他們理

危險情境有哪些？

聰明的小朋友，猜猜看～

表 6-1　區分「好」與「不好」的撫摸

「好」的撫摸	「不好」的撫摸
·孩子想要的擁抱 ·握手 ·手臂輕輕放在孩子肩膀 ·睡前晚安的輕吻 ·輕搖或擁抱嬰兒	·擁抱時間過長或太用力 ·不想要的接吻 ·孩子說「住手」，仍持續搔癢 ·又打、又踢、又揍 ·成人撫摸私處 ·成人強迫孩子撫摸或親吻私處

解哪些人才可以摸他們的私處（例如父母或醫師為了檢查或幫忙清理污垢）。成人必須教他們如何分辨不舒服的感覺，甚至教他們如何拒絕不舒服的撫摸。有關「好」與「不好」的撫摸之區別，請參考**表 6-1**。

親愛的小朋友～
搭乘大眾交通工具時，若遇到奇怪的人，一直騷擾你，切記！在這種時候最好要勇敢並大聲的說：「先生！請你住手好嗎？」

四、瞭解「陌生人」的概念

　　教幼兒瞭解「陌生人」，最簡單的意涵就是我們不認識的人。這種說法既簡單，也不會造成孩子驚慌。教孩子認識誰是陌生人，就是要教他提防陌生人。在學齡前階段，我們只要教他們區分家人、親戚、朋友及陌生人即可；迄及年紀稍長，我們再教他們如何區分熟人與朋友，這是每個孩子都應該要學會的訊息與技巧，只是學齡前幼兒尚未發展此種能力。

五、記住姓名、電話與地址

　　對學齡前幼兒而言，記住自己的全名、家裡電話和地址是很重要的事，當然可預防他萬一走失的話，可以告訴別人。不過這對幼兒還有點難，只要孩子肯學，再輔以遊戲的方式，陪他反覆練習，直到熟練為止，如此一來，才能使他在緊急狀況時，還能說得出來。此外，還要告訴他，當警察、消防隊員或電話接線生，而不是陌生人問他時，可以放心地告訴他們。

六、為孩子設定安全範圍

　　要判斷孩子的能力，並給予其安全範圍的限定，例如廚房對幼兒來說是一個危險的地方，應禁止他進入；有些玩具或遊樂設施對他來說是危險的，成人應禁止他玩。在此階段的幼兒對人非常信任，所以父母必須主動干預他和陌生人的互動，這是替孩子設定個人安全界限。對五歲以下的孩子而言，保護他們最好的方法就是陪在他們身邊，並隨時為他們設定安全範圍。

　　感情豐富、喜歡別人擁抱和親吻的小孩，最容易發生危險。對他們而言，身體接觸可能是他們主要的溝通方式，所以我們要教他們，甚至鼓勵他們多用語言溝通，尤其對他所不認識的人，例如女

服務員、店員或送貨員等。最好的教導方法是為他們訂下簡單的安全規定：只能擁抱或親吻身邊特定的人。

七、要經父母允許

小時候，父母經常教我們，必須經過他們的同意，才可以做一些事，例如接受別人的糖果，或個人探險。這確實是一項好規定，我們也要為幼兒訂立這種規定，因為它能帶給個人安全。

當孩子還小，要為他們訂定安全規定，等他稍年長能判斷危險情境，孩子就不會受到傷害，此外，成人應經常口頭提醒孩子遵守規定。

八、不能隱藏秘密

要經常告訴孩子，壞人常要小孩保守秘密。而這些也是歹徒常用的伎倆，用威脅、恐嚇的手段，如暴力或殺害小動物，要求年幼的被害人保守秘密。告訴孩子，沒有人可以威脅他們，萬一有人想要恐嚇他，叫他不要洩漏秘密，一定要趕快告訴父母。

九、教導「人身安全」，並納入家庭或學校的教育

三歲之後，孩子會普遍進入托育機構，托育機構最常見的事故傷害之事件為流鼻血、跌傷、腹痛、昆蟲咬傷及撞傷；園所的安全教育還是以生活常規的教導比率最高（邱志鵬、常欣怡、魏淑君，2000）。一般園所對於自然災害及性侵害的人身安全教育的課程提供及教導率最低，因此，學長應主動教導幼兒人身安全技能，以增加幼兒的自我保護能力。

第二節　學齡前幼兒安全教育之教學秘訣

　　瞭解孩子的智能與人際關係能力，再決定教學的內容。本節將提供一些教學策略，即將各種安全教育的教學方式和模式，與特定的安全技能結合，以增加孩子的學習興趣及學習效果。當然，安全教育最重要的是要掌握「可教導的時機」（teachable moment）及機會教會（teaching for moment），個人安全教育如天災教育一般，其教學原理就是讓孩子在發生事情時保持安全。

　　學齡前階段雖具語言能力及想像力，但他們還是一個孩子，故在教導他們時，可以利用他們的一些特性：

　　1.以遊戲方式：遊戲是幼兒的生活、學習與工作，故教導幼兒

「媽媽和女兒的對話」

媽媽：「妳叫什麼名字啊？」　　　女兒：「我的名字叫魏小娃」

媽媽：「家裏的電話是幾號呢？」　女兒：「我家電話是 8765-4321」

媽媽：「哪～家裏的住址呢？」　　女兒：「我家住址是 台北市陽明山華岡路 55 號」

安全教育可以以遊戲和想像的方式，讓孩子知道安全教育內容。

2.以輕鬆、開放溝通的方式代替嚴肅的說教：掌握孩子學習的效果，就是要讓他有學習動機。如果成人用很嚴肅的態度（因爲兒童的安全是不容輕忽的），反而會讓他心生恐懼而排斥，所以用輕鬆的遊戲方式並採取鼓勵和讚賞的方法，建立開放的溝通方式，如此一來，才能增加他學習的興趣，提升他們的自導以降低他們成爲受害者的機會。

3.簡化及單一的活動：不能太早期望學齡前兒童去思考，自己解決問題，成人應針對不同的情境，提示合宜的安全應對方法，簡化活動及與孩子討論，如果孩子還不能瞭解或坐立不安感到無聊時，千萬不要生氣罵他，可以等到他成熟或較有耐心時再教導，或是改變活動內容。

4.重複練習及複習：對於新的訊息，先讓孩子瞭解，再進行活動演練，而且千萬別用威脅、恐嚇的方式，以達到知－情意

一行。最好能講解，透過示範，再讓孩子練習，反覆練習，直到孩子過度學習以便在緊急情境可以運用自如。此時，不能給予孩子太多思考空間或例外情形，而且，態度要和緩，立場及行動要堅定。

適齡發展實務之重要特徵之一是老師應依兒童之興趣需求及能力來加以調整學習活動。成人應注意兒童之發展階段、年齡及個別差異。應用安全教育於幼兒，遊戲取向之學習活動對因應幼兒之個別差異，並提供不同孩子之個別技巧與經驗之學習機會有極大的好處。例如利用主題角之布置，一方面可提供擴充幼兒識字能力，另一方面更可提供兒童廣泛的遊戲與學習機會（參見**圖 6-1**）。**圖 6-1** 說明幼兒園利用遊戲之主題角，在數線左邊兒童可以觀察同儕遊戲，或獨自對情境的探索、試探或遊戲，或也可以接受同儕邀請與其他同儕一起玩遊戲，此時老師的角色是布置更佳的情境或選擇作一觀察者的角色，看幼兒如何進行遊戲以作為評估的準則，或充實課室環境。數線的右端，老師可選擇提供學習鷹架以促進兒童近似發展，或利用小團體或個別指導要孩子練習安全技巧，以掌握熟能生巧的原則，有必要更能掌握機會教育作學習技能之示範與教導。如此一來，透過遊戲來提供兒童利用不同之方法以學習生活及安全訊息及技巧。

觀察學習　探索與遊戲　同儕合作　安全主題角：利用文字、圖案及其他扮演遊戲之道具　老師提供鷹架　練習　教導的連結

圖 6-1　擴充識字遊戲中心──廣泛的學習機會數線圖

參考書目

邱志鵬、常欣怡、魏淑君（2000）。〈幼稚園與托兒所中幼兒安全
教育、意外事件發生情形以及處理方式之調查研究〉。《醫護
科技學刊》，2(4)：345-367。

第七章
安全技能管理——小一至小三

事故傷害是兒童死亡的第一因素（內政部， 1992 ；李燕鳴， 2004），根據全國兒童安全狀況調查（內政部， 1992）指出：未滿十二歲兒童曾有意外身體重傷（如車禍、嚴重燙傷等）者占 2.91% ；曾經有特殊遭遇者占 0.38% 。而李燕鳴引用衛生署統計室 （2001）的統計分析，指出台灣每十萬人口在一至十四歲事故傷害 爲最高（男性爲 11.9% ，女性爲 8.1%）。

常因成人疏忽或社會體系不健全使得兒童溺水、交通事故、食 物中毒等意外傷害發生；加上治安惡化，孩童被綁架時有所聞，甚 至被撕票，也造成國人普遍對生活有不安全感（郭靜晃， 2001）。 歸咎兒童意外傷害之成因，最常見的是成人的疏忽，缺乏危機意 識，以及兒童缺乏安全技能。

提供學齡兒童安全技能，最重要的是成人給予安全的環境，隨 時提醒自己及孩子要注意安全，還要培養兒童有安全之技能。在訓 練學齡兒童有安全技能之前，成人應先瞭解孩子此時的發展特徵。

Piaget 和 Inhelder（1969）提出，兒童在六至七歲時正處於具 體思維期（concrete operational stage），其思維最大的突破是可以建 立在心理操作上，而不是行動上。而心理操作更是在物體關係中進 行轉換的內部心理表徵（inner mental representative）。例如三歲左 右的幼兒能玩套環組合（可由動作完成，在一根棍上套上由大至小 的一組圓圈套環），但他們卻說不出來這種順序動作，因此教育三 歲幼兒要以清楚的動作指示，由他們透過模仿而形成動作（例如安 全教育）。但是，學齡期幼兒可將過去的行爲或模仿儲存，成爲記 憶的心理表徵，而且內心還能說出動作行爲之間的關係，所以此時 言教可以派上用場。

Piaget 的認知發展理論提出運思期階段孩子在思考上具有下列 性徵（引自張欣戊等， 1994）：

1. 心理運思是來自早期的知覺動作能力，而動作的基模是心理運思的基礎。知覺動作內化（internalize）之後（運用安全技能係指動作熟練），便可突破原有的局限，例如發展可逆性思考。

2. 心理運思有完全的可逆性。動作的可逆性受外界或物體特性的限制，不可能完美，但心理運思可以透過想像達到百分之百的可逆。

3. 運思是內化的動作（action），因此所有的運思都是在內心中進行，故而運思等於思考。

在具體運思期，兒童逐漸獲得許多抽象的技能，最顯著的技能有：(1)保留概念的技能；(2)分類的技能；(3)組合技能。每一技能都包含一組相互聯繫的操作，這些技能使兒童與客觀世界的邏輯與順序保持一致，而且這些技能也允許兒童體驗外部事件的可預言性。

雖然認知發展以及道德推理能力在此階段驟然增加，但情緒發展正如心理分析大師 Sigmund Freud 所說，是介於紛擾的伊底帕斯的戀父（母）情結（Oedipus and Electra Complex）與青少年的狂飆時期（storm period）之間的潛伏期。依 Sigmund Freud 的說法，在潛伏期的兒童情緒平穩且有一致性，也就是說，學齡兒童的情緒發展是穩定且無重大衝突的（郭靜晃等，2001）。換言之，在學齡兒童期，由於認知能力擴增，使得兒童變得更能理解他人的觀點，能脫離父母之手，學習獨立自主，與同儕互動增加，並能採納他們的觀點，以發展自我觀念，而形成個人本身的性格，如此一來，個體也逐漸掌握自己的情緒、技能與認同。但是也有少數個體因個人社會化之經驗，而產生情緒困擾與失調，有時因壓力引起，有時則由生理不良作用而引起。

　　運用到培養學齡兒童期的個人安全技能，成人應掌握此時期個體的發展特性，而六至九歲這個階段，正是孩子可訓練及練習安全技能的可教導期（teachable period）。只要成人的良好監督，實驗、探索及練習過去所學過的安全概念，透過練習以達成內化的認知基模。一旦他們擁有安全技能，成人便可慢慢放開韁繩，多給他們一些獨立自主的空間，以便讓孩子多學習一些安全技能，成為他們的安全資產。**表 7-1** 主要將九歲以前的孩子所需的安全技能列舉，相對的，如缺乏這些技能便成為安全負債。

表 7-1　九歲之前兒童的安全技能資產負債表

安全資產	安全負債
‧能拒絕大人	‧順從大人
‧能說出個體各部位器官名稱	‧不好意思（不會）說出自己性器官名稱
‧能拒絕別人的挑戰、慫恿	‧會接受別人的挑戰、慫恿
‧能分辨並信任自己的感受	‧漠視或抹消自己的感受
‧能分辨並拒絕不舒服的撫摸	‧尋求或接受多數或所有成人的愛
‧能遵守規則	‧無法遵守規則
‧能說出問題或感受	‧無法說出問題或感受
‧必要時會大吵大鬧引起注意	‧不願引起別人注意或求救
‧緊急時會用一一九、一一〇電話	‧不會打一一九、一一〇電話
‧知道姓名、住址和電話	‧不知道所有辨識資訊
‧知道如何與陌生人安全應對	‧害怕陌生人或對陌生人太友善
‧會拒絕成人的賄賂誘惑	‧會接受成人的賄賂誘惑
‧知道如何接電話應對	‧不會應對陌生人的來電
‧不經成人允許不私自開門	‧任何人來都開門
‧遇到麻煩時會大叫、逃跑、告訴大人	‧遇到緊急狀況就呆住而無法思考
‧迷路或走散時知道如何做	‧迷路或走散時不知所措
‧能區分真假警察	‧服從任何穿警察制服的人
‧不會對人隱藏任何秘密，特別是與大人有關的事	‧被恐嚇或威脅就會守口如瓶
‧能辨別歹徒所用的伎倆，並能拒絕他們	‧會被信賴的人欺騙

資料來源：Paula Statman 著，陳月霞譯（1995）。

第一節 低年級學童應具有的安全技能

國小低年級的學童應擁有下列之安全技能，以形成其安全資產：

一、走失時能安全應付

在學齡前階段，父母已教孩子學會一些安全警訊，現在就是要預防萬一他走失的話，應該如何及去找哪些可以協助的人員，或待在原地等待救援，最好透過練習，幫助孩子培養這些技能。

二、「叫、跑、說」

小學的孩子可以學習「叫、跑、說」的安全技能，這項技能確實可以幫助孩子安全脫離行動可疑的人或危險的情境。這些技能的能力將決定孩子日後發展獨立自由的空間與時期。

三、信任自己的感受及保護自己

學齡前幼兒已學會如何分辨好與不好的撫摸，並告訴他如果覺得不舒服就要反抗。而且要採用正面溝通，而不是負面批評與責難的態度，積極傾聽，讓孩子知道所有的感受都是好的，如此一來，才能幫助他們奠定分辨及信任自己感受的能力。

四、與陌生人安全應對

學齡前幼兒瞭解陌生人的概念，而這個階段應該學習如何和陌生人安全應對。通常，孩子遇到陌生人時應該謹慎並有所準備。孩子應該瞭解陌生人接近小孩是不尋常的事，成人不應該向小孩求助，而且不可以讓陌生人靠得太近。成人不只要對孩子說「陌生人很危險」，而且要教導他們遇到陌生人時應如何應對。

五、隨時與朋友在一起

孩子的判斷力、運用安全技能的能力和住家附近的安全性，會比孩子的年齡更適合作為孩子是否可以獨立自主的決定因素。在沒有完全安全因素之考量下，孩子最好不要落單。不過，要確信他及他的朋友都能遵守安全規則，而且在沒有成人監督之下，也不會大膽、隨意冒不必要的危險。如果他們沒有保護自己的能力，那請他乖乖待在成人旁邊，讓成人在旁監督。

六、接電話或應門

大部分讀小學（尤其是低年級）的孩子，如果沒有大人幫忙，通常不知道如何適當回答電話或應門。所以如何應對陌生人的電話或應門，是需要技巧與練習的。如果孩子等不及成人在旁就應門，或者不往門縫（小孔）看看是否熟識的人，然後問「誰」就應門，那表示他沒有具備安全技能能力，那麼告訴他，等他長大一點再請他幫忙。如果你堅持不讓孩子應門，那就要態度堅持、語氣和緩地告訴孩子，這是必要的措施，尤其治安或詐騙集團的人很多，讓孩子接電話或應門並不是好事。不過，一定要告訴孩子在緊急事故發生，打過一一九或一一〇後，可以讓警察或消防人員進屋子來。

七、使用暗號

如果有必要得讓孩子搭乘別人的車，成人要先教會認識這些人或他們的名字，這些資料要定期更新並和孩子一起複習。有時孩子可能會忘記，或者被別人說服而破例坐上其他人的車，所以，建議成人可以使用密碼或暗號。密碼與暗號要常常更新，並要求孩子不要說出去。

八、違法的撫摸

告訴並教導孩子，任何人都不應該與孩子有摸衣服、撫摸、親吻私處或性交等行為，小孩有權拒絕。除非有父母在場，給予醫生檢查是例外。鼓勵孩子說出成人這種不當的行為；父母會提高警覺並隨時查問，確定孩子和其他成人維持健康、合宜的關係。

九、告訴大人：「對不起，我不能幫你」

教導孩子，不管對方要求為何，陌生人不應該找小孩子幫忙，

孩子有權拒絕任何求助的大人。

「陌生人應該找其他大人幫忙，不是找孩子」的訊息，對孩子而言是正確的安全訊息，並利用機會介紹相關組織或機構（例如警察局、志工）可協助需要幫助的人。

十、濫用權力

告訴孩子，有時成人會濫用他們的權力誘姦或綁架小孩，如果孩子表示不相信，這是正常的，因為孩子對「好人」與「壞人」有具體看法，而且具刻板化之印象。有時我們要小孩尊敬權威人士，但又告訴他們有時權威人士也可能會傷害他們，這是殘酷的事實，而且讓他們失望與沮喪。所以區分真正的好人與壞人不能只看外表，而是要具有敏感的心及安全技能判斷。

Q 寶，上學的路雖然有點遠，但是如果遠路比較安全的話，我們就選擇安全的路走吧！

SOS 求救網

當我遇到危險時，我可以打電話給誰？中間圈圈畫上自己並寫上

自己家電話號碼，其他的圈圈畫上自己想打電話給他的人，並請家人

幫忙寫出電話號碼。

我的名字：魏小娃

十一、拒絕接受賄賂

　　有時壞人會利用禮物來賄賂孩子，並要他們做出不該做的事。
要求孩子，發生這種事趕快離開，並將經過告訴父母。有時孩子因
寂寞、不快樂或渴望得到別人的愛或禮物，最容易受到壞人侵犯。

十二、當陌生人叫你名字或說認識你，要有提防之心

當陌生人叫出孩子的名字並不表示他認識你，教孩子辨識陌生人可能利用制服上的名牌，或其他物品可能有繡上孩子的名字，而且他們會表示友善，除非孩子認識他，否則教導要往後退，隨時準備求救，要孩子隨時有提防之心。

十三、保守秘密

「大人不應該要孩子保守秘密」的訊息要清楚教導孩子瞭解，並同時告訴他們，如果成人做了不該做的事（如撫摸他的私處），而且要他們保守秘密，要孩子馬上跑來告訴你，並且父母會相信他說的話，不會對他生氣。

十四、辨別好玩但不安全的環境

鄰里環境中有些地方可能對孩子充滿驚奇，例如鷹架、池塘、沒人管理的遊戲設施、街道或捷運的電扶梯等，這些地方可能會造成孩子的傷害。如果沒有成人允許或監督，不可以私自嘗試或挑戰這些不安全的環境。

十五、學會保護自己

遵守生活常規、遊戲規則、上下學走路之規則，並且要密集演練，直到會運用安全技能。此外，父母也可以加以複習或提醒孩子日常生活中的一些安全守則。

第二節　低年級學童安全技能之教學秘訣

　　小學生正值發展問題解決能力之可教導期，因為他們已具備運思能力，所以成人可以用假設情境，例如以「假如……你該怎麼辦？」的情境，鼓勵他們將解決問題的看法說出來，如此一來，成人才能瞭解他們是否已有良好的解決問題策略，以及是否做出明確的判斷。

　　有時候父母也可以在家利用親子時間，採用杜撰或改編熟悉的故事，利用角色扮演演練各種可能情境；或採用畫圖說明重要訊息；或利用外出機會視為教學演練或機會教育；或利用媒體來介紹安全資訊。

　　設計安全教育練習時，成人應依循下列步驟：

1.定義問題。
2.提示其他解決方法。
3.選擇最好的方法。

　　使用各種不同的教材和教學活動，讓孩子反覆練習，並融入趣味與新方法，幫助孩子形成心理圖像。進行教學活動時應掌握下列原則：

1.除非媒體觀賞，不然活動不宜超過十五分鐘。
2.利用便宜或唾手可得的材料。
3.以實用簡單為原則。
4.用開放溝通的態度代替質問責罵。

參考書目

一、中文部分

Paula Statman 著，陳月霞譯（1995）。《安全地帶：如何培養機警勇敢的孩子》。台北：創意力文化。

行政院內政部（1992）。《全國兒童安全狀況調查》。台北：行政院內政部。

行政院衛生署統計室（2001）。〈各年齡組事故傷害之死亡率／十萬人口及死因順位〉。http://www.doh.gov.tw/statistic/data/公布欄資料檔/90.死因統計.htm.

李燕鳴（2004）。〈台灣事故傷害之監控與防制〉。《台灣醫學》8(1)：114-121。

郭靜晃（2001）。〈學齡兒童的生理發展與生理環境〉。輯於郭靜晃等著，《兒童發展與保育》。台北：國立空中大學。

張欣戊、徐嘉宏、程小危、雷庚玲、郭靜晃著（1994）。《發展心理學》。台北：國立空中大學。

二、英文部分

Piaget, J. & Inhelder, B. (1969). *The Psychology of the Child*. New York: Basic Books.

第八章
安全技能管理——小四至小六

　　小學高年級之學童生理上的差異已開始明顯起來，甚至有時孩子可能已進入青春期，女生的發展會比男生來得快。小四至小六約在十至十二歲之間，這時期，有些孩子雖有荷爾蒙作用，一夕之間突然踏入青春期，但他們在社會及情緒成熟度方面，仍無法應付少年期的獨立自主，不過他們仍以同性的同儕團體活動或一群小團體（cliques）或大團體（crowds）的活動為主。

　　許多在此時期的孩子因為培養新興趣和參加各式各樣的活動，希望能增加自主權，減少父母的約束，而與父母的權力控制產生衝突，導致家中氣氛不安，小孩子覺得被人誤解或乏人關愛，而父母則感到挫折、沮喪。此外，學校的課業壓力也可能讓年紀稍長的孩子疲於應付，致使他們情緒低落，進而嗑藥、酗酒或成為被性騷擾的受害人。

　　這些因青春期徵兆而導致親子衝突所產生的青少年偏差行為，讓父母沮喪、覺得失能（disable），也可能讓成人想逃離這些情境。不管這些情形多惡劣，父母或其他成人更不能放棄，他們比任何時期更需要成人的支持。他們需要成人為他們解釋正在發生或即將發生的身心變化，提供必要的安全訊息與技能，讓他們即使不在成人的監督下仍能保護自己，幫助他們平安的由兒童期過渡到青春期。或許成人在他們小時候已教過安全的概念或安全技能，此時成人還是需要持續加強以前所教過的安全訊息，透過不斷複習，經常與孩子討論，成人須傾聽孩子的內心感受與對話，幫他澄清誤解或不懂之處，督導並提供更多機會讓孩子演練特定的安全技能，以便在他們面臨多變社會時，能夠安全及獨立自主。

　　本章會根據此階段的發展特徵及能力，提供孩子安全技能，共分為兩節：(1)高年級學齡兒童的安全技能；(2)高年級學齡兒童的安全秘訣。

第一節 高年級學齡兒童的安全技能

　　教育孩子的安全技能，要先評估此時孩子的安全資產表，利用本書第七章**表 7-1** 的檢核表，看看孩子的安全資產與安全負債，最重要的是將孩子的安全負債變成安全資產。此外，教育孩子時要掌握教育的內容與時機，在此階段，孩子已逐漸成長，能力也比以前成熟許多，所以，教育之內容首重安全資訊的理解以及安全技能的演練，以形成技能，其內容包括：

一、良好的判斷力和決策能力

　　高年級學齡兒童要經常自我做決定，抉擇有好有壞，不管如何，這個結果仍是一種經驗。此時兒童有更好的自我分化，開始發展良好的判斷力，所以要掌握這種可教導的時刻。

　　有些父母可能認為孩子發展速度太慢，或過於保護，當孩子尚無法做明智判斷時，只要孩子想獨立自主，做父母的就緊張萬分。因孩子的認知能力或處理問題能力與成人不同，而引起家庭衝突。這個階段的孩子希望能更獨立，成人可以用下列的方法來幫助孩子獨立自主。

　　1.允許孩子自我決策，慢慢地讓他練習如何善用判斷力做出好的決定。

　　2.先從不會造成很大影響的事開始，然後再逐步進行影響較大的事，可以做成一個影響大小事件的階層表，然後要和孩子一起討論造成結果的原因與經過。

　　3.注意孩子的感受，採用正向溝通策略，盡量少用負向令人氣

餒的溝通方式。

4.提供機會讓孩子練習解決問題和做決策的技能並從旁監督，不能讓孩子有無能感。

5.不要太快讓他脫離你的管束，可從你開始，再轉由其他成人（例如老師、教練或親戚）來監督。

二、加強孩子安全的敏感性

如果孩子擁有自由及自主的能力，成人還是要持續加強孩子對安全的敏感性，例如加強讓孩子分辨哪些情況必須立即採取防衛措施，而哪些情況只要提高警覺，隨時戒備；加強孩子有意願相信自己的直覺並能採取行動。

上列的方式，成人可以利用機會教育與孩子一起討論，或利用模擬情境（例如書上、媒體或報紙所記載的事件），如果家中有親子溝通時間，也可以利用上述事件與親子一起討論。在孩子自己上街或在遊戲場玩，這種運用直覺和採取保護行動的能力就格外重要。只要孩子有努力發展或擁有此種安全技能的能力，應該立即給予鼓勵。這些方式會有助於孩子培養或持續使用這些特質，增加他們獨立自主的能力。

三、加強孩子與陌生人應對的能力

這階段孩子不僅要瞭解陌生人的概念，更加要有應對的能力，至少要確信孩子能遵守下列規定：

1.不管在公園或遊戲場，不能單獨一人，必須要與朋友在一起，也不可以獨自一人到處閒逛。

2.如果感覺有人在街頭跟蹤他，馬上往人行道內側走，盡量走到人多的地方，並隨時保持警覺。不管開車的人或陌生人與

他說什麼，都要與他保持距離或不要理睬。

3.在街道與陌生人擦肩而過時，應該保持一定的安全距離（約三呎），以免被別人突然抓走，如果感到有威脅，應該走到人多的地方，隨時準備向別人求助。

四、學習獨自一人的防身術

如果父母允許孩子獨自上街，有件事務必要做。那就是為孩子準備一套完整的辨識裝備，例如一張清楚的近照和一份完整的特徵描述。電影《失蹤時刻》敘述孩子與媽媽參加宴會時，被媽媽的朋友帶走；還有梅爾・吉布遜主演的《綁架追緝令》，敘述他的孩子被歹徒綁架，最後都採取報案。但是為了方便辨別尋獲的兒童，還是需要與孩子相近的特徵，例如錄影帶、指紋、生活照或病歷卡。雖然這個動作會令父母覺得不自在，但是非做不可，只希望永遠不

小朋友要記住喔！如果替不認識的人開門，是一件「非常危險」的事情，所以不論在什麼狀況下，都要記得不能隨便替陌生人開門。

會派上用場。

　　讓孩子獨自在鄰里走路或上學，應該先陪他走幾次，檢查沿路有無危及安全之地方。然後與孩子訂定契約，只能走規定的安全路線，避免抄捷徑或走荒蕪無人的地方，這是獨自上街的基本守則。

　　此外，還有許多辨別危險及自我保護的技能，例如街頭小霸王、幫派，或面對威脅、嘲笑、欺凌時的因應策略。然後利用角色扮演的方式，告訴孩子哪些是危險因子，並利用演練方式學習因應技巧。還要示範一個有安全自信的孩子如何上街走路，而不是不知所措困惑傷心、沮喪或東張西望的表情，並且財物不要露白。

　　孩子上學的街上防身術有：

1.運用五官觀察周遭環境。

2.信任直覺並採取必要行動。

3.提高警覺，分辨何時要求助。

4.有所準備，但不是過度小心或害怕。

5.注意安全細節並能記住。

6.隨時與朋友在一起。

7.知道住家附近的地標。

8.走在人行道中間，避免靠近門口或樹叢。

9.知道附近公共電話位置（或能打手機）。

10.衣著行為舉止不會引起注意。

11.知道到哪裡求救。

12.視「害怕」為謹慎小心，而不是懦弱的表現。

13.熟悉公車路線或上下車站名、中途轉站等。

14.加強孩子坐公車之安全直覺，並小心觀察。

15.避免幫派或不良少年聚集之地方，更不要在陌生地區落單。

五、自我防衛課程

市面上有很多書、教材教導十至十二歲兒童的自我防衛課程，實地閱讀之後，選擇好的自我防衛教材。而一套教導兒童自我防衛的好教材應包括：

1. 強調預防而非攻擊之課程。
2. 著重如何迴避、控制或阻止攻擊者。
3. 教孩子不要與歹徒正面衝突。
4. 培養安全第六感的判斷力和思考能力。
5. 依孩子的智能提供有用的訊息。
6. 使用肯定、提高自信的語彙。

千萬不要使用有下列缺點的教材：

1. 短期熟練個人之安全技能。
2. 使用寫實或暴力的語彙。
3. 過度強調危險、灌輸孩子焦慮害怕的觀念。
4. 著重打敗攻擊者。
5. 推銷所有年齡層（包括三歲及以上）的自衛課程。

六、教導孩子使用家中的用品，確保水、火、電的安全

為了孩子獨立自主，父母有時會訓練孩子做家事，但至少要先確定孩子瞭解用品的安全概念，以及正確使用用品的安全行為，例如開關瓦斯、使用電器、對於高溫的容器或熱水瓶的操作。

七、正確使用遊戲器材

孩子有時在遊戲時會忘我，對器材用力的推、搖、盪，盡情的

翻、跑、跳，此時常會失去理性思考、判斷及注意到安全問題，有時意外事故就是在那一剎那之間發生。

八、教導他們避免被欺凌的策略

此時期的孩子血氣方剛，或愛現，容易遭受同儕欺凌。台灣學童在校園被同儕欺凌的現象時有所聞，因此父母要掌握機會，教導孩子因應的能力。

第二節　高年級學齡兒童的安全秘訣

此階段的孩子之教學策略應著重安全技能之實踐，所以在教學上應注意：

1. 尋找並利用日常生活中的教學時機，掌握機會教育，讓安全教育成為日常生活的一部分。
2. 用討論或模擬情境，加上肯定並確定孩子能理解的語彙來進行活動演練。
3. 提供機會讓孩子演練所學之技能，並從旁指導，評鑑其所學狀況、定期複習各種安全技能。
4. 利用嘉獎、鼓勵以增強孩子習得安全技能。
5. 記住安全教育的五個步驟：保護、教導、練習、提醒及預習。安全教育技能無法一蹴可幾，是要漸進及掌握孩子可教導之時刻，施以機會教育方式，運用成人對孩子的瞭解，包括興趣、喜好、優點等，設定他所感興趣的活動，以增加孩子的學習動機。

第九章
安全教育的規劃與實施

　　心理學家 Abraham Maslow 按照人生各個生涯發展階段,將人的需要分爲幾個層次,依序是:生理的需求、安全的需求、愛與歸屬的需求、尊重的需求以及自我實現的需求等(**圖 9-1**)。這些需求的層次愈基層,若欠缺的話,則對人類生存所構成的威脅也愈大。因此,安全需求,是在「生理需求」滿足後,最迫切需要的,但意外傷害通常會導致身心傷害、傷殘,甚至死亡,根據兒童聯盟基金會二○○○年(引自吳淑玲,2000)網路公布:「全台灣將近有 70% 的孩子害怕被壞人傷害。」爲此,維護和促進兒童身心安全,以及有效防範各種事故傷害的發生,必須先瞭解意外發生的原因,更重要的是,必須有計畫的全面實施兒童安全教育。

　　黃松元等(1998)認爲意外事故發生的原因如下:不正確的知識、不當的習慣和態度、不安全的行爲、不熟練的技術、環境中所隱伏的危機。在引發意外事件的因素中,人爲的錯誤及疏失占絕大因素,由此可知,減少人爲的錯誤,兒童的安全將獲得更大的保障,而減少人爲的疏失,便是實施安全教育及加強安全措施;兒童安全教育的作用是以教育的方法教導兒童,使之瞭解有關身體傷害及意外發生之原因,並知道如何控制或減除傷害的必要步驟,使兒童培養正確的安全態度,並建立適度的危機感與安全行爲,始能全

圖 9-1　A. Maslow 的人類基本需求理論

面提升安全的水準。

　　本章即分別就第一節安全教育之意義與內涵、第二節安全教育之實施原則、第三節安全教育之規劃、第四節安全教育之具體措施等，加以論述。

第一節　安全教育之意義與內涵

　　在幼兒生長發育的階段中，幼兒的年齡愈小，所需要的保護就愈多，其主要的目的在於保障幼兒的安全與健康，相對地，當年齡愈大時，則所受的教育就勢必隨之增加，此時的教育所包含的範圍相當廣泛，而「安全教育」卻是一門不容忽視的課題。

　　教育活動是人類特有的活動，目的在充實生活，扶植生存、發展生計、延續生命，因此，追求「安全」也是教育的重點所在（台北市教育局，1993）。事實上，教育活動的順利進行，須賴「安全」條件的維繫；而教育成果的效標之一，即是「安全」生活的創造。

　　中華民國建築學會（2002）提到幼兒安全教育的教學，旨在發展及改變幼兒的安全行為，使幼兒能夠在面對環境挑戰的成長過程中，學會評估危險環境，並懂得如何應變及處理事故的技能，更重要的是，培養良好的安全知識、態度及行為。王連生（1994）認為，廣義的「安全教育」通常係指維護生命安全的措施及防範意外事故的教育，其包含因心理缺乏安全而危及生命安全的心理指導；而狹義的「安全教育」，則主要是指身體受傷、疾病的防範措施與應變處理，其特質如下：(1)探究幼兒生活情境中潛伏的危機；(2)預備幼兒安全又快樂成長的教保環境；(3)研擬簡易有效的安全信號之教保計畫；(4)開發創造性的幼兒安全防範措施。而學者陳質采（1997）認為，安全教育應該是「教導孩子學習與環境互動的安

全知識，幫助孩子可以自在的行動和冒險」。

　　王連生（1996）指出，幼兒安全教育可從兩方面探討：從心理衛生的生物學基礎來看，幼兒安全教育的目標，在於促進其身心健康發展，使幼兒健康、活潑、快樂，也就是保護幼兒生命安全、維護幼兒心理安全。另從幼兒成長與教育的目的來看，幼兒的生活與教育須以「安全第一」爲本，開發其成長喜悅的經驗與學習成長的基本知能爲輔，才能促其成爲身心健全發展的幼兒。總之，幼兒安全教育的目的是培育身心健全的孩子，包括生、心理安全的保障及維護。而幼兒安全教育的具體目標如下（曹瑟宜、陳千惠，1999）：

1.瞭解「危險」的概念，並知道怎樣才是安全的。
2.認識可能的危險。
3.幼兒看出危險事物時，非他能力所辦得到及防範的，應立刻告知大人處理。
4.遇到新工作，自己的技術沒有十分把握時，應找別人示範。
5.以合作的方式接受他人的安全建議，但必須經過分析判斷後，方可實施。
6.對常規活動，養成用安全的方法去從事的習慣。
7.由當時情境，學會判斷自己的安全措施。
8.幫助自己和其他人具有好的而且安全的願望。
9.會提供改進安全情境的建議。
10.會小心評估安全的情境。

　　綜合上述，安全教育就是透過教育的過程，讓幼兒認識危險情境，建立良好的生活習慣與態度，培養生活安全的基本知能，瞭解有關意外傷害發生的原因，並熟知如何控制和減少意外事件的必要步驟，以及培養應變能力，讓幼兒不會因爲無知、盲從，造成自身

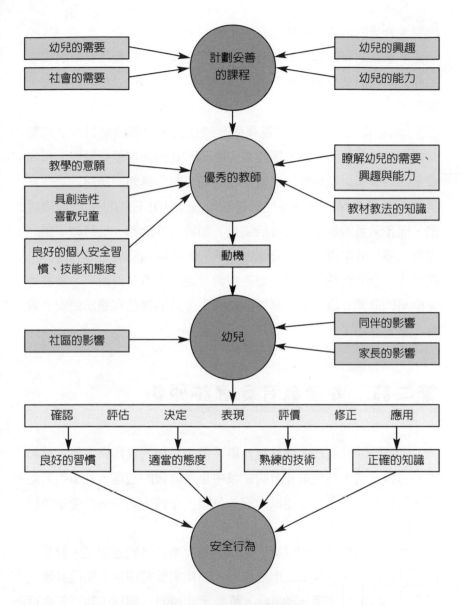

圖 9-2　安全行為的發展

資料來源：黃松元（1993）。

與家人永遠的傷痛。對於幼兒應積極的施以安全教育，並非一味的阻止，應該幼兒瞭解什麼是危險，什麼是安全，培養幼兒辨別安全的能力；若對幼兒過度保護，將養成幼兒的依賴性以及阻礙其安全認知。

「幼兒安全教育」無非是藉由一些活動來培養幼兒對安全的認知能力，意外無法預料，卻能事先防範，其預防首要在於成人預備安全的環境，以及對於幼兒安全之認知，制定具體的幼兒安全教育目標，並藉教保活動使幼兒清楚瞭解安全，正確的活動於環境周遭，而預防危險發生。教育活動是人類特有的活動，是持續不斷的歷程，多一分準備就少一分傷害，教育的各項活動能否順利進行，端賴「安全」條件的維繫，如果在教育過程中多一份用心，激發幼兒潛藏的危機意識，防止意外事件發生，乃為當前實施幼兒安全教育之重要課題。

第二節　安全教育之實施原則

「預防勝於補救」，與其意外事件發生之後的責難與哀怨，莫如事先常做演習，在兒童安全的領域中也是同樣的道理，凡事如果能事前做好預防工作，就能減少許多危險，花極少的成本卻能避免極大的代價。

幼兒期至學齡期的兒童，認知發展尚處於具體運思期，對於危險的認識不足，且較缺乏應變能力，因此需要藉由成人協助其建立安全行為（郭靜晃等，2004）。黃松元（1993）認為，幼兒安全行為的形成，是經由確認、評估、決定、表現、評價、修正與應用等七個階段，才逐漸建立良好的習慣、適當的態度、熟練的技術與正確的知識（見圖 9-2）。

　　學校實施安全教育在於預備安全的活動環境、活動空間，及指導幼兒具備安全的知識、養成良好習慣、培養良好生活常規，使其在各種情境下，適時、適當地妥善處理，方可避免危險或降低傷害程度，加強緊急應變能力（陳冠蓁，2003）。想要改變幼兒的行為，照顧者要先顧慮幼兒的年齡，學習掌握幼兒的天性，以適合其年齡的方法，於教材、課程、遊戲、日常生活常規中實施安全教育，而後引導幼兒去學習。

　　王連生（1994）將實施原則分為以下四種：

1.全人化原則：幼兒安全教育實施，以「全人幼兒」為本，「全園動員」落實推展之。
2.人性化原則：幼兒安全教育實施，以人性化行政與管理的原理，全園有責、用心、留心，教保活動與安全教育相結合。
3.社會化原則：幼兒安全教育實施，廣為利用社會資源，與專家學者、幼兒家長、社會警政人員合作，全面性推展。
4.輔導化原則：幼兒安全教育實施，以幼兒教保為中心，透過行政服務與運作，積極建立安全防護計畫，有效培養。

　　羅春清（1996）認為幼兒安全教育實施的原則如下：

1.告知原則：讓幼兒正確認知，瞭解事實，做正確判斷並有效處理，以化解危機。
2.訓練原則：加強訓練，使幼兒處理的動作、方法熟練，熟能生巧，方可使危險損傷降低。
3.參與原則：教保人員在場，萬一發生不幸，才可即時處理，避免危險擴大。

　　曹瑟宜和陳千惠（1999）指出，安全教育實施原則有下列三項：

1.具體化：可以用講故事或角色扮演的方式，並使用兒童容易
　瞭解的詞彙，將事故傷害的情境、發生原因及應變措施具體
　化，增進兒童瞭解。

2.步驟化：將事故發生的過程有條理脈絡地讓兒童瞭解，並讓
　兒童實際模擬演練，以加深印象。

3.生活化：以兒童的思考角度出發，配合生活中的實例，以兒
　童最常接觸的問題為中心，讓兒童自由自在地談事故傷害與
　安全措施，才能有效進入兒童心理。

詹于慧（2001）認為，幼兒安全教育的實施原則包括：

1.須配合幼兒能力規劃、設計適當的教保活動。

2.使用適合幼兒年齡的語彙、概念與幼兒討論。

3.提供練習活動，培養幼兒危機處理技能，建立危機意識。

4.加強並經常複習學過的技能。

5.預期幼兒可能使用特定安全技能的新情境，和幼兒討論應對
　方法。

　　簡言之，安全教育實施原則，應引導幼兒認識與懂得運用所處
的環境與設備。教保人員有計畫地依照幼兒年齡安排各種安全教育
的活動，並依步驟教導之，以增強幼兒自我保護的觀念與技巧，須
善用機會教育及社會資源，安排定期與隨機的模擬演練。教導幼兒
必要的安全原則，有效評量安全教育學習的過程與結果。

第三節　安全教育之規劃

　　所謂計畫，乃是運用規劃方法及技術，規劃並執行既定目的、

目標及行動策略的連續歷程（林文達， 1988），應具有程序性、整體性、績效性與未來性（吳清山， 1991）。因此，一個良好的計畫應透過以下六個程序予以規劃（謝文全， 1989）：

1. 確定目標及範圍。
2. 蒐集現況資料。
3. 分析及解釋資料。
4. 編擬計畫草案。
5. 修正草案。
6. 決定計畫。

要落實兒童安全，除了意外事故的預防與處置，以及設施安全的要求與維護之外，建立兒童自身安全意識更是不可輕忽的課題，此項課題需要透過教育來達成，也就是教導兒童安全知識的教育，兒童安全教育的目的是防止意外的發生，並培育身心健全的兒童。

為了有效執行兒童安全教育，除了依循安全教育之目標進行規劃外，還必須妥善安排人員確實執行，並與家庭、社會共同合作，落實於教保活動及日常生活中，方能達成理想的安全教育目標。在規劃安全教育時有下列須注意的事項（王煥琛， 1980）：

1. 對我們近代生活中的若干危險，應擬具一項安全教育計畫，以作為學校基本課程的一部分。
2. 一個安全教育計畫須兼顧一般性的教育目的，換言之，即應促進個人內在能力的發展與社會民主的實行。
3. 教師、行政者以及其他職員，均須對安全教育負責，除貫徹整個程序外，並應以自己的態度和習慣，作為兒童安全生活的示範者。
4. 此項計畫須能協助兒童建立良好的習慣與行為，養成新的適

應能力，並使其由每日所得的安全經驗，供作終生應用。

5.安全教育的教授方法，須力求明顯；重點在協助兒童做良好的行為反應，而非是憂慮恐懼的灌輸；同時應告訴兒童做事要英勇，但並非是有勇無謀。

6.安全教育須能促進兒童產生對社會的自覺和對社會的責任。

7.計畫必須能配合學校的其他各項活動或教育。

8.學校雖訂立不同的安全制度，但外部的各種機構必須予以鼓勵和支持，並做同等的努力，使每一位兒童共享安全的生活。

第四節 安全教育之具體措施

楊淑珠（1998）指出，安全教育的最終目的，在於培養幼兒具有安全生活的能力，而安全生活的能力中包括身體、知能與心理等三方面的能力訓練。

在身體方面，諸如視覺、聽覺與觸覺等感官的機能，大小肌肉的發展、協調，以及身體的健康維護，是確保安全的必要條件；而敏捷性、平衡感和爆發力的培養，對於預防及避開意外事件的發生，均有其重要性。

在知能方面，諸如增進兒童對周遭環境中危險事物的認知，進而增進其判斷與適當的反應能力，尤其是有關日常與實際活動中的交通安全、遊戲安全及水火安全等問題，均是確保安全的必備知能。

在心理方面，諸如安全感、注意力、穩定性、慾求的控制能力等，往往是預防意外事件的重要條件；而依賴、反抗、暴躁、衝動、不安、攻擊等性格，最容易造成意外事件，是故，如何強化心

理健康,是照顧者與教育人員不容忽視的要點。

綜合上述,安全教育的具體措施可分從以下九個重點加以說明(曹瑟宜、陳千惠,1999)。

一、意外事故防範計畫的擬定與修正

為防範危險事故發生,應事先蒐集各類型意外事故的資料,閱讀法令規章,並擬定各項事故的安全教育計畫與緊急應變流程,平時應做好人力運用與社會資源的聯繫網絡,定期進行模擬演練,演練後亦須針對疏漏處,加以修正檢討,以收實效。

二、相關法令規定的蒐集與執行

兒童安全與教保工作的相關法令規章,均是從事教育與保育工作者所必須熟悉瞭解的,平時應留意與工作內容相關之法令,並依規定從事教保工作,以建立安全的環境,培養健康的兒童。

三、環境設計的規劃與配合

1. 要設置防火措施、逃生設備及消防設施,並定期檢視功能狀態。
2. 活動空間要符合兒童發展需求,並有良好動線及防滑設計。
3. 要有安全的遊戲器材並定期維護和保養。
4. 適當的照明和空調設備。
5. 娃娃車要做好定期保養與檢查。
6. 防撞、防跌、防潮、防震的安全防護措施。

四、安全小組的設置、分工與執行

教保場所應依照安全維護之需求,編制安全小組,採分層負

債、分工合作方式，執行安全維護與教育，並定期檢討與改進。

五、平安保險措施

　　為減少意外事故發生時善後處理之困擾，並重視兒童與全體員工的安全保障，對於兒童與相關工作人員投保適當的保險與保額，確實有其必要性。為珍惜物力與保護財產，機構亦應投保有關園所設備安全項目的保險，於平時蒐集有關保險資料，並熟知投保、理賠的作業程序及其他配合事項，這些對保障兒童安全來說都是不可或缺的。

六、實施安全的教保活動

　　「生活學習」對兒童而言是最直接的經驗學習，除了平日有計畫的安排各種安全教育活動外，也應引導兒童認識各項環境設施的正確使用方法與潛在危險，並透過機會教育，增加兒童自我保護觀念與技巧，以及在日常生活中不斷地提醒兒童確實遵守安全規則。

七、全體教職員危機意識的形成與教育訓練

　　教師的行為往往是兒童學習模仿的對象，因此除了兒童要有安全的知識外，相關工作人員也都要有危機意識，學校可定期舉辦安全教育的在職訓練，使全體員工人人隨時具有危機意識，如此方能提供安全的行為模式讓兒童學習仿效。

八、學校與家庭的關係與配合

　　學校或園所可透過下列方式來建立與兒童家庭之間的合作關係，例如：

1.建立緊急聯絡資料。

2.確實做好親職教育工作，建立互信與共識。

3.設計有關兒童安全教育之親子活動，並鼓勵家長觀摩及參與。

4.提供家長安全教育的實際訓練課程，如演講、防火演習、心肺復甦術訓練。

5.借重家長資源，提供必要的人力支援，共同維護兒童安全。

九、社區資源網絡的建立與使用

學校、家庭與社區的網絡合作模式愈來愈受重視，社區中的許多機構可以提供學校或園所相當豐富的資源與協助，其角色與功能是不容忽視的，因此學校平時應主動發掘各種社區及社會資源，建立社會資源網絡的分類檔案，並確實知悉其運用方式，平時就應與其建立良好的互動網絡，以強化校園中人與物的安全。

簡言之，教育是一種以心對心的工作，需要用心持續地灌溉耕耘，才能開闢出一片豐收的園地，安全教育工作是持續不斷的努力與貢獻，雖然有時無法看到受教對象立即明顯的效果，但預防意外事故最基本、經濟的作法，仍是要做好安全教育的基礎工作。安全教育就是協助我們積極努力的去反思所作所為，讓一切教保活動順利進行，使傷害和損失得以因事先的預防而避免，或因及時的處理而減輕，期盼藉由相關單位的監督管理，由學校確實執行，並結合父母與社區的參與，共同為兒童建立最安全的環境。

參考書目

王連生（1994）。〈幼兒安全教育研究應有的認識〉。《教師之友》，35(1)：2-8。

王連生（1996）。〈幼兒安全教育的生態學分析〉。《教師之友》，
　　37(4)：45-48。

王煥琛（1980）。《安全教育》。台北：正中。

中華民國建築學會（2002）。《幼稚園公共安全及危機處理手冊》。
　　台北：行政院教育部國民教育司。

台北市教育局（1993）。《幼兒安全教育教師手冊》。台北市政府教
　　育局。

林文達（1988）。《教育行政》。台北：三民。

吳清山（1991）。《學校行政》。台北：心理。

吳淑玲（2000）。〈許孩子一個安全的未來　訓練幼兒應變與解決
　　問題的能力〉。《幼教資訊》，115：27-29。

曹瑟宜、陳千惠（1999）。《幼兒安全教育》。台北：啟英。

陳冠蓁（2003）。《台中縣托兒所教保人員安全教育信念與實施現
　　況之研究》。朝陽科技大學幼兒保育研究所碩士論文。

陳質采（1997）。《與孩子談安全》。台北：信誼基金會。

郭靜晃、黃志成、王順民（2004）。《兒童課後照顧服務訓練教材》
　　（下冊）。台北：揚智。

黃松元（1993）。《健康促進與健康教育》。台北：師大書苑。

黃松元、劉淑媛、賴香如、劉貴雲（1998）。《安全教育與急救》。
　　台北：國立空中大學。

詹于慧（2001）。〈幼兒安全教育〉。《成長幼教季刊》，12(4)：
　　35-38。

楊淑珠（1998）。〈安全教育，安全無慮〉。《幼教資訊》，94：2-
　　5。

謝文全（1989）。《教育行政》。台北：師大書苑。

羅春清（1996）。〈學校安全教育〉。《師友》，342：21-25。

第十章
環境安全的規劃

　　兒童的成長過程，需要擁有一個安全空間（包括室內與戶外），任他們探索、實驗、喧鬧、追、跑、跳及狂野的嬉戲，而兒童也是透過遊戲此種媒介以學習各種知識與技能，包括安全技能（吳幸玲、郭靜晃，2003）。然而在我們現有的環境中卻不怎麼安全（參考第二及第四章的生理安全）。

　　幼兒因為環境不安全或疏忽造成意外時有所聞，例如，被摺疊式的桌椅夾死、被浴缸中或餐桌上的熱水熱湯燙傷、誤飲清潔劑、由嬰兒床或樓梯跌落、因觸摸插座而觸電、吞食小玩具或小物品而噎住，甚至爬入烘乾機、跌落洗衣槽、跌倒撞到熱湯鍋、自陽台鐵窗摔落地面，或因人員疏忽而導致兒童留在娃娃車被烤死（台灣已有三例）等，這些常見的意外事件不但令人心驚膽戰，也讓人思考幼兒成長環境安全規劃的重要性與急迫性。然而，除了父母與家人之外，托育人員更是最容易感受到這股照顧幼兒的重責大任與壓力。此外，父母和保育工作人員多半認為，會導致幼兒意外事件發生的因素必定是十分明確顯著的，也是容易避免的，其實不然，在平日居家環境中就已經潛伏了許多容易被忽略的危險因素，所以要造就一個安全的托育環境，就必須先瞭解托育環境的重要性，才能使環境安全與幼兒的發展狀況相互配合，使環境中潛在不明顯的危險因素得以事先控制，如此才能有效、非一成不變地防範意外的發生。

　　幼兒在成長的過程中，自脫離母體而來到世界，本身就與環境產生了十分密切的關聯，對於襁褓中的嬰兒、爬行學步的幼兒、好奇探索與富實驗精神的學齡前幼兒來說，環境正是他們成長與發展的必要因素和必然存在的條件。例如，從幼兒性格發展來看，幼兒的玩性（playfulness）就必須在社會化（socialization）的過程中，不斷地和社會環境互動，並且透過遊戲行為（play）使幼兒的各項發展更加完整，當然這一良好發展必須是在安全無虞的環境下，才

能夠圓滿達成的。如**圖 10-1** 所示，在幼兒成長環境中就有一重要
因素，即爲幼兒發展上必然存在的重要他人，包括了朋友、同儕、
家人、引導者、教育者和家人，在這些角色中，托育保育人員就身
兼數項，可見在幼兒發展與環境之間，保育人員是必須基於幼兒需
求考量做必要的介入與控制，才能提供適切的托育服務。因此，良
好的托育服務品質，是必須加上環境品質的規劃，其中最重要的，
莫過於安全上的要求和考量了。內政部統計處在一九九五年，針對

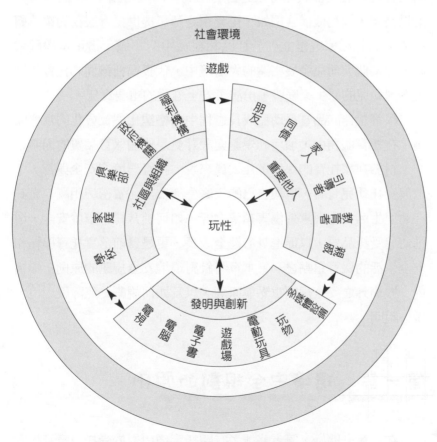

圖 10-I　幼兒玩性與社會環境的互動關係
資料來源：劉秀娟（I996），修改自 T. E. Aguilar (1985)。

台灣地區的父母調查兒童生活狀況,其中家長認為保母應具備的條件依重要度之優先順序為:育兒經驗(56.94%)。身心健康、生活規律、無不良嗜好(41.80%)。具愛心、耐心、喜愛兒童(35.20%)。住屋環境整潔、安全(24.80%)。瞭解不同年齡階段孩子的需要與行為發展(22.99%)(內政部統計處,1997)。

托育家庭原就是扮演著支持與補充家庭功能不足的角色,所以對於受托兒童來說,托育家庭就好比是他們的家一樣,幾乎大部分的社會化和發展都與托育家庭密切相關,因此由**圖 10-1** 的資料中可以發現,福利機構(例如,托育家庭乃是提供托育服務的單位與機構之一)和家庭是並列於社區和組織中的領域,這正是提醒我們,在整個與幼兒發展相關的大環境中,代表福利機構的托育環境就如同幼兒的原生家庭般,扮演了安全維護的重要責任。

保育工作的品質是幼兒成長過程中性格塑化與社會化的重要關鍵。在托育服務中,環境的規劃與設計更是攸關保育品質的因素之一,對於在家托育的保育工作人員來說,托育環境的安全與否,不但與受托幼兒有關,也與自己的家庭生活安全品質密切相關。尤其在幼兒生活安全與意外傷害頻傳之際,如何提升托育環境安全,增進幼兒受托品質,以促進身心健全成長,更是目前落實托育服務和安全生活的保育重點之一。本章將針對環境安全規劃的原則,機構內、機構外之安全規則重點與原則,以及如何規劃一無障礙環境,做一說明。

第一節　環境安全規劃的原則

在本章一開始,筆者略述了有關托育環境對於受托兒童及托育家庭的重要性之後,筆者也認為環境安全乃是規劃托育環境的首要

之務。根據國內學者謝園（1993）報告指出，一至十四歲的幼兒（兒童）死亡的原因以傷害為首位（43% 至 55%），其中交通意外和溺水為前兩名，但若就急診單位的統計來分析，則可以發現「墜落」占首位，利器、銳器傷害次之，而撞擊和夾傷則為第三位；其傷害的順序或因年齡而有所不同，但均與環境設施規劃不當或保育人員行為不當（例如，疏忽）有關。其中發生意外的場所，以家庭為第一位（41.2%），其次為校園（26%）與街道（12.9%）。此外，謝園（1993）引用白璐一九九一年調查指出：在家庭意外傷害中有64.7% 是因為墜落所造成的，在這些案例中，有二分之一的比率是發生在家庭中的客廳。

由上述的統計數據我們可以發現，在幼兒成長過程中，環境的安全已經成為幼兒能否安全成長的重要條件，其中又以照顧者（父母、保育及托育人員）和環境規劃為主要因素。進一步來說，除了父母在家照顧幼兒必須留心之外，在家托育等托育家庭的保育工作者更應注意托育品質（避免人為疏忽）和環境規劃，尤其托育家庭可能同時提供數位幼兒（含自己子女）的托育服務，如何在幼兒年齡與個別差異下，善於規劃托育家庭中的環境，以提供安全、高品質的托育品質，並且達到資源的有效運用和管理，勢必成為托育人員必須事前掌握的。現就環境安全的角度，來說明托育環境規劃的原則和重點。

一、托育環境規劃的原則

對在家托育的保育人員來說，家中可能仍有幼兒子女，或者子女都已進入學齡階段，甚至於子女已經在大專就讀或已經就業，不論托育家庭中的成員變異情形為何，當托育環境有其存在的必要時，就必須以受托幼兒的發展及安全需求為最優先的考量，這不僅是受托兒童的權利，同時也是托育家庭提供福利服務的義務。所

以，在規劃托育環境時，必須以受托幼兒的安全及發展為主要原則，當然若能兼顧托育家庭其他成員的需求更好（因為受托兒童等於是在此一環境中成長、社會化），如果無法兼顧，則必須以受托幼兒的安全與發展需求為環境設計的準則，其主要規劃的原則為：

(一)在受托幼兒未進入托育家庭之前便先著手規劃

托育人員在接受訓練時，即應對未來如何提供托育服務做生涯規劃，尤其應該避免「邊做邊學」的心態，因為托育服務的對象是受托幼兒及其家庭，是人的部分，更不可以輕忽對待，當然，有許多經驗是來自做中學，然而，在訓練的過程中，就應事先（在受托幼兒進入前）規劃環境安全，做好安全防範，才能避免意外發生，這對受托幼兒和托育家庭的保育人員來說，都是互蒙其利的。

(二)以幼兒的眼光來規劃環境安全

幼兒是十分好奇的，在他的成長中，環境就好比是充滿刺激與新奇的世界（Spodek & Saracho, 1994）。所以，如果能以幼兒的眼光來規劃托育環境，更能達到防範意外的有效性。例如，坐在地板

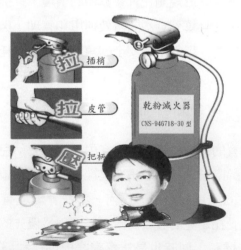

熄滅後，用水澆熄餘燼，並確定已熄滅！

上，以幼兒的眼光來環視周圍環境：那些櫃子邊桌角下懸垂的電線看起來好好玩；水槽下的那瓶清潔劑看來風味絕佳。嘗試運用想像力，想想哪些物品會引起幼兒的興趣，那麼在安全防範的規劃上，將是正確有效的開始。

(三)預見幼兒的發展階段

在幼兒發展等相關訓練中，我們明白幼兒的發展有其順序與階段，其中雖有個別差異，然而我們可就其發展的普同性原則來預測嬰幼兒的發展，以便達到事先規劃環境、防範意外的功能。例如，五、六個月大的幼兒開始學習爬動，單獨放在床上或沙發椅上是十分危險的，因為在幼兒練習挪動軀體時，再大的床都是危險的，容易墜落的。另外學步期的幼兒，舉步而行帶給他們探索世界的更大信心，也強化了他們對有興趣物品的碰觸，然而，他們並不是可以那麼熟練地挪動雙腳來平衡自己的重心。

(四)規劃安全的環境，並不保障絕無意外發生，所以規劃要保持彈性

事先預防是托育人員必要的概念，但是並不代表意外就絕對不會發生，所以在規劃時，絕不能因噎廢食，反而限制幼兒探索的樂趣。此外，更應保持謹慎的心，隨時因應受托兒童的情況來更動設計，讓規劃更具彈性。例如，動線的規劃可因應幼兒爬行、學步期、跑跳等不同階段而做修正。

(五)環境的規劃必須具備意外處理的概念

任何的規劃，即使再完美，也會因為環境使用者的變化而改變（例如，幼兒成長、托育家庭成員變動、購買新設備或淘汰舊家具等），因此環境的規劃充滿了挑戰性和潛在因素的不確定性，所以，托育人員必須具備意外處理的概念和能力，以便規劃和執行環境上的防護。例如，急救設備應安置在哪裡？是否在每一個區域或

房間備有急救用品？急救用品的安全性（期限、擺放位置）如何？
這些都是在規劃時必須注意的原則。

第二節　機構內之安全規劃

由於托育機構會因兒童年齡不同而在法規上有不同的規定，此
外環境規則之基本理念，應從適齡、適性、適量和適用，做最大原
則之掌握，使兒童的行為和安全能做最大的伸展與預防，因此本節
將以嬰幼兒之托育環境及幼兒之托育環境，來加以說明機構內安全
規則之重點。

一、嬰幼兒的托育環境

如同前一節所提及五項規劃原則所澄清的，在規劃托育環境
時，除了考量安全性之外，更應具備彈性及緊急危機處理的能力，
由於在家托育服務的環境以托育家庭為主，鄰里社區為輔，因此，
筆者參考林惠清、林惠雅（1989）與陳娟娟、張禮棟（1994）等相
關資料，就托育家庭內的環境、設施來討論安全環境規劃上的重
點，並進而討論社區環境的安全。

(一)廚房

廚房是托育家庭中保母最常去的地方，調理飲食、沖洗奶瓶、
洗滌嬰幼兒用品，甚至於帶著受托幼兒一起處理家務工作。對於學
步期的幼兒來說，這裡也是一個充滿新奇有趣的地方，除了有關愛
他的保母之外，還有一些十分有趣的「玩具」。同時，幼兒隨著年
齡增長或觀察學習，偶爾也熱心的想要幫忙大人做些事，不幸地，
廚房卻隱藏著許多潛在的危險──發燙的爐子、銳利的廚具刀刃、

有伸縮電線的小家電和有毒的清潔劑等。

　　正因為廚房是托育環境中重要的補給站與重心，所以在規劃上就必須注意一些事項：

1.烹飪器具的使用：
　(1)烹煮時，爐上的鍋柄要朝內擺放，以避免碰撞或是勾到而打翻。
　(2)油炸食物的器皿必須放在靠近牆或內側的爐面上，以避免熱油濺出。
　(3)使用後的烤盤須立即沖泡冷水；用畢之微波爐、烤箱、電（子）鍋、果汁機須立即拔掉插頭，並且避免幼兒觸及。

2鍋盤器具的貯藏：
　(1)任何器皿的擺放和貯藏，必須依據上輕下重、上小下大的原則來擺放，也就是較笨重較大的餐具器皿放在離地面近，不易掉落的地方。例如，櫥櫃下層宜放置燉鍋、砂鍋等，上層再放餐盤、湯碗等。
　(2)易碎器皿或銳器，例如，刀、刨刀、剪刀、食雕器等，宜放在幼兒搆不到的較高抽屜或櫥櫃，但必須將器具依序固定，以防止不慎掉落。
　(3)廚具的抽屜須安裝防範兒童使用的安全鎖（五金材料或廚具公司均可買到），以防止幼兒好奇去拉開抽屜。
　(4)水槽下不要放置任何物品，一般人習慣將清潔用品放在水槽下，這是十分危險的。清潔用品可另以貯藏間或高處存放，避免讓幼兒去玩耍。此外，所有的物品均須貼上標示清楚的標籤，提醒自己或其他使用者注意，例如，標示內容物、是否具毒性、是否為高溫易燃物、不慎使用時的急救步驟和使用期限與限制等。

3.垃圾的處理：當環境中有位幼兒，垃圾量是十分驚人的。在目前的居住空間與垃圾處理並不是十分完善的情況下，保育人員就必須在既有的垃圾處理方式上加以注意安全的規範，才能盡量避免幼兒受到傷害。

  (1)垃圾筒宜固定，並且使用固定形式的蓋子。避免使用可拉合、自動關閉的垃圾蓋，以免年幼的兒童不慎夾傷手指。

  (2)丟棄尖銳物品，例如，破的奶瓶、罐頭蓋等，一定要以舊報紙包住，以免劃破垃圾袋割傷幼兒或是其他家人。

  (3)垃圾袋宜收好，避免讓幼兒將塑膠袋等拿來玩耍，以防止窒息與滑倒意外。

4.地板：由於幼兒年齡小，又喜歡四處移動，因此，保持地板的衛生、安全是托育環境規劃十分重要的一項。

  (1)如果地上濕滑，例如，打翻飲料，幼兒尿濕、吐口水，就必須立刻擦洗乾淨，以免滑倒。

  (2)地上若有小東西，例如，小糖果、小髮夾、牙籤、小玩具等，要隨時清理，因為幼兒是十分容易發現並且好奇地去嘗試品嘗。

  (3)地板若鋪有小塊地毯，須具備止滑功能，以免幼兒滑倒。

  (4)在清潔地板時，宜除塵後以清水擦拭即可，避免使用清潔劑弄得一地肥皂泡或者使用打蠟清香霧劑，使地面過滑或室內充滿化學劑。

5.電器：

  (1)懸垂的電線是十分危險的。不論電器是否在使用中，都應將電線固定放好。固定的電器，例如，電話、電視等，宜以 U 型釘（五金材料或水電行、超市均有代售）固定；非固定使用的電器電線，例如，電暖器、吸塵器、熨斗、吹

風機等，宜隨時注意電線所經之地，避免絆倒幼兒或其他物品而導致危險。

(2)熨斗使用中不宜離開（例如，接電話或關爐火），使用後也要收好，以免餘溫燙傷幼兒。

(3)冰箱中的藥品或小食品須放在幼兒拿不到的地方。關冰箱時要注意身旁的幼兒，以免在關門時夾傷他的小指頭。此外如有廢棄的舊冰箱宜將門把上鎖，以免幼兒玩耍而被反關在內窒息。

(4)微波爐和電磁爐是時下相當普遍的家電，也是十分便利的好幫手，要確定不使用時插頭要拔掉，熱湯等要挪至安全的檯面。

(5)開飲機要注意放置高度，在使用熱水時，也必須留意幼兒是否爬或坐在附近。

(二)客廳

對許多托育家庭來說，客廳不但是全家人交流互動的場所，也是保母兼顧家人和受托兒童的地方。

1.避免搖晃不穩的落地燈，電風扇要罩上紗罩。

2.避免尖銳的桌角、書架和窗檻。

3.避免有毒性的植物，例如黃金葛等觀葉植物，以免幼兒好奇誤食。

4.其他，例如桌巾、地毯、久堆的雜物、報紙都要避免，並且隨時保持地板的清潔與乾爽。

5.暫不使用的插座插孔要蓋上安全蓋（超市、嬰兒用品專賣店或電器超商均可購得），以免幼兒以髮夾、別針之類的金屬物插入玩耍。

6.貴重的物品宜放高處並且上鎖，厚重的書籍要擺好以免掉落

而傷到幼兒。錄音帶或 CD 盒若有破損宜立即換新，以免幼兒拿來玩或不慎刺到。

(三)浴室

大部分的幼兒都喜愛洗澡和玩水，當幼兒年幼轉不動水龍頭時，沖水馬桶很可能就成為他們最喜愛的玩具了。所以浴室中的設備，例如浴缸、浴簾、馬桶和洗手檯及櫃子，就成了規劃安全環境不可忽略的重點了。

1. 馬桶必須蓋上蓋子，可避免幼兒掉落或塞入異物（例如玩具、奶瓶或衛生紙）。
2. 浴室地板及浴缸必須鋪上止滑墊，如果很難保持浴室乾爽，那麼止滑墊是必要的，避免放一塊布吸水，那反而容易導致滑倒或絆倒。
3. 浴室中的插座插孔須有安全蓋，以避免觸電；電器使用後（例如電動刮鬍刀、吹風機、除毛機）要立即收妥。
4. 浴室若可反鎖，則要準備備份鑰匙，以免當幼兒誤將門反鎖時，可以立即進入。
5. 調低熱水溫度的設定，以避免幼兒不慎打開熱水時燙傷。另外千萬不可讓幼兒單獨泡在水中。
6. 浴室中的瓶瓶罐罐必須妥善收好，避免因求使用方便而放在浴缸邊等容易讓幼兒拿到的地方。

(四)幼兒的房間和遊戲空間

不論受托幼兒是否有專屬的房間，或是只有房間中的一隅，都應注意家具的安全性與適切性。

1. 嬰兒床必須選購具有國家安全標準的產品，例如，金屬配件須平滑、沒有尖銳部分，最好覆蓋安全套或用貼布蓋住。

2.有時幼兒會去啃咬家具（例如床的欄杆邊緣），因此確定無毒塗漆是必要的，此外，若能購買可供咬、啃的安全套蓋上，則會更理想（嬰兒用品店可購得）。

3.避免在嬰兒床周圍放置奶瓶、藥罐、爽身粉之類的物品，以免幼兒拿來玩耍。

4.貯藏或放置玩具的箱子應以開放式無蓋為佳，以避免不慎夾傷幼兒，存放的玩具更必須時時檢查安全性及衛生清潔。例如，小汽車是否掉漆、破損，玩偶的配件是否牢固等，都是保育人員必須隨時注意的。

(五)其他

如果托育家庭的家中有樓梯，那麼在樓梯口裝置鎖式欄杆及樓梯間鋪設防掉落網，都是必要的安全措施。此外，家中若使用室內拖鞋，更要避免讓幼兒拿來試穿玩耍而跌倒。

房門必須能固定，如果家中是那種會自動彈回的門，就要拆除自動彈回裝置，以避免受托幼兒在保母或其他人進出之際受到傷害。

以上所提及的，都是有關於托育環境規劃時如何防範意外、保持安全的原則和重點，其實最重要的仍是需要保育人員在善盡托育服務之責時，能夠保持細心與關心，才能在以上臚列的部分之外舉一反三，畢竟每一個托育家庭和受托幼兒都有極大的差異性存在，而安全的環境規劃是必須配合幼兒發展上的個別差異加以彈性運用的。

除了托育家庭內的規劃，社區鄰里的安全也是托育人員必須留意的，換句話說，安全環境的規劃必須具備有安全的觀念與態度，所以當保母帶著受托幼兒外出購物、散步或是辦事時，就必須留心社區的遊樂設施的安全性、巷弄街口的車輛（例如，是否有車輛在倒車）、手推車的安全性等，這些亦都是托育環境在規劃上所必須關切的部分。**表 10-1** 提供一些安全檢核表供家長及托育機構作為

表 10-1　居家環境安全檢核表

檢核項目	是	否
家具房舍		
1.陽台裝有 60 公分高以上的欄杆或鐵窗，且欄杆間隔應在 6 公分以下，否則應加裝防護網。	☐	☐
2.陽台上和窗戶外的鐵窗平時雖上鎖，但逃生口的鑰匙應放置明顯處，隨手可取得，以確定緊急時可保持暢通無礙。	☐	☐
3.定時檢視陽台、窗戶和樓梯的欄杆有無破損、鬆動或腐蝕情形。	☐	☐
4.樓梯欄杆間距在 6 公分以下，若過寬時，應加防護網。	☐	☐
5.家具接合處的螺絲或樞紐力求穩固、安全，避免幼兒因拉倒或碰撞而倒塌。	☐	☐
6.門閂設置的高度應讓幼兒無法觸及。	☐	☐
7.檢視屋內牆壁和家具油漆情形，避免幼兒因吞食油漆屑而中毒。	☐	☐
8.家具不應有尖角或突出物，否則應將該處以布或海綿包起來。	☐	☐
9.堅硬材質的地面加鋪軟墊（例如地毯、海綿墊）。	☐	☐
10.使用經設計的防護用品以防止意外的發生。	☐	☐
玩具		
1.玩具應經安全檢驗，其有 ST 標示的安全玩具。	☐	☐
2.玩具分類放置，體積大、重量重的玩具放在底層。	☐	☐
3.玩其零件不可過小（至少直徑 2.5 公分）或易鬆脫，以免幼兒吞食或放入耳朵、鼻子。	☐	☐
4.玩具不應有尖角、釘子、鐵絲、別針。	☐	☐
5.坐騎的玩具（例如木馬、腳踏車）必須穩固、平衡而不致跌倒。	☐	☐
6.玩具重量適中，孩子可以輕鬆操作。	☐	☐
7.玩具的材質應具不可燃性。	☐	☐
8.填充玩具縫合處連接緊密，填充物不易散出。	☐	☐
9.使用電池的電動玩具，電池盒應穩固不易被幼兒打開。	☐	☐
l0.金屬玩具上的鐵鏽和部分玩具上的脫漆，容易讓幼兒誤食中毒，應盡量避免。	☐	☐
11.有輪玩具的車輪和車體之間縫隙，不超過 0.5 公分，以免幼兒將手伸入夾傷。	☐	☐
電器用品		
1.電器用品（例如熱水瓶、吹風機、微波爐等）放在幼兒無法碰觸得到的地方。	☐	☐
2.瓦斯熱水器裝置在室外通風處，且溫度控制在攝氏 55 度以下。	☐	☐
3.電器用品的電線完整未破損。	☐	☐
4.長電線或延長線應收起來或加以固定。	☐	☐
5.瓦斯爐或瓦斯筒裝有瓦斯防漏偵測器。	☐	☐
6.電動鐵捲門開關應置幼兒不易觸及處，且有自動斷電設計。	☐	☐

（續）表 10-1　居家環境安全檢核表

檢核項目	是	否
交通工具		
◎機車		
1.戴上安全帽，以防止意外發生，傷及頭部。	☐	☐
2.使用有安全帶的安全座椅固定在後座。	☐	☐
3.下車時，注意不讓幼兒接觸發熱的排煙管和引擎。	☐	☐
4.停放機車時，注意不讓幼兒推拉機車，以免被壓傷。	☐	☐
◎腳踏車		
1.教導幼兒騎車安全技巧。	☐	☐
2.確定幼兒已有交通規則的觀念，並能遵守。	☐	☐
3.選擇安全的公園、運動場或空曠處騎車。	☐	☐
◎汽車		
1.六個月大的嬰兒，必須坐在面向後面的嬰兒安全椅上，並用汽車安全帶加以固定。	☐	☐
2.五歲以下的幼兒，坐在固定於汽車後座的安全椅並繫上安全帶。	☐	☐
3.五歲以上幼兒，可直接坐在汽車後座，並繫上膝部安全帶。	☐	☐
4.不讓幼兒頭手伸出車窗外。	☐	☐
物品放置		
1.設置急救藥箱，且放置在幼兒不易取拿的地方。	☐	☐
2.緊急求救電話表放於明顯的地方。	☐	☐
3.殺蟲劑、清潔物器和其他有毒化學物品，放置高處或鎖在櫃子裡。	☐	☐
4.刀子、剪刀、指甲刀、刮鬍刀等尖銳物品應放置安全的地方。	☐	☐
5.化妝品放置隱秘的地方，避免小孩接觸。	☐	☐
6.火柴、打火機、針線放在幼兒不易看見及拿到的地方。	☐	☐
7.塑膠袋和保鮮膜要收放妥當，以免幼兒套在頭上玩耍而窒息。	☐	☐
8.家中工具類物品（例如螺絲起子、釘子、鋸子）要收放在安全的位置，避免堆放雜物，以防幼兒撞傷或跌傷。	☐	☐
9.珠寶、領帶、領巾和腰帶等都放置妥當。	☐	☐
10.避免使用桌巾、墊布。	☐	☐
11.移開有毒植物（例如黃金葛、萬年青、聖誕紅、夾竹桃等）。	☐	☐
12.三歲以下孩子，盡量少給易發生梗塞的食物，如爆米花、花生、整粒葡萄等。	☐	☐
13.為幼兒選擇合身且不易燃的舒適衣物，以減少危險性。	☐	☐
14.餵幼兒食物之前，確定溫度是否適當。	☐	☐
15.馬桶上裝置適合幼兒使用的小馬桶，以免幼兒跌入馬桶。	☐	☐
16.浴盆水不用時，應立即將水放掉，不可儲存。	☐	☐

註：托兒機構可將本表印製成小單張，提供家長參考。
資料來源：台北市政府社會局（1996）。

家庭及機構是否安全的指標。

二、幼兒的托育環境

　　由於幼兒行動能力的逐漸增強，以及處於積極、主動的發展特徵，經常會出現許多出其不意的探索行為，卻未必能判斷危險的程度；易發生意外傷害，甚至導致死亡。根據一九八一年至二〇〇一年台灣地區兒童各年齡層主要死因及死亡率，一歲到四歲，五歲到九歲均以意外災害或事故為第一位（衛生署統計室，2001）；即使是現在，兒童意外傷害仍高居首位。有關意外傷害或人身安全的參考書目，國內已有相當多的學者與專家提供不少參考（請參閱**表10-2**）。

　　在幼兒園托育環境之規劃的重要性，可從社政單位之評鑑項目來加以衡量園所之安全要件，而有關安全指標之衡量大部分是納入

表 10-2　幼兒意外事故與安全教育參考書目

書籍（書名）	作者	出版者	出版年
給孩子一個安全童年	謝友文	牛頓	1991
安全的童年	郭靜晃	台視文化	1993
兒童意外傷害的防範	陳淑琦	時報文化	1988
兒童安全教育	林惠清、林惠雅譯	心理	1989
嬰兒＋生命	黃勝美譯	懋聯	1992
兒童意外傷害療法	健康編輯部	頂淵	1991
急救手冊	李定忠譯	遠流	1992
你救了孩子一命	黃紹英譯	培根文化	1989
預防兒童虐待與疏忽	陳俊良譯	桂冠	1989
我有絕招（安全教育故事）	可白・文／河馬・圖	小兵	1992
我有絕招續集（安全教育故事）	可白・文／河馬・圖	小兵	1992
保護孩子的安全	密雪爾・伊莉特／張珍麗譯		1991
兒童意外處理指南	張美惠譯	創意力	1994
幼稚園公共安全管理手冊	教育部	教育部	1994
兒童45種自我保護的方法	文載甲・文／Cuckoo・圖	學研館	2005

（續）表 10-2　幼兒意外事故與安全教育參考書目

手冊（篇名）	出版者
快樂童年安全手冊：父母親應該知道的一些事	美強生公司
快樂童年：遊戲設施安全手冊	台北市政府社會局
婦幼安全手冊	現代婦女基金會
孩子當心色狼！：兒童安全手冊	新環境基金會
媽媽安心手冊：爸爸也要看喔！	現代婦女基金會
家庭安全常識：小兒疾病與事故預防手冊	寶僑家品公司
親子安全手冊	婦女與兒童委員會
幼兒意外事故預防手冊	行政院衛生署
安安熊與我：快樂童年安全須知	美強生公司
孩子安全您安心	福特汽車
兒童郊遊意外事故預防手冊	兒童保健協會
簡易急救法	台北市政府衛生局
溺水的預防與急救	台北市政府衛生局
灼燙傷手冊	中華民國兒童燙傷基金會
幼童安全保健手冊	靖娟幼兒安全文教基金會
兒童灼燙傷手冊	中華民國兒童燙傷基金會
兒童遊戲設備安全準則	經濟部中央標準局
幼兒居家安全——意外傷害之探討	張蓓育
幼兒園地安全管理：資料彙編	信誼基金會
防火與逃生	內政部消防署
地震	交通部中央氣象局

資料來源：台北市政府社會局（1996）。

教保環境與衛生之層面上，以下就衛生與安全、活動空間及設備三個部分加以說明：

(一)衛生與安全

　　對托育環境來說，衛生及安全是檢核和評鑑的首要條件，也是必須兼顧的安全要件。請確定：

　　1.地面是清潔的、乾爽的。
　　2.地面具有防滑功能或鋪有止滑墊。

3.兒童進食的地方是清潔並且不易滑倒掉落的。

4.清潔劑與藥品等標示清楚並且放在幼兒拿不到的地方，藥品是否放置在具有安全包裝的瓶罐中。

5.電源插座有安全蓋的裝置，電線是固定的。

6.家用急救用品（包含：家庭醫師、救護車電話號碼）齊全。

7.沒有尖銳的桌角、稜邊。

8.櫃子或書架安全並且穩固，不會翻倒。

9.其他以及任何你可以想到的（不可能會發生意外的地方，除非你百分之百的確認）。

(二)活動空間

對受托幼兒來說，托育家庭宛如他的第二個家庭，許多發展和社會化是在這裡進行的。隨著幼兒的發展，活動需求日增，因此活動空間的安全更是不能輕忽的。請確定：

1.幼兒的活動動線是暢通無阻，並且安全。

2.浴室有適合幼兒使用的裝置，例如防滑墊。

3.空間不會過於擁擠，若有多位幼兒共同使用，則必須讓幼兒們在同一空間內有足夠的活動範圍，避免擁擠所造成的爭吵等負向互動。

4.玩具的清潔和完整性是否合乎安全要求。

5.其他以及任何你可以想到的……（不可能會發生意外的地方，除非你百分之百的確認）。

(三)設備方面

托育環境中的設備是十分多樣化的，尤其對提供在家托育服務的保育人員來說，環境設備的安全評鑑更是十分瑣碎與不容易的。換句話說，所付出的心力也是最多的。請確定：

1.所有電器在不使用時須遠離電源；在使用電器時須留意電線所及的範圍。

2.櫥櫃、抽屜都裝置安全鎖，使幼兒不易開啓。

3.房門須固定，以免碰到幼兒或將幼兒反鎖。

4.任何房門的鎖皆有備份鑰匙。

5.在使用爐火、烤箱、熨斗、吹風機等有餘溫的電器後，必須確定幼兒無法靠近。

6.所有桌椅均避免使用有垂角的桌布或椅墊。

7.魚缸等有光有水的器皿要避免幼兒玩耍。

8.其他以及任何你可以想到的……（不可能會發生意外的地方，除非你百分之百的確認）。

第三節 機構外之安全規劃

由於兒童是不成熟的個體，安全技能未臻成熟，加上他們精力充沛、對事物好奇，如果缺乏危機意識，皆可能使其身心受到傷害。本節就兒童在機構外常遭遇的安全問題——交通、設施以及人身安全來做探討。

一、交通安全

由於近年來工商業發達，經濟繁榮，社會進步，生活水準不斷提高，使用車輛的人口日益增多，馬路到處是汽車、機車。根據統計，一九九三年，台灣機動車的密度遠超過美、日、法、德等已開發國家，達到每平方公里三百一十九輛，是日本的三倍強，荷蘭的二點三倍（靖娟幼兒安全文教基金會，1993）。隨著經濟的成長，現代化大眾捷運嚴重缺乏，造成每年增加三十萬輛汽車的成長速

度。台灣地區至一九九五年三月底為止，國人擁有的小客車已達三百九十萬五千七百二十二輛，而機器腳踏車更高達一千二百零五萬四千九百一十九輛，平均每五點四人就擁有一輛小客車，每一點七人就擁有一輛機器腳踏車，較諸工業先進國家亦毫不遜色。這些汽機車更帶來噪音、廢氣等污染；而且相關的道路設施、交通號誌、動線規劃不盡完善，使整個交通顯得相當紊亂、擁擠；加上國人守法習慣尚未養成，駕駛人缺乏耐性及禮讓不足，導致人車爭道，不遵守交通規則，交通事故不斷發生，造成個人、家庭的悲劇，破壞不少和樂家庭，引發嚴重的社會問題。

根據台北市長安國小對台北市國民小學學生交通安全教育的調查指出（周錦鍾，1993）：

1.台北市國民小學學生因交通事故傷亡的人數與比例偏高，以步行占傷亡比例 75% 為最高，騎乘腳踏車傷亡亦有 30%。

2.學生發生交通事故時間，以假日及放學回家的校外生活最為嚴重，高達 60%。

3.學生發生交通事故地點，以在校外的住家附近及巷道最多，占 60%，而交通情況複雜的地點反而較少傷亡。

交通部（1992）指出台灣地區一年裡，學生因車禍致死有二百六十五人，占車禍死亡人數的 8%。交通部也將最常見的交通違規項目列有五十項，其中前二十項為：

1.酒醉駕車。

2.無照駕駛。

3.亂鳴喇叭。

4.未依規定使用燈光。

5.逆向行駛單行道。

6.行人穿越道不暫停讓行人先走。

7.不依規定駛入來車道。

8.支線道車不讓幹道車。

9.駛出道面邊線。

10.跨越兩條車道。

11.不依標誌、標線、號誌指示行駛。

12.交會路口搶先左轉彎。

13.轉彎或變換車道前未使用方向燈。

14.駕車迴轉妨害交通。

15.闖紅燈。

16.闖平交道。

17.臨時停車。

18.違規停車。

19.不繳費停車。

20.過橋、過路不繳費。

從上述的資料中吾人可發現，兒童交通事故發生的原因以「人為疏失」最為嚴重。此外，我們也發現國人的守法習慣有待加強。

交通部為加強道路交通管理、維護交通秩序、確保交通安全，制定「道路交通管理處罰條例」，於一九六八年二月五日總統頒布，全文共七十七條，並於當年五月一日行政令施行。其後在一九六九年、一九七五年、一九八一年、一九八六年、一九八七年陸續修正及增訂共九十三條，使在維持交通秩序、保障行人權益及維護交通安全方面有周全的法規基礎。

根據藍武之（1991）之研究發現：兒童步行事故八成發生在馬路上，主要地點以交叉路口附近最多（占39%），其次為快車道（占24%），再其次為行人穿越道（占11%），其中七成多兒童交通

事故發生在穿越馬路時，又以五至九歲小朋友發生率最高。推究其發生事故的原因，可能是因為兒童的視覺範圍小，反應及注意力較低；此外，步行速度緩慢、綠燈時間短來不及過馬路、身材矮小不易被駕駛人察覺，也常是導致兒童步行時發生事故之原因。而張新立（1996）的研究發現：國內青少年無照騎車相當普遍。有六成在十二至十四歲期間嘗試他們第一次的騎車經驗，甚至最早的年齡也出現在六歲及八歲，這些青少年中有四成曾發生交通事故，年事故發生率為 0.7% 左右；有一成左右的青少年曾發生較嚴重的交通意外事故。

此外，學齡兒童在每學期皆有安排校外教學或旅遊活動，其中相關的交通事宜大都委託遊覽車公司。近幾年來，已發生幾件重大的交通安全事件：例如民國一九九二年五月十六日，北市健康幼稚園校外教學的遊覽車火燒車意外，造成林靖娟老師、兩名家長及二十名幼童共二十三人被大火燒死。一九九三年三月五日，北市碧湖國小校外教學，兩名學童自光華巴士安全門跌落路上，分別造成輕重傷。究其上述事件之原因，不外乎是缺乏安全常識、觀念和危機意識，以及忽視尊重個人之權利。

二、兒童設施安全

衛生署（1990）所發布的白皮書中指出：十四歲以下兒童死亡原因中約有一半是傷害致死（參考**表 10-3**）。兒童意外死因以交通意外事故為第一，第二為溺水，第三是墜落。而在六至十二歲年齡層中，受傷原因依序是跌落、利器和銳器傷害及撞擊、物體夾住。此外，國防醫學院公共衛生研究所教授白璐在對北市八家醫療院所所做的調查分析中指出，幼兒在家庭意外傷害中 64.7% 為墜落，其場所大半發生在客廳。此發現也為美國消費者產品委員會引用。全國傷害調查電子資訊系統（NEISS）於一九八八年之統計資料分析

表 10-3　兒童主要死亡原因

年別	順位	1 %	1 死亡原因	2 %	2 死亡原因	3 %	3 死亡原因	4 %	4 死亡原因	5 %	5 死亡原因	合計 %
新生兒	1980a	49.77	周產期死因	16.09	先天性畸形	15.26	肺炎		腸炎及其他下痢性疾病	2.27	急性呼吸道感染	88.37
	b	1.60		0.52		0.49		0.16		0.07		2.84
	1989a	58.59	周產期死因	28.82	先天性畸形	3.11	意外事故	2.78	肺炎	0.98	腦膜炎	93.28
	b	1.14		0.54		0.06		0.05		0.02		0.81
嬰兒	1980a	23.03	肺炎	20.26	周產期死因	19.20	先天性畸形	8.48	腸道傳染病	7.05	意外事故	78.42
	b	2.26		2.03		1.89		0.83		0.69		7.70
	1989a	28.38	先天性畸形	23.71	周產期死因	14.47	意外事故	7.51	肺炎	3.62	敗血症	77.69
	b	1.62		1.35		0.83		0.43		0.21		4.44
一至四歲兒童	1980a	43.12	意外事故	14.61	肺炎	7.63	先天性畸形	6.03	惡性腫瘤	2.61	腸炎及其他下痢性疾病	74.03
	c	57.28		19.41		10.14		8.01		7.51		98.35
	1989a	49.72	意外事故	11.77	先天性畸形	7.25	惡性腫瘤	5.18	肺炎	3.26	心臟疾病	76.18
	c	40.12		9.56		5.85		4.18		1.82		61.47
五至十四歲兒童	1980a	48.83	意外事故	13.33	惡性腫瘤	4.93	肺炎	3.98	先天性畸形	3.66	心臟疾病	74.73
	c	20.67		5.64		2.09		1.68		1.55		31.63
	1989a	55.07	意外事故	13.33	惡性腫瘤	3.92	先天性畸形	2.77	肺炎	2.57	心臟疾病	77.66
	c	20.75		5.02		1.48		1.04		1.04		29.26

註：1.出生滿一個月稱為新生兒。

　　2.一歲以下標為嬰兒。

　　3.a.占同年齡線死亡百分比。 b.每千活產死亡率。 c.十萬人口死亡率。

資料來源：行政院衛生署（1990）。

發現，兒童因遊戲傷害而入院急診的十七萬二千二百個案例中，有70%是在公共遊戲場（公園及學校）；24%是在特定區遊戲設施；6%是在家中。受傷年齡有三分之二是六歲以上，大都在十歲以下，其餘三分之一爲六歲以下。受傷原因四分之三爲墜落，其他原因爲被動態設施擊中、撞到固定設施、被突出物或尖銳處刺、刮、割傷（引自謝園，1993）。

謝園曾在民國一九九二年接受消基會委託，抽樣台北市二十六所公私立小學幼稚園及二十七處公園，做安全性調查，其發現如下（引自謝園，1993）：

1. 地面材料：幼兒園、公園之設施地面常以硬鋪面爲主（如地磚、石片、水泥、瀝青等），僅部分公園學校加鋪塑膠草氈，其規格不佳，破損，且無法承受該設施高度應有的墜落安全所需之係數。

2. 設施高度：大部分設施不僅超過安全標準高度，且無對應之地面材料，扶手、欄杆高度及間距尺寸不適，易造成墜落等情形。

3. 開口：平台的圍欄開口過大或形狀不適，滑梯上方無安全護欄。

4. 安全距離：滑梯、鞦韆、吊桿、吊環及翹翹板等，周邊的安全及緩衝距離大都不夠，有圍牆、花台、路肩、階梯太靠近者，亦有設施之間緊臨者。

5. 基座：設施基座突出地面或鬆動，易使兒童絆倒時發生皮肉外傷或骨折等傷害。

6. 材料、組合、零件及設施突出物：少數公園因使用國外進口的遊具，較符合安全標準外，多數公園及學校使用有銳角的金屬或水泥材料，零件突出暴露或鬆動、鏈條套接等，均爲

不安全的裝置。

7.表面處理：防腐、防鏽、裂縫等因材料的選擇或處理方式不
　持久，造成許多維修上的困難。

8.管理維護：大部分設施除了新設之外，一般普遍缺乏維修，
　龜裂的混凝土、腐壞的木料、鏽爛的金屬、斷裂的支撐、鬆
　脫的零件、地面排水不良等等。

　國內南海實驗幼稚園曾訪問一百四十八所公私立幼稚園，也發
現幼兒的意外事故以遊戲器材為主，受傷原因以碰撞為最多。發生
事故的原因與其管理照顧有關。這種事件的發生也在新聞報導時有
所聞，例如一九九○年內湖新明公園的翹翹板因扶手螺栓突出，而
釀成不幸死亡事件：一九八九年八月彰化某國小男童在校園中攀爬
騎長頸鹿雕塑，因基礎鬆動倒下而壓死之案件；一九九○年某一國
小女童玩鞦韆，手指放入吊鏈環節，因跳動而被節間夾斷手指。這
些事件頻傳引起社會廣泛的注意，我國經濟部中央標準局的國家安
全標準（CNS）也制訂相關法規，使玩具和遊樂設施製造廠商有了
依循的標準。其中相關法則的一般原則敘述如下（引自靖娟幼兒安
全文教基金會，1993）：

　1.遊戲器材的安置位置：
　　(1)選用合適的地面材料。
　　(2)輪胎不能隨意放置，否則會引起摔跤事件。
　　(3)爬架超過四十公分（CNS為五十公分）要加護欄。
　　(4)地基應使用水泥，但要埋在地面下。
　　(5)器材結合處之螺釘不應在幼兒身高之內，雖已有加螺蓋仍
　　　有危險，尖銳物不可外露。
　　(6)木頭突出部分太多太低。
　　(7)支架交叉處"×"要超過幼兒身高，以免勾住衣物。

2.鞦韆：

　(1)一組不應裝三個，因中間的一個出入有危險。

　(2)座位不應使用木板而以較軟質料，像皮質、人造膠。

　(3)扶手處若用金屬鏈，則鏈孔不能太大，鞦韆搖動時若幼兒
　　　將手伸入則容易受傷。用塑膠水管套住扶手部分。

　(4)保持安全距離，用標示註明勿靠近。

3.滑梯與球池：

　(1)球池的滑梯與池內球的接觸宜設計成  而不是 ，
　　　因為池內球會滑動，幼兒滑下時若站不穩，突出部分會擦
　　　痛身體。

　(2)滑梯斜度以四十度為最大限。

　(3)著地處與地面保持同一高度，以維持清潔。

4.搖椅：

　(1)底部與地面距離要超過一個幼兒躺下的高度約四十公分以
　　　上。

　(2)支架與座椅兩邊要有一定的距離，以免幼兒被擠壓。

5.攀爬架：

　(1)攀爬木架表面不可太粗糙。

　(2)木條不要只靠螺釘固定，不要使釘子突出，應將木條嵌入
　　　撐架一體成形。

6.翹翹板：

　(1)避免外部有螺帽外露。

　(2)表面平滑無突出物。

　(3)減少與地面之衝擊力。

　(4)座位部分凹下，保障穩固。

7.彈簧座椅：

　注意彈簧外露容易夾到幼兒手指。

　　有關社區遊戲場之規則，台北市政府社會局曾提供一檢核表給托育機構與民眾參考（請參考**表 10-4**）。孩童遊戲空間的設計，一直是國內設計界所忽略的盲點。任何不當的設計不但不能使兒童身受其利，反而深受其害。遊戲對幼兒扮演著重要的功能，而討論幼

表 10-4　社區遊戲場參考檢核表

項目	是否
1.遊戲設備下的地面鋪設有 10 至 12 吋厚（約 25 公分至 30 公分）的軟墊。	☐ ☐
2.場地沒有垃圾、尖銳物品，及動物排泄物。	☐ ☐
3.所有的遊戲設備至少相距 8 呎（約 243 公分）。	☐ ☐
4.沒有銳利的邊緣、鬆脫的連接處、暴露的釘子或螺絲的頭。	☐ ☐
5.設備對孩子的大小和發展是適合的。	☐ ☐
6.鞦韆和其他設備最少相距 9 呎（約 274 公分），同時距離牆壁、走道和其他的遊戲區域至少 9 呎（約 243 公分）。	☐ ☐
7.鞦韆之間至少相距 1.5 呎（約 46 公分）。	☐ ☐
8.溜滑梯應該有 8 至 9 呎（約 243 至 274 公分）的活動空間。	☐ ☐
9.溜滑梯的高度不超過 6 呎（約 183 公分），而且滑梯邊緣至少有 2.5 吋（約 7 公分）的高度。	☐ ☐
10.溜滑梯的上端要有圍欄的平台，讓孩子休息或是進入。	☐ ☐
11.溜滑梯的階梯要平坦，而且兩旁有扶手。	☐ ☐
12.溜滑梯在底部要接一個平坦的地面，讓孩子慢下來。	☐ ☐
13.溜滑梯滑行道的傾斜度要等於或小於三十度角。	☐ ☐
14.金屬遊戲設備必須有遮蔽以避免過熱。	☐ ☐
15.木材遊戲設備的表面可以塗蠟或塗油，避免過於粗糙。	☐ ☐
16.遊戲設備不得高於 6 呎（約 183 公分）。	☐ ☐
17.遊戲設備的缺口要小於 12 至 24 公分，以免孩子的頭陷入。	☐ ☐
18.攀爬階梯，塗上明亮的色彩讓孩子容易看到。	☐ ☐
19.鞦韆座椅和鏈條的接合點應用塑膠管覆蓋。	☐ ☐
20.懸掛環（吊環）的直徑小於或大於孩子的頭。	☐ ☐
21.在翹翹板之下放置橡皮輪胎或木塊，使腳不會被夾到。	☐ ☐
22.沙箱位於陰涼處，有平滑的框，而且不使用時應加以覆蓋。	☐ ☐
23.沙箱的沙至少每兩個星期用耙子清理一次。	☐ ☐
24.遊戲區域沒有有毒植物。	☐ ☐

資料來源：本表節錄 Child care information exchange, Sep./Oct., 94'(issue#99) pp.64-66；台北市政府社會局（1996）。

兒遊戲空間與討論幼兒學習空間幾乎是同一回事。而幼兒遊戲學習空間的規劃設計是一種科技整合（interdisciplinary），與許多專業相關（multi-disciplinary），至少包括了幼兒教育、建 築、景觀設計、室內設計、心理學家、社會學家、城鄉所等專業。因此，詳細規劃幼兒學習空間是絕對重要的（徐立言， 1993）。

在機構規劃戶外空間時不妨參酌 Stine（1997）所列舉九個向度，以作為基本規劃之要素（引自黃庭鈺， 2002）：

1. 可及的與不可及的（accessible and inaccessible）：由於身體與大人不同之故，兒童面對世界的可及與不可及之處不同於成人。他們受限於其可到達、可看到、可接觸及可探索的地方，某些不可及的地方對兒童的學習是一項限制，同時也可能是安全的考量。

2. 動態的和靜態的（active and passive）：戶外區域常被視為是兒童可進行喧鬧、大肌肉運動等動態活動的地方。但在戶外活動並不全然意味著兒童就應該或想要進行動態的遊戲。對兒童而言，戶外區域也可是兒童休憩、夢想、清靜的地方。所以戶外區域應能提供動態與靜態的活動。

3. 挑戰／危險和重複／安全（challenge/risk and repetition/ security）：兒童藉由接受冒險、面對挑戰，可學習瞭解自己的能力與極限。所以提供一個可供兒童探索、冒險但不會造成身體危險的戶外環境，對兒童而言是很重要的。而當一項活動不再具挑戰性，也可藉由重複此活動（練習）以增加技能，但一定要在安全可預見的範圍內接受冒險與練習。

4. 硬的和軟的（hard and soft）：兒童運用他們的身體來接觸現實世界，而環境也同樣帶給兒童個體回應。當一個環境讓步於（gives way）身體的撫觸，是謂「軟的」環境，如地毯、

蓆子；另一方面，「硬的」環境則提供兒童一些活動的機會，如車道、桌面。戶外環境需要這兩種環境以滿足兒童操作之需求。

5.自然的與人造的（natural and people built）：若缺乏在自然環境中進行遊戲的機會，兒童將無法瞭解自然界的奇妙、變化與轉換，如花草如何生長、動物如何完成其周期性的生活等。人造的事物是文化傳承的一部分，也是人類解決複雜性問題的表徵方式。讓兒童能珍惜及保護他們的世界，更需要在自然與人造交織的世界中經歷生活。

6.開放的與封閉的（open and closed）：開放的活動可促進探索和實驗，而封閉的活動則幫助發展建立在能力基礎上的自尊。環境的設計應兼顧能提供開放性的探索活動，如玩水或玩沙，亦能提供封閉性的作品完成活動，如規則性球類活動。

7.恆久的和改變的（permanence and change）：兒童需要學校設置具恆久性的地標（landmarks），以提供一個強烈的視覺線索，表示此特殊之處。地標的恆久性及其具有特別意義的圖案，可幫助兒童發展生理上的獨立，例如地標可讓兒童學習辨位、磋商如何行走或組織探險的路徑；或當作練習逃脫歹徒誘拐的策略途徑等。兒童也需要一部分可改變的空間，當一個環境是無法完全改變或重新安排時，兒童會失去成長和問題解決之機會。

8.秘密的和公共的（private and public）：如同成人般，兒童在其生活中有時需要被隔離的感覺，需要有撤離社會互動及思索個人想法的空間，如遊戲屋的設計可提供兒童私密的空間。同時兒童也是團體的一部分，團體集會可幫助兒童在全體中找出個人的位置在哪。在室內外環境，都能有容納團體

聚集的空間是很重要的。兒童如能自由選擇何時想一個人，何時想與人群在一起，都有助於遊戲活動的參與，但這種空間要能預期兒童的安全。

9.簡單的和複雜的（simple and complex）：簡單遊戲區域可提供結構和方向，簡單的設置如滑梯、三輪車等都有一明顯的使用功能，其可鼓勵兒童進行一種形態的遊戲，但無法提供多元使用或即興創作。增加複雜性則可鼓勵兒童做選擇以及非預設的方式遊戲，如在三輪車區增加一個裝有肥皂水的桶子和海綿，將可助於玩洗車的扮演遊戲。若想提供較符合兒童個人需求及透過遊戲以便利學習的空間或活動，創造一個具有簡單及複雜要素的環境，就顯得重要多了。

上述九個向度只是一種對照關係，沒有好壞之區分，所有要素對於空間規劃是很重要的，在規劃托育機構戶外空間時，除了適齡、適性、適時、適量原則外，還應兼顧空間之遊戲性與安全性，在沒有安全行為之考量下，任何好奇及具學習性之行為就頓然失色，也失去意義了。

三、人身安全

(一)人身安全之定義與辨識指標

人身安全係指對人身（指除了人的身體外，還包括生命、健康及行動之自由）所為的故意非法侵害，如傷害身體、破壞健康、鎖禁、綁架、撕票、殺害或強迫從事性行為或性交易等。綜合上述，危害兒童人身安全乃是任何足以阻礙兒童最適當發展之事件的發生，又可稱為兒童虐待。例如，不能提供孩子被關愛、被需要的感受，或讓孩子處於受苦、沮喪的環境等。兒童虐待可分為兩類，一為疏忽，二為虐待。前者指對身體、營養、醫療、安全等方面的缺

乏注意與照顧；後者又可分為身體虐待、性虐待及情緒虐待。身體虐待係指對兒童有身體之傷害、凌虐；性虐待是由於家人或父母之監督不周，導致性侵犯，施虐者可能是年齡比孩子長很多的成人，有時是其父母或親屬；情緒虐待係指父母不能滿足孩子正常發展所需的情緒需要，甚至於拒絕、排斥、屈辱及威脅。**表 10-5** 是以兒童虐待類型及其辨識指標來分析，在遭受虐待或疏忽時，兒童之外表與行為和父母或照顧者的行為。

表 10-5　兒童虐待的類型及其辨識指標

虐待類型 表徵	生理虐待	性虐待	情緒虐待	忽視
兒童的外表	.異常的瘀傷、鞭痕、燒傷或骨折挫傷。 .咬痕。 .經常性的受傷，而被解釋為意外發生。 .割傷、擦傷。 .牙齒缺少或鬆動。 .骨骼受傷。 .頭部受傷。 .內傷。	.內衣被扯破、拉破或是沾有血跡。 .生殖器官會疼痛或搔癢。 .感染性病。 .頸部、會陰或陰部紅腫。 .處女膜在很小的時候就破裂。 .體內有精液。 .懷孕、淋菌測試為陽性反應或有經由性交所傳染的疾病。	.比其他類型的虐待表徵更不明顯。 .行為表現為過動、退縮、過度飲食、受心理影響的疾病、自殺傾向、說話結巴或會尿床。	.經常髒髒的、顯得疲倦、沒精神。 .經常沒吃早點就到學校，也沒帶午餐或沒錢吃午餐。 .衣服很髒或是不合季節性。 .看起來經常是孤獨的。 .需要配戴眼鏡、看牙醫或其他的醫療照顧。 .自暴自棄。 .缺乏好的衛生保健。 .表現得很遲鈍、冷漠。 .缺乏適當的督促。

（續）表 10-5　兒童虐待的類型及其辨識指標

表徵 ＼ 虐待類型	生理虐待	性虐待	情緒虐待	忽視
兒童的行為	. 不快樂、很難接近、過分要求、經常不遵守規定、常惹麻煩及與他人起衝突、經常打破毀損物品。 . 很害羞、逃避他人（包括兒童）、沒有防衛自己的能力、看起來好像隨時準備任他人擺布而不反抗。 . 逃避與成人的身體接觸。 . 穿長袖衣服遮蓋傷處。 . 對於受傷的理由不可信，也與所見的傷痕的嚴重性不符。 . 似乎很害怕父母。 . 與父母分開時並無或只有一點苦惱。 . 善於討好其他成人。	. 退縮、喜歡幻想或表現很幼稚的行為。 . 與其他兒童關係薄弱。 . 不願參與體育課。 . 行為不正或逃家。 . 說他曾被父母或照顧他的人強暴過。 . 退化（顯現低能的狀態）。 . 賣淫。 . 逃家曠課。 . 引人注意的行為表現。	. 不快樂、很難接近、過分要求、常惹麻煩、不會留自己一個人。 . 很害羞、逃避他人、太焦慮以致無法感受快樂、太過順從、對他人所加諸的言語及行為沒有防衛力。 . 行為過度像成人或太幼稚像嬰兒（例如吸手指及經常搖晃）。 . 在生理、智力、情緒上的發展比實際年齡應有的發育落後。 . 神經過敏的皮膚病。 . 自閉症或失去生存的動力。 . 曠課或其他問題。 . 犯罪、攻擊性強。	. 學習能力差。 . 缺乏注意力。 . 乞食或偷取食物。 . 在學校惹麻煩。 . 經常不做家庭作業、吸食藥品或酗酒、蠻橫行為、不正常的性關係。 . 很早就到學校很晚才離校。 . 斜視。

（續）表 10-5　兒童虐待的類型及其辨識指標

虐待類型 表徵	生理虐待	性虐待	情緒虐待	忽視
父母或照顧者 的行為	.與孩子一樣的成長背景。 .用嚴格的管教方式，不管年齡、情境或做錯什麼事。 .對孩子受傷的說詞很不合理，或根本不解釋孩子受傷的原因。 .不關心兒童。 .視孩子為壞蛋、魔鬼。 .濫用藥物或酗酒。 .企圖隱瞞孩子的受傷以及逃避責任。 .對兒童特定年齡的行為缺乏適當的瞭解。 .家庭有危機或失業、死亡、疾病、遺棄。 .孩子的出生是不被期望的。	.對兒童非常保護或嫉妒、經常允許或不允許兒童有任何社交接觸、不信任兒童、歸咎於兒童的性混亂。 .鼓勵兒童賣淫或與照顧者有性行為。 .濫用藥物或酒精。 .經常不在家。 .與其他家庭缺乏社交以及地緣孤立。 .近親通姦。	.責怪或貶低兒童。 .冷漠、拒絕。 .壓抑愛。 .在家中對待兒童很不平等。 .對孩子的問題很不關心。 .精神疾病或不成熟的父母心態。 .持續的假想。 .犯罪影響。 .經常結婚及離婚。 .亂婚或賣淫。 .不提供休閒活動。	.濫用藥物或酒精。 .無法建立或組織家庭生活。 .似乎對於發生的事都不在乎，給人有種什麼事都一樣的感覺。 .與朋友、親戚、鄰居非常疏離，不知如何與人相處。 .長期的酒精中毒。 .有被忽視的童年經驗。 .生活在婚姻解組的大家庭中。 .貧窮。 .有冷淡、忽視的特質或人格。

　　目前國內在兒童虐待實務及法律的界定上，大部分是採取此種分類，以作為判斷的標準，此外還可依兒童身心指標，評估兒童受虐待或疏忽的程度，依其危險性，以決定採取何種處遇（treatment）。而處遇係指社會工作專業人員對人與環境間互動的不平衡，提供一些改變的策略，使人在其環境中能有更好的適應。這些策略主要是在改變人與情境間相互作用的本質（謝秀芬，1992）。劉可屏、宋維村、江季璇、尤清梅（1996）則將兒童保護個案輔導計畫分為兩種：(1)在個案確定保護案件之後，經過評估診斷，擬定處遇計畫並提供服務的過程；(2)擬定諮商或心理治療的處遇計畫，並依受虐兒童的需要與狀況來調整處遇的方式與目標。廖秋芬（1997）認為處遇計畫包含了兩個意涵，一為動態性的過程，是指從診斷到制訂處遇計畫的一個過程，社會工作員必須依其專業知識與技術歸納及分析，透過對問題的瞭解，規劃出個案的處遇計畫；另一為靜態性的層面，是指所採取的處遇方式或服務方案等。因此，就處遇計畫應用到兒童保護案件，係指社會工作員在處理保護個案時，先蒐集個案的資料，經過評估與診斷，考慮兒童受虐類型、受虐的嚴重度及危險性，根據個案之狀況，所採取的處置策略及服務措施。

目前，台灣地區在兒童保護之提供基本上有通報調查、機構收容安置、寄養家庭及領養服務。而其中又以民間機構，例如中華兒童福利基金會或台灣世界展望會等，扮演極重大的角色（郭靜晃，1996）。然而，兒童保護之目標宜建立在對兒童及其家庭的照顧。涉案的家庭所需要的服務範圍很廣而且具有多元性，例如包括臨床治療到實質具體的日托、醫療、就業輔導，甚至到反貧窮、反色情等社區方案，也就是社會福利社區化之具體精神；換言之，這也是預防性及主導性的兒童福利服務，此種服務包括強化親子關係的家庭取向的育兒服務、提供親職教育、消除貧窮及其他環境壓力、降低暴力及體罰之文化增強等（余漢儀，1995）。總體說來，兒童保護服務是兒童福利主要工作內容之一，所以兒童保護之福利政策，可以說是要運用一切有效之社會資源（如專業服務及相關體系的資

源），滿足兒童時期生理、心理及社會環境的需求，促使兒童得以充分發揮其潛能，達成均衡且健全發展目的之計畫與方案。

(二)人身安全對兒童身心之影響與影響因素

因為大多數的兒童都缺乏自我保護的能力，長期的虐待可能造成兒童的死亡、殘障、人格發展扭曲、長遠精神打擊，並產生侵略性行為、退化行為、人際關係不良、自我形象低等情形（廖秋芬，1997）。此外，研究發現受虐兒童中有 90％，終其一生都活在受虐的陰影下，其身體的創傷可以癒合，心理的創傷卻可能烙下永遠的傷痕，這對兒童人格的成長與身心發展，是一種莫大的損傷（翁慧圓， 1994）。

虐待對兒童的身心發展影響很大，郭靜晃、彭淑華、張惠芬等（1995）歸納如下：

1.在性格上：受虐兒童不快樂、孤僻、對他人缺乏信任感、否定自我、低自尊，且有神經質的人格特徵。
2.在行為上：受虐兒童在行為上較有自我防衛。如受過身體虐待的兒童較易有攻擊行為，且對大人身體的接觸感到害怕、焦慮不安或逃避；受性虐待的兒童則會有不適當的性行為或出現性障礙（洪文惠， 1990）。
3.在社會生活上：受虐兒童難與人建位關係，在人際關係交往上有退縮的表現，不能與他人發展持續的關係。
4.世代轉移：受虐兒童可能變成日後虐待其子女的父母。

導致孩子被忽視及被虐待的原因，可能有：

1.兒童的因素：不是計畫中出生、智能不足、殘障、早產、照顧困難之兒童。
2.父母的因素：父母認為自己沒有價值，過分依賴或情感疏

離，對孩子期望過高，社會關係疏離，本身曾有被忽視或被虐待的經驗，精神病患或有不良嗜好。

3. 家庭因素：父母婚姻失調、家庭解組、單親家庭、大家庭關係不和、父母太年輕無法適當管教。

4. 環境因素：貧窮、疾病、失業、離家出走，或社會灌輸不當之教養觀念。

通常對兒童人身的一種故意不法侵害行為，可能也伴隨兒童虐待或侵犯兒童權利，嚴重的才會導致犯罪，一般對兒童人身傷害之犯罪類型分為（引自沈美眞，1993）：

1. 殺害：故意殺死兒童。有父母因個人關係殺死子女，如婦人長期失眠、治療無效而身心痛苦，先悶死女兒再自殺（《中央日報》，1991.7.31）；精神異常婦女，將五名子女推入海中溺斃（《聯合晚報》，1991.8.26）。以上若是故意行凶，將觸犯刑法第二百七十一條殺人罪之規定。

2. 傷害、傷害致死：父親認為幼兒調皮成性，不服管教，不時因細故毒打成傷（《中國時報》，1993.3.21）；母親深信女兒「命中剋母」，動輒毆打，身上經常遍體鱗傷（《中國時報》，1991.8.10）；失業男子酒後因一個多月之幼兒哭鬧不休，心煩之下動手毆傷幼兒，急救無效死亡（《中國時報》，1993.3.21）；父親餵食幼女吃飯，因幼女不從且吵鬧啼哭，而以電纜線擊打，幼兒臉色發白，送醫途中死亡（《自由時報》，1991.1.9）。以上依刑法第二百七十七條第一項普通傷害罪之規定處罰之，原則上處三年以下有期徒刑；但依刑法第二百八十七條之規定，本罪乃告訴乃論，被害人或其法定代理人不提告訴者，法律便不處罰加害人。

3. 鎖禁、鎖禁致死：母親因兒子太好動，又有惡習，於外出時

以鐵鍊鎖住男童左腳於椅子上（《中央日報》，1991.7.26）；母親因晚間工作，無人看管三歲男童，一向以鐵絲綁住雙腳，限制行動，一日早上返家時，兒子早已氣絕（《中國時報》，1991.3.20）。雖然民法親屬編第一千零八十五條規定：「父母得於必要範圍內懲戒其子女」，但法條未指出懲戒子女之方式為何，只稱得於必要範圍為之，因此若超過必要範圍，應構成刑法第三百零二條（私行拘禁或以其他非法方式剝奪人之行動自由）之妨害自由罪，處五年以下有期徒刑，拘役或處三百元以下罰金；致人於死或致重傷罪者，加重處罰。

4. 猥褻、強姦、強姦殺人：三名老翁引誘蹺課四名國小女生至住處，連續強暴，並限制行動（《中國時報》，1990.4.14）；員工看著老闆六歲女兒由小至大，竟萌歹念，兩度在員工宿舍加以強姦（《中國時報》，1990.5.14）；父親每逢酒後，趁家人不在之際，強姦小女兒，如有不從立即予以毒打，事後持菜刀恐嚇不得聲張，國小老師發現異狀後，深入追問得悉（《自由時報》，1993.4.9）。對未滿十二歲之兒童有性行為，不問是否經兒童同意或以強制手段達成，即觸犯刑法第二百二十四條，但未達性交程度者，均構成妨害風化罪；如有達到性交程度則以第二百二十一條第一項強姦罪或第二項準強姦罪處罰之，若二人以上共同輪姦者處無期徒刑或七年以上有期徒刑。如犯以上之罪因而致被害人於死或重傷者，依刑法第二百二十六條加重處罰，倘犯強姦罪而故意殺害被害人者，依刑法第二百二十三條規定，處唯一死刑。

5. 綁架勒贖：六歲男童遭熟人自家中騙走，歹徒打電話勒贖兩百萬元，否則撕票，男童趁隙逃回家中（《中國時報》，1993.3.16）；祖母為償賭債，綁架五歲孫子，向前夫勒索兩

百萬元，揚言若拿不到錢將與孫子同歸於盡（《中國時報》，1993.3.11）。白曉燕遭人綁架撕票（1997.4.14）；國中二年級蔡金炘遭人殺害再勒贖，兩主嫌遭求處死刑（1997.5.31）。以上罪刑犯刑法第三百四十七條擄人勒贖罪，處罰甚重，處死刑、無期徒刑或七年以上有期徒刑；但若故意殺害被害人者，處唯一死刑；強姦被害人者，處死刑或無期徒刑。

6.強迫賣淫：某國小女學童父親要其女兒與一名男子發生關係，再予以捉姦，並以十萬元與該男子和解，此後陸續向不同男子收錢，允許男子姦淫其女（《中國時報》，1991.5.24）；某一開業婦產科醫師稱，曾幾度看見一些小女孩由一名以上的壯漢陪同前來看病，言語與行動都沒有自由，陰部不但發炎且潰爛，顯然接客次數太多（《中國時報》，1980.5.4）。以上罪名並沒有專門法條加以規範，所適用刑法條文也因法官而異，也因加害人為誰，而異其適用法規，但有條文如刑法第二百四十一條略誘罪或刑法第二百九十八條妨害自由罪中的略誘婦女罪。

就上述實例可看出國內兒童人身安全常因父母對兒童權利的不尊重，父母認為子女係我生我養，有權任意處置，他人無權干涉之觀念；幼兒又因缺乏保護自己的能力，最容易成為受害者；此外法律本身又有若干漏洞，致侵害兒童人身安全之人未受到制裁。為矯正此種偏差觀念與行為，沈美眞（1993）建議：

✍ 加強尊重兒童權利教育

建立尊重兒童的觀念，認識其為獨立個體，非任何人之財產，有與成人相同之價值及權利。

加強親職教育

　　利用親職教育來提高父母效能，培養有效管教方式並改變兒童是父母財產之錯誤觀念。

加強兒童自我保護

　　保護孩子是提供孩子安全技能而不是一味地威脅、恐嚇孩子不安全。

加強法令宣導與修訂

　　宣導社會大眾與相關單位使知有關保護兒童之法規，進而利用法令來保護兒童，使立法得以發揮保護功能。如兒童福利法的責任報告制，及相關兒童保護措施得以有效落實。此外，修訂各種相關法令，形成兒童保護網絡，結合相關專業組成兒童保護團隊工作。

加重對傷害兒童的人處罰及教育輔導

　　對兒童造成傷害之人，除加重制裁外，並應同時施以教育輔導，以改善其觀念態度，使之不再有傷害行為之發生。

第四節　無障礙環境之規劃

　　身心障礙兒童和一般兒童一樣有權利也需要在室內、戶外盡情徜徉於遊戲之中，但國內各種室內、戶外的兒童遊戲空間，鮮少可以讓身心障礙兒童無安全之虞的盡情玩耍。我國身心福利法第二十三條規定：「各項新建公共設施、建築物、活動場所及交通工具，應設置便於殘障者行動及使用之設備、設施。」依法戶外遊戲空間要方便身心障礙兒童使用。

一、無障礙遊戲空間之功能

遊戲是兒童學習成長最直接、有效的方法，身心障礙兒童對遊戲的需求與一般兒童並無不同。又因爲天性使然，身心障礙兒童在其能力範圍，表現於遊戲場所的活動行爲也無太大差異（王秀娟，1991）。

但由於身心障礙兒童在身體機能運作上的不便，或心智發展上較爲遲緩，所需要的遊戲空間有別於一般兒童遊戲空間。

目前一般遊戲空間只能讓一般兒童使用，根本不考慮身心障礙兒童之需求，而外國有專爲身心障礙兒童設置的殘障遊戲空間，但由於身心障礙遊戲空間具特殊性，無法普遍設置，如台北地區到目前爲止只完成一處身心障礙兒童專用的「愛心園地」，致使身心障礙兒童隔絕於外界。

身心障礙兒童的權利不應被剝奪，造成不當的恐懼感，林敏哲（1993）建議將一般遊戲空間改善爲無障礙遊戲空間（參看**圖 10-2**）。

無障礙遊戲空間應具有下列功能：

1.對身心障礙兒童提供一個可以使用的遊戲空間。
2.也對一般兒童提供更安全、更舒適、更方便的遊戲空間。
3.鼓勵身心障礙兒童與一般兒童產生互動關係，將有助於身心障礙兒童人格發展。

一般遊戲空間→只有一般兒童可使用（無法提供身心障礙兒童使用）

無障礙遊戲空間→一般兒童、身心障礙兒童均可使用

圖 10-2　無障礙遊戲空間之特色
資料來源：林敏哲（1993）。

二、無障礙遊戲空間之模式

考慮無障礙遊戲空間與一般兒童遊戲空間之關係，林敏哲（1993）建議，可建立四種遊戲空間之模式（參看**圖 10-3**）。

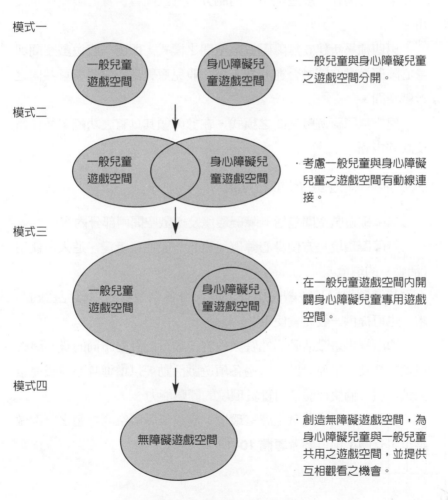

模式一

一般兒童與身心障礙兒童之遊戲空間分開。

模式二

考慮一般兒童與身心障礙兒童之遊戲空間有動線連接。

模式三

在一般兒童遊戲空間內開闢身心障礙兒童專用遊戲空間。

模式四

創造無障礙遊戲空間，為身心障礙兒童與一般兒童共用之遊戲空間，並提供互相觀看之機會。

圖 10-3 四種遊戲空間之模式
資料來源：林敏哲（1993）。

第一種為一般兒童在一般遊戲空間玩耍，身心障礙兒童在身心障礙遊戲空間玩耍，二者是分開的。

第二種為一般遊戲空間與身心障礙遊戲空間有動線連接，促使一般兒童與身心障礙兒童有交流。

第三種為在一般遊戲空間內劃分部分空間專供身心障礙兒童使用。

第四種為新建立無障礙遊戲空間之模式，即將一般遊戲空間與身心障礙遊戲空間融合在一起，為一般兒童與身心障礙兒童共同之遊戲空間。

建立無障礙遊戲空間之模式，在於彰顯其具有之功能，並作為反映其內涵。

三、無障礙遊戲空間之內涵

無障礙遊戲空間包括無障礙環境及遊戲空間兩部分內容。

無障礙環境是方便身心障礙兒童及一般兒童抵達、進入、使用（活動）的環境。

其遊戲場所及遊戲設施盡可能符合各類型身心障礙兒童的需求，也可提供一般兒童使用。

即所提供遊戲活動的性質與內容，盡可能針對不同的身心障礙兒童特性及需求而設計。透過各項遊戲活動，以增進身心障礙兒童鍛鍊身體、愉快經驗及對實質環境的體驗能力。

針對特殊需求兒童之課室環境，應以無障礙空間規劃之原則做調整，有關準則可參考**專欄 10-1**。

專欄 10-1

特殊需求學生的室內環境調整

　　教室家具、設備及教具皆是為一般兒童所設計及製作，鮮少考量到特殊兒童的生理發展、能力及行為。當每一位兒童因其身體大小、能力、資賦、特定學習挑戰等等皆有所不同時，課室中的教具（材）與設備就不能迎合每一位兒童的需求。幼兒園之教師至少要回應下列四個問題：(1)調整老師對幼兒回應的方式；(2)調整課程或活動；(3)使用調整後的教材與設備；及(4)重新建構課室環境。本專欄將一一檢驗調整過的教材與環境以及重新建構環境。在教室中有特殊需求之兒童，必須要牢記上列四項原則。

　　玩物與環境之改變端視兒童不同障礙而定。在本專欄，我們將討論一些身心障礙狀況，並提供讀者如何調整環境來迎合兒童需求的一些想法。

• 過動兒

　　過動兒（ADD／ADHD）常常容易分心，喜歡對老師所訂定之常規討價還價，並可能容易對事情產生厭煩。因此，提供一免於分心的環境對這些兒童是很重要的。利用一定義清楚、小型分隔清楚的遊戲區域，盡量遠離窗戶與電話，以免孩子受到干擾。盡量提供可以讓孩子操作，與方案有關的活動，並確信完成一個活動之後，再給予孩子選擇下一個活動，最後一個活動轉移下一個活動時，遊戲區域不宜離開太遠，最好就在附近區域。要將遊戲規則標示清楚，並且盡量簡短。確信標示清楚、指示簡單且有連續性，而且容易依循。提供各種溝通

方式，例如口讀、書寫及視覺符號等方式。

• 視覺障礙兒童

對於這些兒童，任何可以加以分類的活動，應可以讓他們
觸摸，以增加觸覺表徵來分類玩物。任何視覺提示之物品，例
如圖畫、字母卡、教授計畫等，皆可以用觸覺形式呈現。提供
磁鐵給孩子進行活動所需；利用大畫筆來畫圖；利用大書做閱
讀活動。當團體討論時，要讓孩子有機會觸摸物品。將所有書
寫的物品在較大的空間利用大字母來呈現。提供可以觸摸的表
架及其他方法來給予孩子觸覺訊息。

如果環境有所變化（如增減玩物時或重新布置、安排課室
環境等），要讓視覺障礙兒童瞭解這種變化及觸摸這些變化。

• 聽覺障礙兒童

使用圖表來給予孩子清楚的指示及規則。減少各種噪音，
如交通、其他兒童在玩嘈雜的活動等，以免干擾聽覺障礙兒童
的學習。提供書寫單給兒童帶回家，以增加非口語式的教導指
示，盡量提供口語方式來教導聽覺障礙兒童並與其溝通。

• 身體障礙兒童

提供特製座位給身體障礙兒童參與活動，例如，玩水遊戲、
美勞、積木等。身體障礙兒童需要更大空間以方便他們，例如，
使用輪椅所需。同時，設備也要因其身體的限制加以調整。提供
大刷子及壁畫紙以利美勞活動進行，使用中空積木來促進孩子大
小肌肉活動。提供個人沙及水桶，以方便其不易接近沙、水資源
來玩此類活動。美勞活動要提供大一點的筆刷及畫筆，以方便活
動進行。調整環境讓這些孩子的學習真正無障礙。

四、無障礙遊戲空間之特性

在環境中，肢體障礙者之障礙程度最大。在無障礙環境中，主要考慮肢體障礙者之特性與需求。所以無障礙環境具備之特性有：(1)標示性；(2)可及性；(3)方便性；(4)安全性（參看**圖 10-4**）。

無障礙遊戲空間是方便身心障礙兒童及一般兒童抵達、進入、使用（活動）的。所以為方便身心障礙兒童之移動設施、使用設備及標示，須按上述四項特性來設置。

在遊戲活動內容之安排，須考慮所有身心障礙兒童及一般兒童之情況。所以遊戲活動之特性有：(1)階層性；(2)團體性；(3)創造性（參看**圖 10-5**）。

無障礙遊戲空間中，其遊戲活動內容須按上述三種特性來安排。針對遊戲活動內容，須設置相關遊戲場所及遊戲設施。

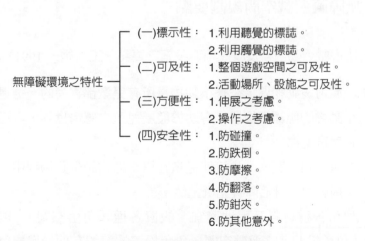

圖 10-4 無障礙環境之特性
資料來源：林敏哲（1993）。

```
                              ┌─ (一)階層性：主要考慮不同身心障礙兒童之特性及需
                              │              求。如：
                              │              1.對肢體障礙兒童，加強其體能訓練與發
                              │                展感官知覺能力。
                              │              2.對環境中人、事、物的溝通有障礙的兒
遊戲活動內容之特性 ─────────────┤                童，增進對環境的認知與自我情緒的掌
                              │                握能力。
                              │              3.對心智發展有障礙的兒童，豐富其生活
                              │                經驗。
                              ├─ (二)團體性：遊戲活動應考慮不同類型的障礙兒童與一
                              │              般兒童可共同參與，各自獲益。
                              └─ (三)創造性：利用各種設施讓所有兒童去自由發揮，透
                                            過遊戲玩耍過程去體會、經驗，進而發展
                                            身心。
```

圖 10-5　遊戲活動內容之特性

資料來源：林敏哲（1993）。

五、無障礙遊戲空間規劃要點

(一)安排遊戲活動內容及設置相關設施之要點（王秀娟，1991）

1.設置可愛動物區，豢養小動物是所有兒童都喜愛的。透過對
小動物的照顧與撫摸，有助於發展兒童之感情世界，身心障
礙兒童尤然。

2.設置菜圃、花園，也可使兒童在培育植物的生長過程中，獲
得成就感，身心障礙兒童尤然。

3.利用各種材料及因地適宜，設置各種「角落空間」，提供
「角色扮演」之遊戲空間。角色扮演的遊戲有助於發展兒童
人際關係，身心障礙兒童尤然。

4.蒐集不同材料與工具，成立「工作室」，可讓兒童在其中獲
得創作的樂趣，尤其有助於自我掌握能力較佳的身心障礙兒

童。

5. 淺水池、沙地、草坪是非常適合身心障礙兒童的。水、沙及植物是最自然、安全的遊戲材料，可以不同形態大量運用。

6. 水池、沙丘、植物區可設計為不同高度，因應不同障礙的尺度需求，如此可容許不同機能障礙兒童及一般兒童共同使用。

7. 提供具有規則的遊戲比賽，可培養兒童的理解思考能力。

8. 針對視障兒童看不清或看不見外界情況，設置鳥園、噴泉提供聽覺享受；設置香花區，提供嗅覺享受。

9. 設置彈跳設施（可為特教教其），可大量消耗體力，促進新陳代謝。尤其刺激運動末梢神經，促進延腦發達，改善顏面神經、制止流口水。

除上述遊戲活動內容之安排外，另外尚要考量下列原則：

1. 在遊戲的過程中，專業人員的介入較家長為宜。經由專業人員的指導看護，比較能客觀地引導兒童的學習，家長常因過於關懷或保護，反而影響了兒童的活動。

2. 遊戲環境中設置廁所、步道、座椅、飲水機等設施外，請考慮提供更完整的服務。如：

　(1)遊戲空間規模大，宜設置小型救護站，可對緊急傷害提供必要且立即的救治。

　(2)提供一個良好遮蔭與視野的地方，讓嚴重肢體障礙者能觀看其他兒童的活動。

另外，林敏哲（1993）針對遊戲設施之材料，建議應選擇質感與色彩豐富、安全性高的材料，具造型變化者為佳。因為：

1. 豐富的質感與色彩可刺激兒童的知覺感受能力。

2.選擇材質輕巧柔軟、避免有尖角形態者，可避免兒童在遊戲過程中或情緒表達時，對自我與他人造成傷害。

3.可塑性高或可拆卸組合的材料，有助於兒童創造力與想像力的發展。

(二)遊戲空間與動線安排之要點（王秀娟，1991）

1.整體空間要讓兒童感受為「安全環境」。如空間分區不宜過大且須界定明確，與車輛動線之間應有良好阻隔。

2.不宜有過於隱蔽的空間設計，以避免發生危險時不易察覺。

3.應留設「彈性空間」，可讓兒童自行發展活動。如一片寬闊無障礙的草地，可鼓勵自發性活動的產生。

4.空間配置時考慮「看」與「被看」的良好關係。

5.植栽可增加空間的豐富性，並提供良好的遮蔭效果。

6.遊戲空間的配置以連續性的設計為宜，以提供連續性的遊戲經驗。

7.主要動線的寬度應使坐輪椅兒童、拄拐杖兒童、視障兒童通行無阻。

8.主要動線宜平坦，避免有高低差。

(三)方便身心障礙兒童之各項設施設備之要點（林敏哲，1993）

1.至少設置一處坐輪椅兒童可使用之出入口，此出入口與輪椅可通行之遊戲區內步道相連接。

2.於其他出入口處設置標示，說明輪椅通行之出入口位置。

3.遊戲區內所有設施方便坐輪椅兒童使用為宜。所以，至少設置一條輪椅可通行之步道。

4.有高低差或階梯處時，須並設坡道。

5.階梯處容易發生意外事故，梯面、扶手等應妥善處理。

6.於適當位置設置扶手，設置扶手之目的有協助移動、引導至目的地，及避免危險等，應連續設置不中斷爲宜。

7.遊戲區內步道上所設排水溝及集水槽要加蓋，以策安全。

8.於出入口附近設置殘障者專用或優先使用之停車位。

9.座椅、野餐桌、飲水機及垃圾箱等設備要配置得當，方便坐輪椅兒童使用之，惟這些設備也不可成爲視障兒童通行的障礙物。

10.必須設置一處以上坐輪椅兒童可使用之廁所。

11.必須因應身心障礙兒童之特性與需求，設置各項安全且確實之標示，以引導身心障礙兒童到達目的地。

有關針對有特殊需求的兒童如何量身訂做遊戲及在遊戲中提供協助，請參閱**專欄 10-2** 及**專欄 10-3**。

專欄 10-2

針對有特殊需求的兒童量身訂做的遊戲

針對特殊需求的孩童修訂課程活動時，其程序和技巧分別有下列幾個範疇（McCormick & Feeny, 1995）：空間、時間、玩物器材、指示、特別輔助、特別安置、設備。

• 空間

遊戲場所或活動中心的入口（如戲劇遊戲、積木、沙），一定要考量坐輪椅或拿拐杖的孩子，設計上必須寬敞、通暢。工作人員應該要徹底演練一次，確定入口能夠通暢無阻。桌子的高度一定要讓坐輪椅的孩子可以搆得著。類似沙桌或畫架的大型設備，要安裝可供調整的腳架，這樣才能讓所有孩子進入

活動場所裡遊戲。遊戲場所不可以小到大家摩肩接踵，這樣的環境會讓孩子比較容易有侵略性行為或退縮，不過也不要太大，這樣會減少孩子彼此發展社會互動和溝通的機會，這對於協同式遊戲十分重要。大人應該提供孩子一個安靜的環境，因為小孩需要專心以及定心。有些孩子可能需要空間提示，譬如在地板上貼上膠帶，或是使用色彩鮮豔的地毯，好幫忙將孩子導引到活動場所去。老師必須實地測試這個空間，以決定是否需要為有特殊需求的孩子做些修正。

• 時間

　　遊戲時間一定要充足，這樣才能讓遊戲單元順利地進行、發展。時間排程一定要有彈性，並且要考量到所有的孩子。有些有特殊需求的孩子需要多一點時間，才能將玩遊戲所須具備的資訊記住，或是順利完成一項活動。當身心障礙兒童在學習新的技巧時，他們需要機會，讓自己一遍又一遍地練習。要延長遊戲時間時，可以讓身心障礙的孩子提早開始，這樣時間就可以安排得既合宜又充裕。譬如，優先把建構遊戲的器材交給有特殊需求的孩子，或是要外出到遊戲場時，先幫孩子把衣物穿好。在做這些事情的時候，要從容自然，別讓其他同儕知道，這個孩子擁有比較多的遊戲時間。此外，當孩子很著迷於某一項遊戲單元或是已對遊戲失去興趣時，遊戲時間也可以稍作更動，不必非得按照最初的排程。

　　對某些孩子而言，活動要改變時會帶給他們一些困難，因為無論是清潔整理，或是從一個活動轉移到另一個活動，他們都需要更多的時間來處理。McCormick 和 Feeney（1995）就提出了幾個方法，以幫忙有特殊需求的孩子能加速轉移。

1. 針對轉移行為，提供特定的指導和練習，如：用完的器材該放到哪裡、如何處理、如何安靜地移動到另一個活動位置。
2. 重複強調下一個活動是什麼。
3. 讓較早做完的孩子獨自前往下一個活動位置。
4. 在警告孩子之前，先給孩子一些提示訊號，讓他們知道活動就快結束，像是用燈光或是鈴聲都可以。
5. 在準備下一個活動之前，分配足夠的時間，讓大家能順利結束活動，並做好清潔工作。

• 玩物器材

依據各種年齡與發展程度，準備多種玩具和器材十分重要，因為這可以製造出最理想的遊戲環境，讓不同的孩子盡興地玩在一起。豐富多變的選擇可以滿足所有小孩的需求和興趣。不同的玩物器材，如積木、沙、水，要依據小孩的能力分級，如此才有助於遊戲團體的聯繫，同時又可維護他們的自尊心。大多數適合幼兒玩的器材或玩具也都適合身心障礙的孩子。想想孩子的興趣、障礙狀態，及發展程度，再為他們準備既合宜又安全的玩具和器材。在第一次與小孩見面時，教學小組應該要仔細觀察，並且和他的家人聊聊，這樣才能知道孩子對什麼玩具和器材感興趣，什麼事物能吸引、維持他（她）的注意力，以及他（她）會在遊戲時如何操作器具。

為了促使孩子嘗試各式玩具，大人應該要讓器材輪流使用，並且要記得把小東西移開，以免小孩吞食。大人要提供孩子可以有不同玩法、並可重複使用的器材，若要加強同儕間的互動，教學小組就要篩選出需要大家合作完成的玩具，像是社

會戲劇遊戲的道具、沙和水的玩具、積木，或小車子、小人偶，而且一定要確保數量足夠，讓所有小孩都玩得到。同儕之間若有爭執，仲裁的方法也要教給發展正常的孩子知道，如社會互動訓練、同儕啓發訓練、以同儕為榜樣、同儕間互相督促、強化，這樣才能培養孩子與孩子之間的互動。

Ostrosky 和 Kaiser（1991）提出了下列幾種供應器材的方法，十分有助於語言的激勵：

1. 提供有趣的玩具、器材和活動，讓孩子知道其中的趣味。

2. 把玩具放在看得到、但伸手拿不到的地方，增加小孩要求玩這些玩具的機會。

3. 分給孩子不等份的玩具，刺激孩子提出要求或評議的機會。

4. 安排一些情況，讓孩子必須請求協助。

5. 製造一些可笑的情境，讓孩子有機會予以評論。

選用多種孩子喜歡的玩具，可以減少孩子因玩具而爭執的狀況，不過要記得，這一定要和環境布置上的需求達成平衡，引導孩子在有老師輔導與沒有老師輔導的情況下，都能彼此分享、合作。

• 指示

通常，器材本身就暗示了遊戲最適當的玩法，譬如像積木、益智遊戲、指畫。老師在安排這些器材時，就等於給孩子一個暗示，讓他們猜猜下一步的活動是什麼。一些有特殊教育需求的孩子不知道，或是不會運用有關器材、活動的使用常識，這在器材或活動背景較繁複時尤其容易發生。遇到需要在

語言、生理上有所導引的狀況時，老師可藉由下列幾項提示，幫助孩子瞭解器材、活動的使用目的：(1)導引、維持孩子的注意力，確保小孩有在處理手邊的工作；(2)使用小孩能理解的詞語，必要時，把說話速度放慢，並反覆強調（一秒說一個字）；(3)安置孩子時，要讓孩子能看得到老師或其他小孩；(4)必要時，將指示切分為幾個小步驟，然後換一種說法再說一次；(5)以視覺和語言資訊搭配使用，譬如，在以口說溝通時，同時使用物件、圖片、手勢和面部表情配合說明；(6)問些簡單的問題，以確定孩子是否瞭解，譬如，「現在要做什麼呢？」或「讓我看看接下來要做什麼？」又或「現在你會做什麼了？」；(7)讓孩子將指示重複幾遍；(8)實際引導孩子開始活動，千萬要記得，「一手接一手」式的協助可能會十分干擾到孩子。

專欄 10-3

在遊戲時，如何協助有特殊需求的孩子

以下幾項建議，可供大家在和有不同特殊需求的孩子一起工作時參考。教育人員應該要檢視每個孩子不同的力量和需求，並以此為依據，決定出使用的策略。

• 語言和溝通的特性

教學小組要隨時根據孩子學習語言的階段，做適度調整，時時留意每個孩子不同的發展程度，以適時做出以下調整：

1. 目光的接觸：在說話給孩子聽時，眼睛要看著孩子，溝通時，要試著讓孩子和自己保持目光的接觸。

2.瞭解溝通的意圖：要注意孩子沒用言語而表現出來的行為，針對孩子的意圖做出回應。

3.仔細地傾聽：要瞭解一個有特殊需求或是語言需求的孩子，或許會有點困難，盡可能地去瞭解，並且做出回應，多鼓勵孩子使用語言。

4.反映：模仿孩子的動作，或是把孩子發出的聲音、說出的話語，重新陳述一次。

5.評論：遊戲時，談談孩子正在做的事情，或是接下來要做的事。這可以讓他們更專注在動作上，而且也可為他們增加相關的語言。孩子可以不做回應。

6.模型：以手勢、聲音和語言的表達，為孩子建立模仿的對象，全面模仿或是局部模仿都可以。適時的督促是有必要的。

7.等待的時間：要給孩子足夠的時間做出回應，讓他有時間清楚整個過程。

8.擴充：把孩子表達出的語言重新陳述一次，然後補充新的字詞或看法。這個作法可讓孩子明確知道，自己的訊息是否已被接收和瞭解，並且可為孩子建立更多的語言模式。

9.要求說明或推演：要求孩子把自己的意圖說得更明白，或是試著推敲孩子最初的請求（例如：「你剛剛說什麼？」）。

• 全面性發展失調

大人應該要特意地：

1.針對社會化和同儕遊戲，建立資源充裕的環境。

2.幫助有自閉行為的孩子配合遊戲程序、適度地回應同
儕、逐步進入社會活動（Wolfberg & Schuler, 1993）。

3.對於有自閉行為的孩子，可利用幾個相同的玩具建立模
式，增加眼光注視的時間和有創意的玩具遊戲（Dawson
& Galpert, 1990）。

• 認知能力的特性

教學小組應該要瞭解每個孩子不同的認知發展，以適時做
出以下調整：

1.撥給孩子足夠的時間，做額外的展示和練習課程。

2.運用工作分析，將活動劃分為多個小步驟。

3.開始時，採用人數不多的小群組，課程不要太長，選擇
項目盡量簡化，然後再每次逐步增加。

4.減少遊戲器材中較不相關的提示，以幫助較容易分心的
孩子逐步完成工作。

5.提供一些有助於理解因果關係、空間，以及能強化具象
思考、解決問題的玩具和器材。

6.為儲放物件及圖片的空間加貼標籤。

7.給孩子頻繁且正面的回應。

• 社會情緒和行為的議題

教學小組必須注意孩子的行為能力、行為傾向，及情緒上
的反應，以適時做出以下調整：

1.讓怕羞的孩子先在一旁觀看團體做活動的狀況，直到他
（她）自願加入為止。

2.藉由其他系統化的方式（限制玩具、規定活動空間

等），並加強條規的執行，有效掌控較具侵略性的行為。

3.觀察孩子的戲劇表演，藉此瞭解孩子的感受以及情緒的重心。

4.協助孩子以適當的方式表達情感。

5.讓孩子自行挑選遊戲活動，鼓勵孩子的獨立與自信。

• 聽覺受損

大人應該要：

1.安排孩子坐在靠近聲音和音樂的地方。

2在適當的時候使用可調式設備（聽覺練習機具）。

3.說話之前，先獲得孩子的注意。

4.給予視覺上的提示。

5.必要時，重複說明或以另一種說法再說一次。

6.先行示範新的活動。

7.學習手語，然後教導全體孩子一起學手語。

• 視覺受損

老師應該要：

1.以言語、同時透過觸摸，向孩子介紹空間、設備及器材。

2.針對遊戲活動，給予言語和聲音的提示。

3.使用與聽覺及觸覺有關的玩具。

4.留心照明的狀況。

5.將背景的符號放大，使用質地特別的標籤（砂紙或毛布），使用有螢光的色彩。

6.針對環境中的障礙，利用言語或觸覺給予提示（表面的改變、鮮豔的地毯、光色的膠帶）。

7.角落的地方以及書架、書桌背後，要用東西填塞起來，以免孩子受傷。

• 身體方面注意事項

老師應該要：

1.提供可調式設備（做地板活動時的墊物或其他可供支撐的物件、站台）。

2.讓孩子就定位或是將位置固定，以建立肢體動力的模式。

3.使用可以調整的器材（剪刀、大型蠟筆、鉛筆夾）。

4.在手腕或腳踝繫上鈴鐺，可增加聽覺的刺激。

5.讓器材平穩，以利孩子操作（譬如，將桌上或畫架上的紙用膠帶固定起來）。

6.把所有物件放在伸手可及的地方（譬如，幫忙坐輪椅的孩子將積木移到桌面上）。

7.將孩子安置在可以自由控制身體的地方，並可以手腳操作玩具。小孩應該要能自由活動。

參考書目

一、中文部分

王秀娟（1991）。〈尋找遊戲空間的種子——無障礙遊戲空間〉。

《造園季刊》，8：49-51。

台北市政府社會局（1996）。〈家庭與社會〉。《托育機構安全百寶
　　箱實用手冊》。台北：台北市政府社會局。

台灣省政府社會處（1994），《社政年報》。台灣省政府社會處。

行政院內政部統計處（1997），《中華民國八十五年台灣地區兒童
　　生活狀況調查報告》。台北：行政院內政部統計處。

行政院交通部（1992）。《平安是福——認識交通安全》。台北：行
　　政院交通部。

行政院衛生署（1990）。《中華民國台灣地區婦幼衛生之主要統
　　計》。台北：行政院衛生署。

行政院衛生署（1990）。《婦幼衛生之主要統計》。台北：行政院衛
　　生署。

行政院衛生署（1996）。《幼兒居家安全手冊》。台北：信誼。頁
　　10-7。

行政院衛生署統計室（2001）。〈台灣地區事故傷害、自殺及自傷
　　的死亡率的變化：1981 年至 2001 年〉。http//www.doh.gov.
　　tw/statistic/data/公佈欄資料/90 年/表 33.xls.

余漢儀（1995）。《兒童虐待——現象檢視與問題反思》。台北：巨
　　流。

吳幸玲、郭靜晃（2003）。《兒童遊戲與發展》。台北：揚智。

周錦鍾（1993）。〈校園（外）活動的安全〉。編錄在《幼年安全教
　　育——教師手冊》。台北市政府教育局社會局。

林敏哲（1993）。〈無障礙遊戲空間規劃〉。中華民國建築學會：
　　《兒童遊戲空間規劃與安全研討會》（Vol 1）。

林惠清、林惠雅（1989）。《兒童安全教育：如何防範孩子出意
　　外》。台北：心理。

俞筱鈞、郭靜晃、彭淑華（1996）。〈兒童福利政策之研究〉。行政

院研考會委託研究。

洪文惠（1990）。〈兒童虐待或疏忽身心指標〉。《觀護簡訊》，
　　159：7-11。

徐立言（1993）。〈幼兒遊戲學習功能與空間探討〉。兒童遊戲空間
　　規劃與安全研討會。

翁慧圓（1994）。〈兒童虐待個案的診斷、處置與評估〉。《社會福
　　利》，114：37-40。

張新立（1996）。《台灣地區青少年學生運輸需求特性及交通安全
　　風險感認知調查研究》。財團法人東陽吳嵩文教基金會委託。

郭靜晃（1996）。〈兒童保護輸送體系之檢討與省思〉。《社區發
　　展》，75：144-155。

郭靜晃、彭淑華、張惠芬（1995）。《兒童福利政策之研究》。內政
　　部社會司委託研究。

郭靜晃譯（1992）。《兒童遊戲》。台北：揚智。

郭靜晃、吳幸玲譯（2005）。《兒童遊戲——遊戲發展的理論與實
　　務》第二版。台北：揚智。

陳娟娟、張禮棟（1994）。《托兒問題知多少》。台北：牛頓。

黃庭鈺（2002）。《台北市國小室外空間規劃與兒童社會遊戲行為
　　之研究》。國立政治大學教育系教育行政組碩士論文。

靖娟幼兒安全文教基金會（1993）。《兒童安全研討會會議實錄》。
　　台北：靖娟幼兒安全文教基金會。

廖秋芬（1997）。《社會工作員對於兒童保護案件處理計畫的價值
　　抉擇之研究》。東海大學社會工作研究所論文。

劉可屏、宋維村、江季璇、尤清梅（1996）。《兒童保護個案輔導
　　計畫研究》。行政院內政部委託研究。

謝秀芬（1992）。〈處理〉。《社會工作辭典》。中華民國社區發展
　　研究訓練中心。

劉秀娟（1996）。〈幼兒玩性與遊戲中社會發展之研究〉。《家庭教育與社區發展》。台北：中華民國社區發展協會。

謝園（1993）。〈兒童設施安全〉。《兒童安全研討會會議實錄》。台北：靖娟幼兒安全文教基金會。

藍武之（1991）。《兒童步行事故之比較分析研究》。

二、英文部分

Stine, S. (1997). *Landscapes for learning : Creating outdoor environments for children and youth*. New York: John Wiley & Sons.

Spodek, B. & Saracho, O. N. (1994). *Childs, play as education right from the start: Teaching children ages three to eight*. Boston: Allyn and Bacon.

Dawson, G. & Galpert, L.(1990). Mothers' use of imitative play for facilitating social responsiveness and toy play in young autistic children. *Development and Psychopathology*, 2: 151-162.

McCormick, L. & Feeny, S.(1995). Modifying and expanding activities for children with disabilities. *Young Children*, 50(4): 10-17.

Ostrosky, M. M. & Kaiser, A. P.(1991). Preschool classroom environments that promote communication. *Teaching Exceptional Children*, 23（4）: 6-10.

Wolfberg, P. & Schuler, A. (1993, March). A case illustrating the impact of peer play on symbolic activity in autism. Paper presented at the Biennia Conference of the Society for Research in Child Development, New Orleans.

第十一章
事故傷害處理

　　事故傷害近來已成爲全世界最重要的公共衛生問題之一，不論是兒童、青少年及壯年，事故傷害皆爲第一死因（行政院衛生署，2005）。據統計顯示，世界各國於一九九〇年，約有五百萬人死於各種事故傷害，占該年度所有死亡的 10%（Murray & Lopez, 1996），而事故傷害所造成的損失還不包含長期的心理影響，如因事故傷害所造成的心情沮喪、父母的罪惡感及幼兒身心發展不良等（McLennan et al., 1987）。若再加上事故傷害導致的疾病傷害及殘障等後遺症，其對個人、家庭及社會，在健康和經濟方面均造成重大衝擊。

　　從統計數字來看，兒童因事故傷害死亡的比率總是居首位。我國衛生署近年統計資料顯示，自一九九一年以來事故傷害一直高居十大死因的第三位，直到一九九八年，因爲騎乘機車強制戴安全帽法實施後，事故傷害死亡才降至第四位，二〇〇一年更降至第五位，雖然整體事故傷害死亡率下降，但是台灣地區自一九六七年以來，事故傷害在一至十四歲的兒童中，還是占所有死因的第一位（**表 11-1**；**表 11-2**），兒童事故傷害主要以交通事故、跌落、意外墜落、火及火焰所致意外事故、意外中毒和其他意外事故及其後期影響爲主，其中其他意外事故及後期影響定義太廣，無法有確切的分類，若不考慮此類死亡，則兒童事故傷害的最大宗以交通事故及跌落爲最；近年來，每年有三百至四百名兒童死於事故傷害，約占一至十四歲兒童死亡的 35%；主要是交通事故、溺水、跌落及中毒（行政院衛生署，2005）。

　　國外對兒童事故傷害的研究指出，有 20% 至 25% 的兒童會因事故傷害去醫院就診，無法上學或須在床上休息。國內雖然沒有相關數據，但從幾個事例中，我們或許可看出端倪：幼童悶死在娃娃車內、兒童不愼墜樓、幼兒反鎖家中，火災釀慘劇、兒童受凌虐、性侵害等，不幸案件層出不窮，尤其在二〇〇四年五月期間，發生

表 11-1　1999 至 2001 年零至 14 歲兒童事故傷害死亡情形

年別	未滿 1 歲				1-4 歲				5-9 歲				10-14 歲			
	所有死因死亡人數	事故傷害死亡人數	事故傷害死亡百分比	十大死因順位	所有死因死亡人數	事故傷害死亡人數	事故傷害死亡百分比	十大死因順位	所有死因死亡人數	事故傷害死亡人數	事故傷害死亡百分比	十大死因順位	所有死因死亡人數	事故傷害死亡人數	事故傷害死亡百分比	十大死因順位
1999	1721	133	7.7	4	713	348	48.8	1	458	273	59.6	1	505	292	57.8	1
2000	1789	119	6.7	4	558	188	33.7	1	316	132	41.8	1	340	156	45.9	1
2001	1559	102	6.5	4	523	186	35.6	1	319	131	41.1	1	312	128	41.0	1

資料來源：行政院衛生署衛生資訊網（2005）。

表 11-2　2002 至 2004 年兒童青少年事故傷害死亡情形

年別	未滿 1 歲（嬰兒）				1-14 歲（少年）				15-24 歲（青年）			
	所有死因死亡人數	事故傷害死亡人數	事故傷害死亡百分比	十大死因順位	所有死因死亡人數	事故傷害死亡人數	事故傷害死亡百分比	十大死因順位	所有死因死亡人數	事故傷害死亡人數	事故傷害死亡百分比	十大死因順位
2002	1325	94	7.09	3	1042	345	33.1	1	2244	1170	52.14	1
2003	1105	72	6.52	3	1041	379	36.4	1	2069	1073	51.86	1
2004	1146	79	6.89	3	920	293	31.85	1	2110	1117	52.94	1

資料來源：行政院衛生署衛生資訊網（2005）。

率更達到驚人的高峰（郭靜晃等，2004）。兒童發生傷害後，由於其自我保護的能力較弱，常常無法在第一時間反應而造成無法彌補

的遺憾，除了在兒童身體、心理造成不可彌補之影響，同時也會讓家庭、社會和國家付出龐大的醫療及社會成本（林克勳，2003），然而許多的相關研究卻指出，兒童所發生的傷害與事故的原因雖然頗為複雜，但其實大多數卻是可以預先防範或是不必要發生的（Berger, 1991; Whaley & Wong, 1987）。因此，本章的目的，即在希望透過多方面因素的探討，期能瞭解造成兒童事故傷害的各種原因，並尋求可能的預防之道，以及在事故傷害發生之後的適當處理方式。

本章共分為四節：(1)事故傷害發生的原因；(2)常見的事故傷害；(3)事故傷害的預防；(4)事故傷害的處理，來做分析探討。

第一節　事故傷害發生的原因

事故傷害是近二十年來兒童十大死因之首位。而任何事故傷害的發生，都必然和一定的人、事、物及環境有著密不可分的關係，就兒童發生的事故傷害來說，除了兒童本身可能是造成事故發生的因素之外，其日常生活所經常接觸的人與周遭環境的各種物品及生活娛樂設施，均可能是導致兒童發生事故傷害的原因，以下就兒童本身、成人、環境、制度、情境等因素來做說明：

一、兒童本身的因素

兒童期尚處於發展未臻成熟的階段，所謂「發展」，是個體從生命開始到終了的一生期間，其行為上產生連續性與擴展性改變的歷程，在這個歷程中，個體的行為繼續不斷的發生由簡單而複雜、由粗略而精細、由分立而調和、由分化而統整等多方面的變化；且變化的範圍同時包括生理與心理兩方面的功能（張春興，1977），

然兒童期的成長呈現快速變化，且生心理狀態並未臻成熟，再加上
兒童探索外在世界的好奇心與充沛活動力，使得兒童發生事故傷害
的機率大為增加，而兒童的因素包括下列六點（引自郭靜晃等，
2004）：

1.性別：兒童期男女生的特質不同，活動量也不同，一般而
　言，男孩活動力強，因此發生事故傷害的機率相對女孩來得
　高。
2.年齡：不同年齡層發生的事故傷害類型不同，這是因為各年
　齡層的發展成熟度、判斷力與接觸環境不同所致，例如，年
　紀較小的兒童發生誤食藥品與異物的機率較高，年齡較大的
　兒童則較常發生跌傷。
3.生理狀況：當兒童身體狀況好時，容易好動，發生事故機率
　較高；而當兒童處於飢餓、疲倦，或身體不適時，也較容易
　發生意外。
4.情緒狀態：兒童的情緒發展未臻成熟，較容易衝動、不穩定
　及情緒化，如果未獲得適當紓解或安撫，則容易產生魯莽行
　為造成意外，有時可能傷及性命。
5.智力：這是指個體解決環境中所發生問題的能力及對新情境
　的應變能力。一般而言，智力低的兒童，自我保護技巧較
　差，較不易覺察環境中的危險，面對危險時也無法立即想出
　辦法保護自己。
6.先天氣質：對於兒童氣質的研究一直是心理學界關注的焦
　點，長久以來，發現兒童的氣質與情緒及行為方面有密切關
　聯，兒童的氣質包括活動性、規律性、趨避性、適應性、反
　應、反應強度、情緒本質、注意力、分散度及堅持度等，過
　去研究發現兒童的活動性多寡與事故發生率有關，較粗心、

好動、愛冒險、好奇、情緒反應強的兒童,發生事故的機率也較高。

二、成人的因素

1.一時的疏忽與放任。

2.缺乏照顧養育的知識。

3.高估兒童的能力發展。

4.專業能力不足,缺乏危機應變能力。

5.對危險的敏感度不足。

6.有關安全規定的瞭解不夠或執行不力。

三、環境因素

1.缺乏重視安全管理的觀念。

2.空間設計不當。

3.環境設備簡陋且安全度不足。

4.各項遊具與設備的維修、保養不良或違規使用。

5.危險物品的收藏不當（如藥品、清潔用品等）。

四、制度因素

1.各項安全規則的訂定不明確。

2.師生比例不佳，導致人手不足與不敷照顧。

3.缺乏完善的事故傷害預防措施。

4.相關法令規定的不足。

五、情境因素

1.照顧者忙碌時較易發生意外。

2.夏季容易發生溺水；冬季容易發生一氧化碳中毒或火災。

3.廚房及浴室較易發生意外。

4.兒童上下學途中、校外教學時較易發生意外。

5.下雨天較易發生意外。

第二節　常見的事故傷害

　　根據上節的分析可知，導致兒童發生事故傷害的原因是多方面的，由於兒童缺乏自我照顧的能力，需要成人隨時注意他們的周遭環境，負起陪伴照顧的責任，而造成兒童事故傷害的種類相當複雜；黃羨惠（1983）在台東地區，對國小教師進行的調查研究，其結果亦顯示，國小學童經常發生之意外事件以創傷（跌、撞傷、刺、割傷）占首位，其次依序是流鼻血、昏倒、打傷、扭傷、骨折、外出血、昆蟲咬傷、灼燙傷、車禍、食物中毒與腦震盪等。李寶璽（1993）在城鄉兒童意外傷害之比較研究中，調查台北市與台

東縣之家中學齡前兒童意外傷害發生情形，結果顯示，幼兒意外傷害的種類中，仍以跌倒墜落最多，占各類意外傷害的44%，其次為割傷，第三為燒燙傷，第四為交通意外事故。鄧文蕙（1991）由醫院蒐集五歲以下因意外傷害而至急診或門診之個案，研究結果亦顯示，幼兒意外傷害以摔倒、跌落最高（65%），其次分別為燒燙傷、異物侵入、割（刺）傷及中毒等。而以下則就兒童常見的事故傷害做介紹：

一、跌傷

　　兒童造成跌傷的原因多為滑倒、絆倒、互拉互撞、從桌椅樓梯跌落等，尤其六歲以下幼兒最常見，男生比女生的發生率高，受傷部位以頭部及顏面損傷最多，傷害程度多為輕傷，重者多為骨折。而 Sellstorm 、 Bremberg 與 Chang 在瑞典對托兒所及幼稚園之幼兒進行意外事件調查，亦發現以跌落為最常見，而中毒及燒燙傷則是最為少見的意外傷害事件（引自郭雪英， 1995）。此外，根據白璐（1992）的研究報告，兒童因受傷而送醫急診者，傷害發生的場所，有41.2%是在家庭中，有26%為校園裡，這顯示除了居家安全之外，校園意外事故的防範與管理，刻不容緩。

二、割（刺）傷

　　受傷原因多為被利刃或其他尖銳物品（如碎玻璃、木片等）所刺傷或割傷，杜友蘭等（1980）的研究顯示，四至六歲幼兒意外傷害以跌落居首，次為被利器或刺器所傷，割（刺）傷之症狀以撕裂傷最多，刺傷者也以輕度（傷小不須治療或只須縫合者）較多，為66%。中度撕裂傷（須進一步治療或換藥，或伴有血腫的複合性傷口，伴有水腫、挫傷）占20%。在日常生活中，兒童使用剪刀、刀片等工具的機會相當多，但必須小心注意，以免被利器所割傷，

尤其是鏽蝕的利器可能造成破傷風。

三、夾傷

　　兒童在開關抽屜、門、摺疊桌椅時不小心而夾傷，造成的傷害多為肢體紅腫痛，傷害程度為輕傷，但近來亦常傳出摺疊桌椅夾死幼兒的案例，因此，幼兒園最好避免購置此類設備。

四、燒燙傷

　　根據「兒童燙傷基金會」在一九九四年十一月所公布的一項「預防急救認知調查」的研究報告中顯示：在受訪的一千多個樣本中，有 10.6% 的家庭曾有兒童被燙傷過，也就是說，平均每十戶有兒童的家庭中，就有一戶曾有兒童被燙傷過。該項調查也顯示，造成兒童燙傷最主要的原因是熱水、熱茶和熱湯等熱液類，約占半數以上，其次較特殊排第二位的燙傷原因竟然是機車排氣管，平均每五名燙傷兒童中就有一名是被機車排氣管所燙傷（引自于祖英，1997）。

　　兒童燒燙傷多是因熱水、火焰、熱食、腐蝕物等所致，多數燒燙傷的傷害程度較嚴重，五歲以下幼兒受到燒燙傷者超過九成須送醫緊急處理。一般燒燙傷傷口經治療即可痊癒，但若傷及顏面，除治療上困難度較高之外，治癒後的心理重建亦相當費時。燒燙傷是造成兒童意外事故中最可怕的一種，經常發生在廚房、浴室及客廳，嚴重燒燙傷可能會導致長期住院、嚴重的疼痛或營養的不平衡，甚至全身性感染。

五、異物侵入

　　多為灰塵或砂礫吹進眼中、小飛蟲或水侵入耳中、錢幣或鈕釦塞入鼻孔或口中、魚刺或食物梗住喉嚨等情形，在兒童期發生率亦

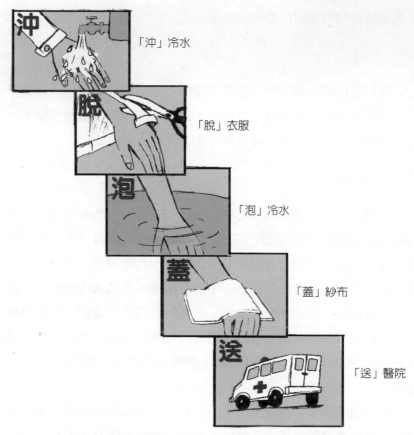

「沖」冷水

「脫」衣服

「泡」冷水

「蓋」紗布

「送」醫院

燒、燙傷的急救步驟：沖、脫、泡、蓋、送！

相當高，幼兒常有將所拿到的物體放入口中含咬的習慣，但卻可能將某些細小的物體吞入腹中，造成對內部消化或呼吸器官的傷害，若吞入的物體較大或是邊緣較為尖銳，甚至會發生窒息或內出血的情形。

六、咬傷

最常見的是被蚊蟲叮咬，偶有兒童被野狗咬傷及蜜蜂螫傷等意外，甚至兒童之間遊戲或衝突時互咬受傷亦有可能，一般來說，被

狗咬傷的情況最常見，偶而也會被貓或老鼠咬傷，至於比較特殊的咬傷，就是被毒蛇咬到。曾有新聞報導小孩被猛犬咬成重傷幾乎致死的嚴重情況，但一般都只是留下動物的齒痕，有些滲血，有些則因內出血而使膚色改變的輕微情況，但問題是由於狗貓的牙齒細菌很多，若是有傷口就會受感染，所以當兒童被咬傷後，最好能夠接受專科醫師的診治，較為放心。

七、中毒

可分為消化道中毒、呼吸道中毒及皮膚性中毒：(1)消化道中毒可能是藥物服用過量或誤食藥物或有毒物質（如洗碗精、去污劑、生肉或腐壞食品）；(2)呼吸道中毒則可能是吸入有毒氣體或煙霧（如殺蟲劑、一氧化碳）；(3)皮膚性中毒則多為被植物（如夾竹桃或常春藤）或昆蟲（如蜈蚣或毒蜘蛛）的分泌物接觸或叮咬，所造成的中毒現象。誤食毒藥物導致中毒，大部分是發生在家裡。水管或浴廁清潔劑則可能對組織造成嚴重傷害，甚至可能對消化道造成灼傷，危及生命。

八、交通事故

交通事故是造成兒童受傷及致死的主要原因,在兒童所受到的機械性傷害中,最常發生的莫過於由各種交通工具所造成的事故傷害。

根據內政部警政署一九九九年的統計資料顯示:與兒童有關的交通事故件數共一百五十五件,占道路交通事故總件數 6.2%,造成九十六名兒童死亡,一百二十九名兒童受傷,有 63.2% 的兒童事故發生類型是車與車相撞。按兒童活動狀況分,一百四十二名兒童(占 63.1%)是在有保護者同在的一般活動中發生事故傷亡,在無人保護的一般活動中發生交通事故傷亡者亦達 18.7%;此外有四十一名占 18.2% 是在學校活動(包括上下學中及旅遊)中發生事故傷亡(陳永炅、黃珮琪, 2000)。

九、溺水

喜歡玩水是兒童的天性,而溺水常發生在夏季的游泳池、水井、池塘、河邊或海邊等地點,也可能發生在家中的浴池或蓄水池,嚴重者常會導致死亡。

十、中暑

主要因為人體體溫調節中樞的能力受損或汗腺排汗功能不良而引起。其原因有:(1)空氣中溫度太高,且有乾而熱的風;(2)高溫、高濕度且空氣不流通;(3)罹患衰竭性疾病,使得身體不能由排汗來調節體溫,隨著體溫的上升,組織細胞受到損害而致中暑。大多數中暑是突發的,開始時的症狀有頭痛、皮膚發熱、噁心、眩暈、臉色發紅等,然後體溫遽升,可達攝氏四十一度以上,可能會導致昏迷、抽搐、休克等,甚至危及性命。

第三節　事故傷害的預防

傷害防治是指傷害的預防、受傷者的急性照顧與復健。傷害的預防就是利用科學的方法去探討傷害的資料和防治的計畫，並利用研究的方法來減少傷害。雖然我們無法避免每一種傷害，但是許多傷害是可避免甚至控制的。

一、事故傷害的骨牌理論（Heinrich's Domino Theory）

美國學者 Heinrich 於一九五七年以從事保險業務四十三年的經驗，詳細觀察災害的過程，探索其前因後果，提出事故傷害發生之骨牌理論，樹立安全管理之學理基礎（張立東等，2004）。Heinrich 於一九五七年提出事故傷害的發生，好像骨牌的傾倒一般，是一連串緊接的事件造成的。而事故傷害之骨牌理論，以發生時間的次序分為五項因素：(1)遺傳與社會環境；(2)人為過失；(3)不安全的行為與不安全的環境；(4)意外事故；(5)傷害，此五項事故傷害的因素密切相關，互為因果，只要前一因素傾倒，後者隨之依序倒下（**圖 11-1**）。這中間的邏輯關係可解釋為：人類遺傳與社會環境不完美，這是難以改變的；而人非聖賢，孰能無過，人有過失後，必然會造成不安全的行為與環境，於是緊接著便難逃發生意外事故及傷害的命運了，這清楚的說明了目前社會事故傷害不斷發生的原因。

然而事故傷害之骨牌效應並非是無解的難題，Heinrich(1959)發現事故傷害發生的原因，有 88% 來自不安全的行為，有 10% 來自不安全的環境，只有 2% 屬於無法避免的危險，因此主張防阻方法應從「不安全的行為與不安全的環境」著手，如從一連串骨牌中

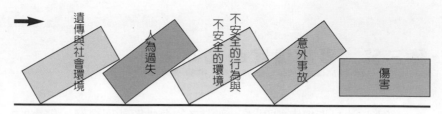

圖 11-1　骨牌連鎖反應圖示

抽出一張，使傾倒的骨牌中斷，不致發生連鎖反應而造成事故傷害
（圖 **11-2**）。

二、 4Es 的傷害預防策略

安全管理上所稱之實施方法是指"4E"，即工程改善（engi-
neering）、立法（enforcement）、教育（education）及熱忱（enthusi-
asm）等四項。

1.工程改善係指藉由環境的改善或設計保護裝備等方法，結合
　工程科技與管理技術，來營造兒童的活動環境，降低傷害的

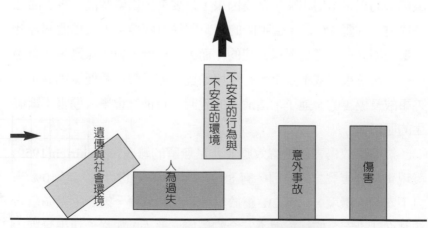

圖 11-2　移去不安全的行為與環境因素

發生，如汽車裝置安全帶、防火避難設備、交通安全防護等，就是最佳的例子。針對兒童活動內容潛在的不安全因子，在設計、施工時均能做好完善的考量，避免出現危險因子，造成遺憾。

2.立法為最具公權力的一種方式，政府訂定相關的安全法令，而園所、學校即依照既定之安全法令執行工作。執行上的另一個重點在於考核，藉由法令制度督促相關單位在安全工作上的徹底落實，達到事故傷害的防治目的。

3.教育係指運用教育的方法，灌輸成人安全的知識與認知，說服那些有危險的個人去改變其行為，對兒童則是加強安全教育，在行為認知上做教導。例如：勸說喝醉的人不要酒後駕車、兒童意外傷害處理、居家安全宣導、認識安全玩具等。

4.熱忱指執行兒童安全管理的動機。維護兒童安全並非父母或教保人員全部的工作，但安全卻是最基礎、最根本的要求，不容在時間或空間上懈怠，因孩子的名字不是明天，而是「今日」！是故，熱忱在事故傷害的預防上是最最重要之事。

第四節　事故傷害的處理

預防勝於治療。事前妥善的防範固然可降低事故傷害的發生機率，但卻不等於不會發生任何事故傷害。尤其在發生事故傷害時，學校或家庭常會出現措手不及的慌亂場面，更因此造成父母或老師無法正確而有效的判斷與處理，反而延誤緊急處理的情況，甚至造成無可彌補的傷害。是故，事先規劃緊急應變措施，絕對有其必要性。

一、事故傷害的緊急處理

根據台灣區托兒所評鑑報告結果顯示，台灣地區的托兒所設有兒童在所緊急事故親屬聯絡名冊的，占 73.3%；登錄不全的則占 18.4%；無緊急聯絡電話登錄的則占 3.4%；由立案別的方面來看，公立、私立、村里及示範托兒所設有緊急事故親屬聯絡名冊者約有 70%。在護理人員設置方面，聘有護理人員之托兒所占全台灣地區托兒所 2.4%；有特約醫療機構或診所，但未設護理人員的占 33.5%，未設置護理人員且無特約醫療機構者占 60.1%，可見托兒所之護理人員及特約醫療機構仍有待改進，才能維護幼兒安全。在急救箱的藥品評鑑上，台灣區的托兒所有 42.1% 被評為藥品齊全且未有過期；有 39.4% 的托兒所被評為不全或部分過期；只有 11.4% 被評為不全且部分過期（邱志鵬，1996）。

Sousa（1982）提出，要預防事故傷害的發生，除了提供安全的環境及給予兒童安全觀念外，幼兒園應該建立一套處理緊急情況的計畫，且此計畫應包括：

1.全體教職人員均受過救生及急救技術的訓練。
2.指定人員來協調和指導緊急事件的處理。
3.每位家長應公開簽署兒童的緊急藥物授權處理同意書。
4.建立緊急聯絡電話號碼簿，包括家長、醫院、消防隊、救護車、警察局及毒物防治中心等。
5.方便取得電話。
6.輸送路線安排。
7.適宜的急救物品。

鄭英敏（1996）提到學校危機處理流程可分為三個步驟：事前預防，事中處理，以及事後處理。在事前的預防上，著重於危機處

理計畫的訂定、危機小組的組成、安全觀念的宣導、器材維修等。在事中的處理方面，則以受傷者送醫急救、找出原因、成立危機處理小組、安撫家長和學生，及面對媒體等事項為主。在事後處理方面，則是著重於應變方式的檢討、人員的再訓練、醫療和理賠問題、檢討原因及補救措施等。

信誼基金會（1992）則建議，面對幼兒事故傷害的緊急應變處理流程有以下五個步驟（**圖 11-3**）：

1. 迅速判斷並決定應立即採取的正確處理步驟；
2. 立即保護受傷害者、給予傷者必要的急救或送醫處理、排除傷害的來源及尋求協助或報警處理；
3. 通知家長或相關人員及通報相關單位；
4. 召開緊急會議，研商後續處理事宜、適時成立緊急處理小組及做必要的公開說明，說明事項如事情的經過、處理態度、處理方式等；
5. 探視並慰問受傷的幼兒，配合有關單位或人員，進行意外事件原因的鑑定、查究疏失責任歸屬、處理理賠及補償事宜、執行必要的復健措施，及展開善後重建的工作。

二、緊急處理的目標和原則

(一)緊急處理時要注意的幾項目標（于祖英，1997）

1. 以維持發生事故的兒童之生命為優先考量。
2. 防止其傷害的程度更加重。
3. 給予患童適當的心理支持。
4. 經由適當的緊急處理以縮短其復元所需的時間。

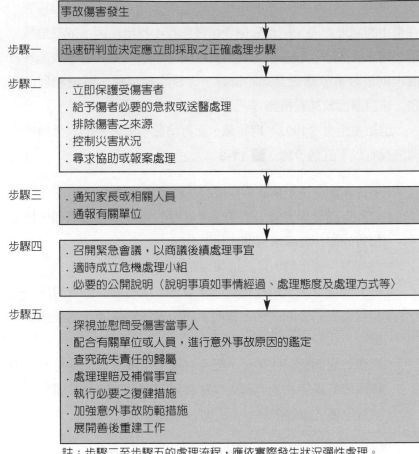

事故傷害發生

步驟一　迅速研判並決定應立即採取之正確處理步驟

步驟二
. 立即保護受傷害者
. 給予傷者必要的急救或送醫處理
. 排除傷害之來源
. 控制災害狀況
. 尋求協助或報案處理

步驟三
. 通知家長或相關人員
. 通報有關單位

步驟四
. 召開緊急會議，以商議後續處理事宜
. 適時成立危機處理小組
. 必要的公開說明（說明事項如事情經過、處理態度及處理方式等）

步驟五
. 探視並慰問受傷害當事人
. 配合有關單位或人員，進行意外事故原因的鑑定
. 查究疏失責任的歸屬
. 處理理賠及補償事宜
. 執行必要之復健措施
. 加強意外事故防範措施
. 展開善後重建工作

註：步驟二至步驟五的處理流程，應依實際發生狀況彈性處理。

圖 11-3　事故傷害緊急應變的處理流程

(二)施救傷患的過程中，必須謹記 ABCD 四個要則

　　1.呼吸道通暢（Airway）：在判斷沒有頸椎損傷後，即可使用
　　　壓舌提下巴或壓額抬下巴方式，同時清除口鼻分泌物，維持
　　　呼吸道的通暢。

　　2.維持呼吸（Breathing）：觀察患童呼吸聲音、深度及規則

性，對於無法自己呼吸的患童要施予人工呼吸。

3.評估循環（Circulation）：評估患童的脈搏、心跳，及血液循環狀態，對心跳停止的患童應立即施行心肺復甦術（cardio pulmonary resuscitation）。

4.送醫治療（Definitive therapy）：施行急救時，若無他人在場，則先做一分鐘 CPR 後，再打電話求援；若有他人幫忙，則先打一一九電話求救。

(三)緊急處理時除注意 ABCD 四要則外，還須把握以下幾個原則

1.保持冷靜，控制情緒。

2.臨危應變，運用智慧。

3.維持秩序，指揮協調。

4.爭取時效，動作迅速。

5.審慎判斷事故傷害的部位與程度。

6.若有嚴重的出血時，應立刻進行止血。

7.注意患童的保暖以防止休克。

三、兒童常見事故傷害的處理

除了上述的原則外，以下則針對兒童常見的事故傷害分別提出說明，並列舉更具體的處理原則。

(一)外傷

跌倒的傷害可大可小，但切記不可因小傷而忽視，應先行做簡易的治療，嚴重者更應立即送醫處理，兒童發生跌倒、割傷、刺傷、夾傷時，較常見的傷害為出血或骨折，其處理措施如下：

1.出血：擦傷、刺傷、割傷、摔傷等都可能會引起出血，依出血的程度，可分為三種：動脈出血、靜脈出血及微血管出

血。

(1)首先，先辨別是動脈出血、靜脈出血或微血管出血。動脈出血的血色鮮紅，常隨心跳次數呈連續噴射狀大量湧出，不易止血；靜脈出出血的血色暗紅，血流緩慢，較易止血；微血管出血的血色赤紅，呈點狀少量出血，正常人很快便會自動凝固而止血。

(2)可採用直接加壓止血法、抬高出血部位止血法、止血點止血法、冷敷止血法、止血帶止血法等方法處理，嚴重者應盡速送醫急救。

2.骨折：

(1)盡量保持患童的舒適，並且穩定其情緒。

(2)動作須敏捷而輕微，使患者安靜保暖，以免引起休克。

(3)疑似骨折時，以骨折處理，不可隨意移動。

(4)移動患者時須支托骨折肢體上、下關節，並避免旋轉，造成其他傷害。

(5)選取長度適合的夾板，固定傷處以後，方可移動或輸送。

(6)開放性骨折傷口，用清潔紗布覆蓋，以避免深部組受污染，勿企圖將突出於皮膚的骨頭推回。

(7)患者衣物除去時，應先脫健肢再脫患肢，必要時可將創傷處之衣物剪開。

(8)處理骨折前應先處理呼吸困難、大出血或意議喪失等情況。

(9)在不影響骨骼排列序位的情況下，將患肢抬高，可有利於血液回流，減輕腫脹，並且又可控制出血。

(10)盡速送醫處理。

(二)燒燙傷

燒燙傷的急救方式如下：

1緊急處理原則：

3B： Burning Stopped（停止燒傷的進行）、 Breathing ： Maintained（維持呼吸）、 Body Examined（檢查傷勢）。

3C： Cool（冷卻）、 Cover（覆蓋）、 Carry（送醫）。

2.急救步驟：

沖：以流動的冷水沖洗傷口十五至三十分鐘，有除熱及止痛效果

脫：於水中小心脫去衣物。

泡：用冷水浸泡三十分鐘。

蓋：覆蓋乾淨的紗布。

送：趕緊送醫急救。

3.處理過程應注意事項：

(1)不要使用黏性的敷料。

(2)不要在傷處塗敷牙膏、醬油或其他外用藥粉或軟膏，以免傷口感染。

(3)不要弄破水泡，以免感染化膿延後癒合。

(三)窒息

兒童發生窒息時的急救方式如下：

1.嬰幼兒窒息時首先除去窒息的原因，如繩索、塑膠袋或口中的異物。可先試著讓兒童保持鎮定，以咳嗽的方法用力咳出。

2.將兒童倒提，或施救者探坐姿而讓兒童趴於施救者膝上，頭部朝下，於兩肩胛骨間連續五次的背後拍擊，利用震動的原理將堵塞物排除。

3.若異物仍無法排除，則進行哈姆立克（Heimlich）法，將兒童平放，用單手掌根（對嬰兒則為食指與中指）置其肚臍與胸骨中間，再快速地向上向前推擠。

4.若為學齡期兒童，則可讓兒童坐於施救者的膝上，施救者單手繞至兒童腹部，握拳（拇指向內）置於腹部中央，另一手支撐其背部，而後握拳的手快速向內向上推擠。

5.若異物為尖銳物或不明物品，不可給予服用瀉藥或其他食物，應立即送醫急救。

(四)咬傷

當兒童被動物或昆蟲咬傷時，處理方法如下：

1.一般動物咬傷的處理：

(1)近臉及頸部被咬傷應立即送醫治療。

(2)以清水洗滌傷口，沖掉動物唾液，再用中性清潔液徹底洗淨傷口，並用敷料包紮好，再送醫治療。

(3)除非必要，否則不要殺死咬人的動物，以備檢查之用。

2.蜂類螫傷之處理：以消毒過的針或小刀挑出螫刺後，清洗傷口，並在傷處冷敷以減輕疼痛，盡快送醫治療。

3.蜈蚣及蜘蛛類咬傷之處理：在傷口上方紮上壓縮帶，冷敷受傷部位二十分鐘，必須使受傷部位低於身體其他部位，讓兒童保持舒適、靜躺並注意保暖，盡速送醫治療。

(五)中毒

學齡前兒童是最有可能造成嚴重中毒的年齡層，中毒時的處理方式如下：

1.消化道中毒之處理：

(1)應盡可能讓兒童喝大量的水（一至五歲約二百五十百至五

百西西，五歲以上則約五百至七百西西）來沖淡毒物，或喝大量牛奶以保護消化系統及降低毒物被吸收的速度。

(2)催吐（若是酸鹼性毒物則不可催吐）。

(3)維持呼吸道通暢，必要時給予人工呼吸或心肺復甦術。

(4)盡快送醫治療，並將裝置毒物之容器、標籤及嘔吐物一併帶去。

2.呼吸道中毒之處理：

(1)施救者先要確定自己的安全措施，如攜帶氧氣罩或暫時閉住呼吸。

(2)立即將漏毒氣的裝置關閉。

(3)採低姿勢將中毒者移至空氣流通處。

(4)維持呼吸道通暢，必要時給予人工呼吸。

(5)保暖。

(6)避免患童掙扎或走動，以降低血液循環的速度。

(7)盡速送醫治療。

3.皮膚性中毒之處理：

(1)以先中性肥皂後清水的順序清洗兩次以上，直到清潔為止。

(2)協助脫去沾有毒劑的衣物，以免中毒情形加劇。

(3)若皮膚上有傷口，可用清潔紗布覆蓋。

(4)盡速送醫。

4.要避免中毒問題的發生，平時應做好預防的措施：

(1)所有藥物應由合格醫師處方，任何用藥問題，應向醫師或藥師諮詢。

(2)藥物之存放應慎重，放在兒童不易拿到之處，最好儲存在防止兒童開啟的安全包裝容器中，同時不可與食物共同放在冰箱內。

(3)各種肉類製品烹調時要充分煮熟。

(4)各種食物均應儲存妥善，並消除環境中傳播病原的昆蟲。

(5)充實有關預防中毒的知識，如瓦斯的安全使用方法。

(六)溺水

兒童發生溺水時的急救方式：

1.將溺水者救離水面。

2.脫掉兒童濕衣服，並加蓋被服保暖。

3.檢查口鼻中是否有異物，並用手掏出。

4.將嬰幼兒以頭低腳高的方式倒提起來，輕拍其背部，使其吐出喝入的水。

5.若為兒童時，可將兒童伏臥，腹部墊高，頭朝下，再用雙手壓其背部把水壓出。

6.若呼吸微弱，要立刻實施口對口人工呼吸；若沒有脈搏或心跳，則立即實施體外心臟按摩，每五次心臟按摩，要做一次口對口人工呼吸。

(七)中暑

中暑時，急救的主要目標是盡快的讓患童體溫降低，但須注意的是當體溫降至攝氏三十八度以下時，要預防寒顫，其處理步驟如下：

1.迅速將兒童移到陰涼通風處，並鬆開衣服散熱。

2.用濕毛巾沾水或以海綿沾 33% 酒精，輕拍患者身體幫助散熱，持續測量患童的體溫變化情形，直至體溫降至攝氏三十八度以下為止。

3.用電扇或冷氣來調整空氣及環境的溫度。

4.由下而上朝著心臟部位按摩患者雙腿。

5.患者若在清醒狀態下，可給予冷開水或其他不具刺激性之冷
　飲。

6.保持環境的安靜，不要給患童不必要的刺激。

參考書目

一、中文部分

于祖英（1997）。《兒童保健》。台北：匯華。

白璐（1992）。《幼兒意外傷害與幼兒照顧者意外防範及知識關係
　　之探討》。行政院國家科學委員會專題研究計畫。

行政院衛生署衛生資訊網（2005）。〈死亡統計結果摘要〉。網址：
　　http://www.doh.gov.tw/statistic/index.htm ， 2005 年 10 月 1 日。

李寶璽（1993）。《三到六歲兒童意外傷害城鄉的比較研究》。國防
　　學院公共衛生研究所碩士論文。

杜友蘭、葉金川、林芸芸、趙秀雄（1980）。〈台北市幼稚園托兒
　　所兒童意外災害流行病學之研究〉。《醫學研究》，3(3)：951-
　　966 。

林克勳（2003）。〈台灣北部地區兒童事故傷害之探討〉。台北醫學
　　大學傷害防治研究所。

邱志鵬（1996）。《八十三年度台灣區托兒所評鑑報告》。台灣省社
　　會處。

信誼基金會學前發展中心（1992）。《幼兒園安全管理資料彙編》。
　　台北：信誼。

張立東、林佳蓉、蕭景祥（2004）。《幼兒安全》。台北：永大。

張春興（1977）。《心理學》。台北：東華。

郭雪英（1995）。《家庭托育環境安全指導之實驗研究》。國立台灣師範大學衛生教育研究所碩士論文。

郭靜晃、黃志成、王順民（2004）。《兒童課後照顧服務訓練教材》（下）。台北：揚智。

陳永炅、黃珮琪（2000）。〈道路交通事故統計分析〉。網址：http://www.moi.gov.tw/stat/topic/topic131.htm

黃羨惠（1983）。〈台東縣國小教師對學童疾病與意外事件處理的態度、知識調查研究〉。《台東師專學報》，11 ： 435-518 。

鄭英敏（1996）。〈學校危機處理〉。《教師天地》，82 ： 24-31 。

鄧文蕙（1991）。《幼兒家庭意外傷害與照顧者對幼兒意外傷害防範及處理之認識》。國防醫學院公共衛生研究所碩士論文。

二、英文部分

Berger, K. S. (1991). *The developing person through the life span* (2nd ed.). New York: Worth.

Heinrich, W. H. (1959). *Industrial accident prevention* (4th ed). New York: McGraw-Hill.

McLennan, C. et al.(1987). The unmeasured costs of injury. *Public Health Reports*, 102(6): 636-637.

Murray, C. J. L.& Lopez, A. D.(1996). *Global burden of disease: A comprehensive assessment of mortality and disability from diseases, injuries and risk factors in 1990 and projected to 2000.* Geneva: World Health Organization.

Sousa, B. (1982). School emergencies-preparation not panic. *Journal of School Health*, 52(7): 437-440.

Whaley, L. & Wong, D. (1987). *Nursing care of infants and children* (3rd ed.). St. Louis: Mosby.

第十二章
兒童安全之資源運用

托兒機構、幼稚園應負保護兒童安全之責任，雖然這是眾所皆知，各園所也大都能盡力而為，但近年來幼托機構發生兒童事故傷害仍時有所聞，探究其原因不外乎受到：人為疏忽，環境設備不佳，不諳相關安全法令規定，不知如何獲取相關之資源網絡，或者未依法行事等因素。當事故傷害發生以後，直接造成兒童的恐懼與傷害，間接地也為機構帶來不利的影響，這是機構經營者與工作者不可掉以輕心的。

然而，幼托機構在落實保障兒童安全的行動中，對有關兒童安全法規的瞭解、配合與遵循，及妥善的運用各項資源，是一種實際而有效的作法。畢竟政府相關機構在訂定法令的過程中，已做了較周延可行的考量，如能切實執行，自然會有相當成效。

鑑於目前國內有關幼托機構，學校兒童安全相關法規過於零散，不易為人全盤知悉，喘此，本書特加以蒐集、過濾與彙整，並加入兒童安全有關的資源網絡，以利相關工作者有整體的認識。

本章共分為兩節：一、兒童安全法規；二、兒童安全之資源網絡來做說明。

第一節　兒童安全法規

為便於參考查閱，本節資料將有關兒童安全法規概分為：(1)校外教學安全之相關法規；(2)環境設施安全之相關法規；(3)衛生保健安全之相關法規；(4)消防安全之相關法規；(5)交通安全之相關法規；(6)意外事件暨災害之相關法規；(7)人身安全之相關法規。基於有關兒童安全相關法規眾多，礙於篇幅無法一一列舉，本節只列較為相關之法條，其餘部分只將相關法規及網站列出。

一、校外教學安全之相關法規

(一)台北市國民小學校外教學實施要點（節錄）

中華民國九十一年九月一日台北市政府(91)教三字第09136909000號函修正

1. 台北市政府教育局為促進本市公私立國民小學及幼稚園（以下簡稱學校）校外教學活動之實施，擴充學童及幼兒知識領域，增進其見聞，以提高教學效果，特訂定本要點。

2. 實施原則：

    (1)目標明確：校外教學活動應有明確的目標，將學習內容融入學習活動中。

    (2)計畫周延：校外教學應透過周延的教學計畫，切實執行。

    (3)安全第一：應注意交通工具、活動方式、教學場所、節令氣候、飲食衛生等公共安全，以確保活動圓滿完成。

    (4)體驗學習：校外教學活動之設計規劃與各項業務，基於教學活動規劃之專業考量，應由學校內教師自行設計，必要時得邀請家長參與，共同研訂。

(二)台北市公立幼稚園辦理冬夏令營活動實施要點（節錄）

中華民國九十二年九月二十八日台北市政府教育局函頒

1. 台北市政府教育局為加強幼生藝能活動及生活教育，並協助家長照顧幼生，鼓勵北市公立幼稚園（以下簡稱各園）得於寒暑假期間辦理冬夏令營活動，特訂定本要點。

2. 各園辦理冬夏令營活動係由家長提出書面申請，並以招收園內幼生為限，且全園參與之幼生不足十人不開辦。

6.各園辦理冬夏令營活動以促進幼生身心發展之活動為主，內容由各園自行設計擬定，亦得由數園聯合辦理。

9.本要點實施期間應特別注意維護幼生安全及衛生保健等事項。

(三)台北縣公私立幼稚園舉辦戶外教學（參觀）活動注意事項（節錄）
中華民國八十一年六月八日台北縣政府函頒

1.各園得視實際教學需要，配合教學單元，實施戶外參觀或教學。

2.舉辦戶外教學時應考慮交通、氣候、衛生、安全等問題，並訂定具體計畫，通知家長後實施。

3.戶外教學行經路線及地點應事先勘察，避免至可能發生危險的地區。

4.舉辦戶外教學時，園方應盡可能徵求幼兒家長擔任義工，以

協助教師維護幼兒安全

5.舉辦戶外教學時限，以在當日下午三時前返回幼稚園為原則。

6.舉辦戶外教學時，參加人員均應辦妥旅遊保險。

7.舉辦戶外教學時，應隨時查點人數，並須注意幼兒健康狀況，如有異狀，應迅速採取適當措施。

8.舉辦戶外教學以自願參加為原則（學生之家長或監護人代為意思之表示），如有疾病或身體孱弱，應勸阻其參加，未能參加活動者，留園或由家長在家自行輔導。

9.舉辦戶外教學應備急救藥品，並盡可能有醫護人員隨行。

(四)幼稚園舉辦戶外教學（參觀）承租車主應遵守事項

1.負責選派車況良好及設備齊全之車輛。

2.遴選駕駛經驗及安全紀錄良好之合格駕駛員，並於開車前予以充分之睡眠休息。

3.詳細檢查車輛各部分是否良好，對轉向及制動裝置應特予注意，並做清潔及適當保養。

4.攜帶隨車工具、備胎、必要零件及滅火器等安全設備。

5.如同時行駛同路線租用兩車以上時，應指定其中資深駕駛一員為領班。

6.嚴格規定駕駛人駕車不得超速、違規行駛。

(五)幼稚園舉辦戶外教學（參觀）駕駛員及領班應遵守事項

1.駕駛人必須身心健全、體力充沛、感官靈活、反應敏捷、情緒平和。

2.出發前後，公司（車主）應對派出車輛做適當保養與準備外，駕駛員尤應注意下列各部分之檢查：

(1)制動系統。

(2)轉向系統。

(3)油、水、電（包括燈光、雨刷）及輪胎氣壓。

(4)隨車工具、備用零件，及安全設備。

(5)車內衛生。

3.駕駛人應遵守道路交通安全規則及高速公路交通管制規則，不得違規行駛。

4.車輛行駛中，應注意機件情況，如發現車況不佳，應立即停駛並維修。如不能停車時，除機警沈著應付外，應立即通知隨車指導老師及乘員，俾做緊急應變之準備。

5.學校師生如有超載情形得拒絕駕駛。

6.派用車輛如公司未做充分準備，或經檢查發現機件不妥，應拒絕駕駛。

7.領班人員有督導其他駕駛員從事檢查，負責與學校指揮人員密切聯絡，及協助各車完成應有準備之責。

8.駕駛員宿夜應有充分睡眠，勿做酗酒、賭博等耗損精神之事。

9.駕駛員及領班應依照旅行路線行駛，不得任意停車媒介商家或商品。

二、環境設施安全之相關法規

(一)幼稚教育法（節錄）

中華民國九十二年六月二十五日總統公布

第一條　（教育宗旨）幼稚教育以促進兒童身心健全發展為宗旨。

第三條　（教育目標）幼稚教育之實施，應以健康教育、生活

教育及倫理教育為主，並與家庭教育密切配合，達成
下列目標：

一、維護兒童身心健康。

二、養成兒童良好習慣。

三、充實兒童生活經驗。

四、增進兒童倫理觀念。

五、培養兒童合群習性。

幼稚教育之課程標準，由教育部定之。

第五條　（設立標準）幼稚園之設立應符合下列標準：

一、園址適當且確保安全。

二、園長及教師符合規定資格。

三、私立者應寬籌基金，其資產及經費來源，足供設
　　園及發展之需要。

四、園舍、面積、保健、衛生、遊戲、工作、教學等
　　設備符合幼稚園設備標準；其標準由教育部定
　　之。

(二)托兒機構設施規範（節錄）

中華民國九十一年四月三十日台中市政府令

第二章　托兒機構環境設施

壹、場地位置：

一、環境：托兒機構場地位置的選擇應考量下列原則：

(一)符合本市土地分區使用管制規定。

(二)水及排水系統完善。

(三)環境清靜，避免繁雜、喧嘩、危險及空氣污染。

(四)兒童接送安全及便利。

(五)光線充足及空氣流通。

貳、建築：托兒機構建築應依照「建築法」、「建築技術規則」及相關法令規定設置。

一、房舍：

(一)建築物應辦理變更登記爲托兒所或課後托育中心使用。

(二)建築物樓層，除專辦課後托育中心得使用至四樓外，以地面樓層至三樓爲限。

(三)樓梯應設置防止兒童跌落、滑落之設施。

二、牆壁及隔間應無尖銳突出處，必要時加裝防護設施。

三、地面與走道平坦乾燥、寬敞、必要時鋪設止滑設施。

四、廚房、寢室及房舍對外門窗應加紗門、紗窗。

五、室內活動場所應有門往避難方向開啓。

六、預留防火間隔及緊急避難通道，並保持通暢。

七、建材及裝潢材料均應爲防火材質。

(三)台北兒童托育中心設置標準（節錄）

中華民國七十七年九月十四日台北市政府 (77) 府法三字第259690 號令發布

第四條　設置兒童中心應注意維護兒童安全與健康，並應有固定地址及良好環境，其房舍應具備下列設備：一、活動室。二、保健室。三、廚房。四、廁所。五、遊戲場。六、書及康樂用具。七、消防設備。活動室遊戲場，以每一兒童占其淨面積各一平方公尺爲計算標準。

(四)托兒所設置辦法（節錄）

中華民國七十年八月十五日內政部修正公布

第五條　設置托兒所應注意維護兒童安全與健康，須有固定所

址及良好環境，其房舍以地面層及二樓為原則，並具備下列設備：一、遊戲室。二、活動室。三、保健室。四、寢室。五、辦公室。六、接待室。七、廚房。八、廁所。九、浴室。十、露天遊戲場。十一、升旗台。十二、教學用具。十三、康樂用具。十四、消防設備。十五、基金或經常費。前項各款設備及每一嬰幼兒應占室內外活動之面積，由省（市）主管機關參酌當地實際情形訂定之。依第二條各款設置之季節性、流動性或固定性農村村里托兒所應具備之條件，由省（市）主管機關視環境需要訂定之，不受前項之限制。

(五)兒童遊戲設備安全準則──檢查與維護（節錄）

中華民國八十年八月十九日經濟部中央標準局修正公布

1.適用範圍：本標準規定一般室外永久裝置之無動力兒童遊戲設備（以下簡稱設備）之安全檢查與維護，以維持使用上之安全，不論新設或原有均須遵守。

備考：檢查與維護時應以原製造廠商之有關資料為依據，並須查考 CNS 12642（兒童遊戲設備安全準則──設計及安裝）之有關規定。

2.用語釋義：本標準所用主要用語之意義請參閱 CNS 12642 。

3.安全檢查：所有設備、組件及其表面均應經常檢查其缺失。可使用之設備均應登記造冊。須修理之設備應列入檢查維護紀錄。

3.1每日目測檢查：經常使用之遊戲場地須由管理人員每日負責檢視有無下列各項缺點。

 (1)結構體──彎曲、扭翹、破裂、暴動、折斷等。

(2)表面塗飾——護面層消失、鏽蝕、裂紋、裂片或離縫。

(3)消耗項目——缺失、翹曲、碎裂、鬆動磨損、脫落等。

(4)邊緣——隆突、尖刺或銳邊等。

(5)擠碎——機件、接頭或活動組件之擠碎。

(6)機械裝置或活動部分——軸承磨損、需要潤滑、黏著或動作過度、動作發聲、淨空不準、覆蓋遺失等。

(7)護欄、扶手或鞦韆欄柵等——缺失、彎曲、斷裂、鬆動等。

(8)通路——踏桿、踏板或梯級之缺失或斷裂、鬆動等。

(9)鞦韆等之座位——缺失、損壞、鬆動、有銳角、裝置不牢等。

(10)基礎——破裂、鬆動等。

(11)設備下之防護地面——硬實、移位、不足掩蓋、不潔、缺失等。

(12)排水孔——阻塞。

新安裝之設備須同時做「初期關注」檢視，見 CNS 12642 第 11.7 節。

3.2 月季檢查：每一至三個月須有較詳細之檢查，其結果須做成永久紀錄，以便隨時查考。除前節每日檢查之項目外，尤須注意腐蝕變質等作用，損耗及人為破壞等，並特別註明其個別地點。

3.3 年度檢查：每半年至一年，最好每年兩次，分為上、下年度各檢查一次。應由專業工程師做詳盡之檢查，其結果須列入永久紀錄。此項檢查宜會同原廠商辦理。

3.4 缺失：檢查時發現任何缺失應即提出報告，必要時停止使用該設備。缺失應盡速矯正。缺失詳情及修復經過均須做

成永久紀錄。爲系統化並徹底執行，此等紀錄須使用「安全檢查維修紀錄檢核表」，其範例如參考表。每一遊戲場地宜有公告揭示大眾，如發現任何缺失可報告之機構及其電話。

4.安全維護：維護與修理設備及更換零件均應嚴格遵照原製造廠商之規定或慣例。維護中之設備應禁止使用並予隔絕；放置維修用機具設備之場地亦禁止閒人進入。

4.1潤滑：所有承軸及活動部分均應嚴格依照製造廠商之資料定期調整及上油潤滑。

4.2重新塗飾及表面之再處理：所有塗裝面均應定期重新塗飾，並須使用無毒材料。

4.3地面下金屬之處理：本項爲第 3.2 節之重要檢查項目，應將地面材料等覆蓋物全部移開，直達混凝土基礎面，同時重做防鏽處理。必要時應予修換或更新。處理完畢後，原有地面應予復原，堅硬或不透水地面應距構材外至少四十五公分，並做成 1/20 坡度。

地面使用合成類似材料之處，須特別注意支承在地面處有無腐蝕跡象。在有隙縫之處須徹底潔淨後，以木凝固填縫劑嚴密塞緊。

4.4地面：地面磨損或不平整之處須重新塡平或鋪平，與鄰接地面一致，設備下之地面不得任意加高，以免不符 CNS 12642 有關各節所規定之淨空。

4.5吸收衝擊性地面：天然之吸收衝擊性地面須每日潔淨，耙鬆並清除雜物。必要時予以補充或更換，俾以維持其規定深度。人造地面須定期檢查，過度耗損者應予更換，以免導致危險。

4.6砂及砂坑：砂及砂坑之維護最爲重要。砂坑須保持排水良

好，經常耙勻，清除雜物，並應將污染之砂移去或將砂坑徹底清潔後，加入淨砂。

4.7 更換組件：必須更換之組件應以正確適當之組件替換，不得任以贋品混充。

4.8 繩索：繩索須經常檢查，遇有磨損、毀傷或老化等跡象，安全堪虞時均應予更換。尤其須特別注意繩索錨繫聯結之處。

損壞之繩索及繩網尚毋須更換者，應由勝任人員修補之。

4.9 玻璃纖維及塑膠：玻璃纖維及塑膠部分應由專門人員修理維護之。

兒童遊戲場地及遊戲設備安全檢查維修紀錄檢核表參考格式

場地名稱：				
檢查地點：				
檢查人員：				
全部維修完成日期：				
項目及安裝日期	製造廠商	型號或編號	損壞情況及採取行動（例如不准使用等）	維修工作及完成日期
備考： 檢查人員簽章： 填表日期： 維修工作檢查者： 日期： 附件：遊戲場地平面圖，並表示需要維修設備之位置。 〔附註〕CNS 意即中國國家標準。				

4.10鏈環及鏈釦：鏈環及鏈釦之磨耗面應特別注意。如有顯著
磨損應予更換。

(六)各行業附設兒童遊樂設施管理規範（節錄）

中華民國九十二年四月九日台內童字第 0920095668 號函頒

一、為維護各行業附設兒童遊樂設施安全，防止兒童意外事件
發生，特訂定本規範。

二、本規範適用對象為附設兒童遊樂設施之各行業。

三、本規範所稱附設兒童遊樂設施，係指室內外、非機械式及
非營利性之兒童遊樂設施。

四、本規範主管機關為內政部兒童局。

附設兒童遊樂設施之主管機關為各行業主管機關。

五、主管機關、各行業主管機關及各目的事業主管機關權責劃
分如下：

(一)主管機關：主管附設兒童遊樂設施安全管理之規劃等
相關事宜。

(二)各行業主管機關：主管附設兒童遊樂設施之管理、稽
查等相關事宜。

(三)建管、工務機關：主管附設兒童遊樂設施逃生通道及
動線等相關事宜。

(四)消防機關：主管附設兒童遊樂設施消防設備等相關事
宜。

(五)衛生機關：主管附設兒童遊樂設施室內衛生相關事
宜。

(六)環保機關：主管附設兒童遊樂設施室外周邊環境衛生
相關事宜。

(七)社政機關：主管附設兒童遊樂設施管理人員講習或訓

練相關事宜。

六、各行業應於附設兒童遊樂設施開放使用前，檢具下列表件向各行業主管機關報備：

(一)廠商出具之合格保證書。

(二)投保含附設兒童遊樂設施之公共意外責任險證明文件。

(三)安全檢查表（如**附表一**）。

附設兒童遊樂設施有拆除、更新或增設者，亦應依前項規定辦理。

本規範實施前各行業已附設兒童遊樂設施者，應於本規範實施後六個月內檢具第一項表件，向各行業主管機關完成報備手續。

七、各行業附設兒童遊樂設施之設計、安裝、檢查及維護，應符合中國國家標準 CNS12642、 12643 兒童遊戲設備安全準則之規定或其他國際相關標準。

前項兒童遊樂設施之設計及安裝廠商應出具合格保證書。

八、各行業附設兒童遊樂設施者，應置管理人員負責遊樂設施之安全，並辦理員工講習或訓練，提升監護技能及安全知識。

前項管理人員應接受講習或訓練，其課程及時數由主管機關定之。

九、各行業應投保含附設兒童遊樂設施之公共意外責任險；保險期間屆滿時，應予續保。

十、各行業附設兒童遊樂設施之事故傷害防制及處遇規定如下：

(一)備置急救用品：如優碘、酒精、剪刀、鉗子、繃帶、方塊紗布、脫脂棉、棉籤、黏性膠布、生理食鹽水、

附表一
遊樂設施地點附設兒童遊樂設施安全檢查表

檢查廠商：　　　　　檢查人員：　　　　　　檢查日期：　年　月　日

項目	項次	安全檢查應注意事項	檢查符合安全規定		待改進或檢修事項	複檢日期及結果
			是	否		
一般性及遊樂設施周邊環境	1	於適當地點公告遊戲方法。				
	2	光線明亮、通風、無視覺死角。				
	3	應備有急救箱，並應訂有送醫管道。				
	4	遊樂器材之設置，能計算上下左右之安全空間。				
	5	以幼兒的活動量多寡及幼兒的人數、年齡需要作為設計規劃時之重要考量。				
	6	地基使用水泥；器材地樁能注意埋設之深度，不可突出地面。				
	7	器材結合處之外露螺絲釘及支架交叉處，高過幼兒身高；金屬尖銳物不外露。				
	8	焊接點及環釦做好安全處理；鏈孔不能太大避免突出及鏽損。				
	9	使用遊樂器材時，能保持安全距離；在擺盪器材的擺盪空間能做好警告標誌。				
	10	地面平坦，無坑洞，具排水性無積水。				
	11	定期全面安全檢查各遊樂器材，並備有紀錄。				
	12	器材或場地不適用時，立即停止使用，並盡速修繕。				
	13	待修期間，將遊樂器材封閉或卸下，並加明顯標示待修復後使用。				
	14	發現器材不符安全要求能及時拆除報廢。				
	15	器材表面，幼兒所使用之手握或足踏部分，採用不滑油漆或塑膠漆，以防滑倒。				
	16	逾齡使用之器材，能加強檢視頻率與維修工作。				
隧道	1	焊接點牢固未鬆脫。				
	2	鋼架平穩，未腐蝕。				

（續）附表一

遊樂設施地點附設兒童遊樂設施安全檢查表

檢查廠商： 檢查人員： 檢查日期： 年 月 日

項目	項次	安全檢查應注意事項	檢查符合安全規定		待改進或檢修事項	複檢日期及結果
			是	否		
翹翹板	1	兩端著地點鬆軟或設有緩衝物。				
	2	木板勿斷裂、變形。				
	3	支架及栓釦牢固。				
	4	扶手不可鬆脫。				
	5	螺栓帽不可突出。				
攀登架	1	鋼管焊接牢固未腐蝕。				
	2	地面平坦鬆軟。				
平衡木	1	放置穩固。				
	2	支柱安全，無斷裂危險。				
	3	平衡木正面平整。				
輪胎	1	輪胎裝置固定妥當。				
	2	輪胎表皮平整無破損。				
	3	輪胎內槽不積水也無髒亂之物。				
迴轉地球	1	輪軸穩固。				
	2	鐵鍊、鋼管不可鏽損。				
	3	底台不可破裂、鬆落。				
	4	有足夠的潤滑劑。				
鞦韆	1	座位質料鬆軟。				
	2	扶手處鏈孔不可太大。				
	3	鞦韆一組以兩個為原則，保持安全距離。				
	4	座椅不可掉落、破損、鬆脫、有尖銳之角。				
	5	地面有保護墊或物。				
滑梯	1	著地處地面能做安全維護設施。				
	2	著地處地面保持適當高度，以維清潔。				
	3	斜度以四十度內為限。				
	4	滑板平順。				
	5	扶手高度適中。				
	6	爬椅椅階不得破裂或鬆脫。				

（續）附表一
遊樂設施地點附設兒童遊樂設施安全檢查表

檢查廠商： 檢查人員： 檢查日期： 年 月 日

項目	項次	安全檢查應注意事項	檢查符合安全規定		待改進或檢修事項	複檢日期及結果
			是	否		
搖椅	1	底部與地面距離，超過一個幼兒躺下的高度約四十公分以上。				
	2	支架與座椅兩邊，有適當距離。				
	3	座椅附設安全帶。				
	4	座椅下之踏板有適當距離。				
	5	結構不可彎曲、歪斜、破裂、鬆脫、斷裂。				
	6	吊鉤環釦不得鬆開。				

備註：一、緩衝範圍必須於設施四周一百八十公分以上；搖擺設施必須大於三百公分以上。
　　　二、各遊樂場如有不同遊樂器材，請自行添加檢查項目。

　　　　急救手冊、冷熱水袋，並注意使用期限、保存方式及定期更換。

　　(二)實施事故傷害防制教育及相關訓練，增進員工安全急救技能。

十一、各行業附設兒童遊樂設施者，每半年應自行或委託廠商實施一般檢查及維護保養，並製作安全檢查表一式二份，一份自存，一份送各行業主管機關備查。

十二、各行業主管機關得自行或會同當地建管、工務、消防、衛生、環保、社政等相關目的事業主管機關及消費者保護官，依安全稽查檢核表（如**附表二**）對各行業附設兒童遊樂設施實施安全稽查。

　　　前項安全稽查作業，得由直轄市、縣（市）政府併同維

附表二　公私立 ＿＿＿＿＿＿ 托兒所、托嬰中心、課後托育中心
　　　　附設兒童遊樂設施稽查檢查表(一)

主管機構（檢核單位）：＿＿＿檢查人（簽章）：＿＿＿檢查日期：＿年＿月＿日

<table>
<tr><td rowspan="4">一、基本資料</td><td>行業名稱
及類別</td><td colspan="2"></td><td>設施報備
日期</td><td colspan="2"></td></tr>
<tr><td>設置地點
(地址或地號)</td><td colspan="2"></td><td>設置樓層
面積</td><td colspan="2">層之第　層　　平方公尺</td></tr>
<tr><td>業主（者）
或負責人</td><td colspan="2">姓名：
身分證字號：</td><td>設施
管理人</td><td colspan="2"></td></tr>
<tr><td>類別</td><td>型式</td><td>是否報備</td><td>類別</td><td>型式</td><td>是否報備</td></tr>
<tr><td rowspan="9">二、現有設施項目</td><td rowspan="3">滑降設施</td><td>□滑梯</td><td>□已報備□未報備</td><td rowspan="2">攀爬設施</td><td>□攀爬架遊
戲雕塑</td><td>□已報備□未報備</td></tr>
<tr><td>□螺旋滑梯</td><td>□已報備□未報備</td><td rowspan="2">□攀爬、攀岩</td><td rowspan="2">□已報備□未報備</td></tr>
<tr><td>□球池</td><td>□已報備□未報備</td></tr>
<tr><td rowspan="4">擺盪設施</td><td>□搖木馬</td><td>□已報備□未報備</td><td rowspan="4">其他設施</td><td rowspan="4">□迷宮
□(請填型
式)</td><td rowspan="4">□已報備□未報備</td></tr>
<tr><td>□鞦韆</td><td>□已報備□未報備</td></tr>
<tr><td>□翹翹板</td><td>□已報備□未報備</td></tr>
<tr><td>□搖椅浪船</td><td>□已報備□未報備</td></tr>
<tr><td rowspan="2">旋轉設施</td><td rowspan="2">□地球儀
旋轉椅</td><td rowspan="2">□已報備□未報備</td></tr>
<tr></tr>
</table>

三、檢查項目

<table>
<tr><td>1.遊樂設施合格保證書：□有　□無
　符合之標準為：</td><td>6.註明設施使用年齡、人數、身高及載
　重量限制：□清楚　□不清楚</td></tr>
<tr><td>2.遊樂設施與安全檢查表設施項目：□全部符合
　□部分符合　□全部不符合（註明：　　）</td><td>7.設施四周有足夠的緩衝（安全）距
　離：□有　□無</td></tr>
<tr><td>3.定期從事檢查、維護保護並記錄安全檢查：
　□定期　□不定期　□無紀錄　□紀錄不完整</td><td>8.設施與設施間有足夠的緩衝間：
　□有　□無</td></tr>
<tr><td>4.是否投保公共意外責任險：□有　□無
　投保金額為：　　　　元</td><td>9.視線觀察方便無視覺死角：
　□是　□否</td></tr>
<tr><td>5.公告兒童遊樂設施使用須知：□有　□無</td><td>10.其他</td></tr>
</table>

備註：

1. 本頁由附設兒童遊樂設施之主管機關負責填寫。

2. 本表三、檢查項目 1.遊樂設施合格保證書符合之標準為中國國家標準 CNS 總號
　　12642 、 12643「兒童遊戲設備安全準則」規定，或美國 ASTM　F1487 、
　　1148，歐洲 EN1176 、 1177 等國際相關標準。

3. 末列舉之項目於 10.其他欄簽註。

（續）附表二　公私立 _____ 兒所、托嬰中心、課後托育中心
附設兒童遊樂設施稽查檢查表(二)

主管機構（檢核單位）：_____ 檢查人（簽章）：_____ 檢查日期：__年__月__日

檢查項目	檢核人	檢查項目	檢核人
1.建築物安全檢查簽證及申報： □依規定申報 □未依規定申報 □依規定免申報		8.空調或 □空氣潔淨無難聞味道 □缺乏適當空調且有異味	
2.疏散路線圖、緊急出口及逃生動線指引： □清楚 □不清楚		9.夜間照明設備（適用於夜間使用之設備）： □有 □無	
3.安全門（梯）及樓梯通道： □暢通無阻礙 □有堆積物阻礙		10.設有基本急救箱配備： □有 □無	
4.消防安全設備： □符合 □不符合（註明：　　　　）		11.環境清潔消毒： □定期消毒（室內設施每日至少清潔消毒二次） □無定期消毒	
5.消防安全設備檢修申報： □依規定申報 □未依規定申報		12.管理人員是否參加講習（或訓練）： □有 □無 課程（或訓練）名稱： 　　　　時數：	
6.防火管理執行情形： □依規定申報 □未依規定申報		13.指派合格管理人員負責管理： □有 □無	
7.是否使用防焰窗簾、地毯： □依規定辦理 □未依規定（註明：　　　）		14.其他：	

備註：

1. 本頁由相關單位配合檢核、填寫。
2. 本表 1. 2. 3.由建管、工務負責，4. 5. 6. 7.由消防機關負責，8. 9. 10. 11.由衛生、環保機關負責，12. 13.由社政機關負責。
3. 未列舉之項目於 14.其他欄簽註。

護公共安全聯合稽查執行。

十三、各行業主管機關辦理附設兒童遊樂設施安全稽查業務，
得依法規委託專業檢查機構、法人或團體執行。

十四、各行業主管機關於接獲有違反本規範情事者，應彙整稽
查紀錄，詳列違規事實，依法處理，並列管追蹤；必要
時，得送相關目的事業主管機關依法處理。

十五、各行業附設兒童遊樂設施衍生危害兒童安全消費糾紛
者，應由各行業主管機關會同相關機關妥處。

各行業違反本規範情節重大，並對消費者已發生重大損
害或有發生重大損害之虞，而情況危急時，直轄市、縣
（市）政府得依消費者保護法第三十七條規定，在大眾
傳播媒體公告違法業者名稱、地址及其違法情形。

三、衛生保健安全之相關法規

(一)幼稚園課程標準（節錄）

中華民國七十六年二月二十三日教育部公布

貳、課程領域

• 健康

一、目標

　　(五)實施幼兒安全教育，協助幼兒獲得自護的能力。

二、範圍

　　(三)健康的生活

　　　　1.內容

　　　　　　(1)安全的知識

　　　　　　　　①室內的安全教育。

　　　　　　　　②室外的安全教育。

③飲食的安全教育。

④交通的安全教育。

⑤水、火、電的安全教育。

⑥藥品與危險物品的安全教育。

(2)意外事件的預防和處理

①意外事件的預防方法。

②意外事件的處理方法和態度。'

(4)其他——良好衛生、安全習慣的培養、家庭和學校環境衛生與安全的維護。

2.實施方法

(1)教材編選

①配合幼兒的身心發展、能力和需求編選教材，實施安全教育。

②宜選擇與生活經驗、生活環境有關的教材。

③可利用偶發事件編選安全教育的教材。

④配合單元活動設計編選有關安全教育的教材。

(8)實施要點

①安全生活方面

A.設置各種工具、器皿、玩具和室內外各項設備時，應注意其安全性，並經常檢查與維護。

B.隨時注意環境中的障礙物，危險地區或者危害事物，以策幼兒安全。

C.指導幼兒能正確的使用工具、玩具、遊戲和運動器具，以及學校的各項設備，如廁所、洗手台⋯⋯等；使用前亦能檢查其安全性，若有不正確的舉動，教師要能隨時

糾正與指導。

D.不可因防範意外傷害的增多，而限制幼兒的戶外遊戲。

E.隨時注意學校餐點和飲水的衛生與安全。

F.有關交通的安全，除教導一般交通規則和行走注意事項外，宜特別注意幼兒來園的接送以及娃娃車的安全。

G.設置衛生保健室，充實醫藥設備，並經常注意藥品之使用時效。

H.對於幼兒的人際關係、情緒的發展和變化，應多加注意與輔導。

I.應與家庭密切配合，共同實施各項安全教育。

(二)食品中毒案件處理要點（節錄）

中華民國七十九年四月十六日衛署食字第 858851 一號函修正

一、凡發生起因於食品、食品添加物、食品器具、食品容器包裝或食品用洗潔劑之食品中毒或疑似案件，中毒患者之家屬、發現中毒案件之人員或單位，或診治中毒患者之醫院診所，應即向當地衛生局（院、所）聯絡或報告。

二、中毒發生所在地之衛生局（院、所）於接到食品中毒或疑似案件發生之聯絡或報告後，應迅即派員赴現場調查中毒發生經過，追查可疑食品來源及其貯藏、處理及烹調方法，迅速以適當方法採取剩餘食品及病患吐瀉物或其他嫌疑物品、人體檢體加以檢驗，並應速聯繫有關單位或上級衛生主管機關。前項調查時，應注意研判是否確為食品中毒，抑係傳染性疾病或其他原因，必要時應採取消毒、隔離或其他適當應急措施。

三、前項衛生局之採樣檢驗工作如因設備不足無法檢驗或有傳
　　染性疾病之嫌疑時，應速檢同食品中毒調查表及有關檢體
　　以適當方法逕送中央衛生檢驗機關或有關檢驗機構檢驗。
　　送驗時，所附資料必須詳實齊備，檢體均應適當處理。

四、凡經研判非傳染性疾病之中毒案件，檢驗機關應即依據食
　　品中毒調查表內容及其他實地調查所得資料，推斷其直接
　　中毒原因，就採自現場之剩餘食品及病患吐瀉物或其他嫌
　　疑物品、人體檢體執行檢驗，予以證實。前項送請中央衛
　　生檢驗機關檢驗之食品中毒案件，如地方衛生機關未予推
　　斷其直接中毒原因，而所附食品中毒調查表及有關書件內
　　容亦乏足資推斷之具體資料者，中央衛生檢驗機關即依食
　　品中毒檢驗項目表之規定執行檢驗。

五、縣（市）衛生主管機關於接獲食品中毒或疑似案件之報告
　　後，應予適當處理並迅即將案情報告省（市）衛生主管機
　　關。省（市）衛生主管機關接到上述報告後，應視情形加
　　以處理，必要時得派員督導或協助中毒發生所在地衛生局
　　（院、所）處理案件。食品中毒或疑似案件如案情重大或
　　涉及農、漁、牧產銷問題時，應即以電話報告上級衛生主
　　管機關處理。

六、縣（市）衛生主管機關於食品中毒或疑似案件之調查或檢
　　驗後，應予適當處理，並迅即將處理經過連同食品中毒調
　　查表等有關書件報告省（市）衛生主管機關。省（市）衛
　　生主管機關接到上述報告後，應視情形加以處理並報告中
　　央衛生主管機關。

(三)食品衛生管理法（節錄）
　　中華民國七十二年十一月十一日總統（72）台統（一）義字第

6260 號令修正公布

第二章　食品衛生管理

第十一條　食品或食品添加物有下列情形之一者，不得製造、
　　　　　調配、加工、販賣、貯存、輸入、輸出、贈與或公
　　　　　開陳列：

一、變質或腐敗者。

二、未成熟而有害人體健康者。

三、有毒或含有害人體健康之物質或異物者。

四、染有病原菌者。

五、殘留農藥含量超過中央主管機關所定安全容許
　　量者。

六、受原子塵、放射能污染、其含量超過中央主管
　　機關所定安全容許量者。

七、攙偽、假冒者。

八、屠體經衛生檢查不合格者。

十、逾保存期限者。

第十五條　食品器具、容器、包裝或食品用洗潔劑有下列情形
　　　　　之一者，不得製造、販賣、輸入、輸出或使用；

一、有毒者。

二、易生不良化學作用者。

三、其他足以危害健康者。

(四)學校衛生保健實施辦法（節錄）

中華民國八十八年七月十九日行政院衛生署修正發布

第九條　學校發現教職員工或學生染患法定傳染病或報告性傳染
　　　　病時，應即分別報告教育主管機關及當地衛生機關。為
　　　　防止傳染病之蔓延，教育主管機關得准予停課。

第十條　學校教職員工及學生，均應接受衛生機關規定之預防接種。

第十一條　學校應加強檢查及管理環境衛生，對於員工消費合作社、餐廳、廚房之衛生，應於有關場所公布其管理要點，並嚴格督導與執行。

第十二條　學校應加強健康教育教學或衛生指導，充實教材教具，舉辦衛生教育有關活動。

第十三條　各級主管教育行政機關每年應舉辦學校衛生、安全教育與急救等有關衛生訓練及衛生活動。

第十五條　學校與當地衛生醫療機構應密切配合，加強實施學校衛生工作。

第十六條　各級主管教育、衛生行政機關及學校，應依照學生人數及衛生環境之需要，寬籌編列衛生經費，並做有效運用。

第十七條　學校實施衛生保健，主管教育行政機關應會同主管衛生行政機關，定期或不定期輔導與考核其績效，分別予以獎懲。

(五)傳染病防治法

中華民國九十三年一月二十日行政院衛生署修正公布

詳見全國法規資料庫（http://law.moj.gov.tw/Scripts/Query4B.asp?FullDoc= 所有條文 &Lcode=L0050001）。

四、消防安全之相關法規

(一)各類場所消防安全設置標準（節錄）

中華民國九十三年四月六日內政部台內消字第 0930090559 號

令修正發布

第一章　總則

第一條　本標準依消防法（以下簡稱本法）第六條第三項規定訂定之。

第二條　各類場所消防安全設備之設置及維護，依本標準之規定。但因場所用途、構造特殊，或引用與本標準同等以上效能之消防技術、工法或設備，適用本標準確有困難者，於檢具具體證明經中央消防主管機關認可者，不在此限。

第三條　未定國家標準或國內無法檢驗之消防安全設備，應檢附國外標準、國外（內）檢驗報告及試驗合格證明或規格證明，經中央消防主管機關認可後，始准使用。
　　　　前項應經認可之消防安全設備項目及應檢附之文件，由中央消防機關另定之。

第二章　消防設備

第七條　各類場所消防安全設備如下：
　　　　一、滅火設備：指以水或其他滅火藥劑滅火之器具或設備。
　　　　二、警報設備：指報知火災發生之器具或設備。
　　　　三、避難逃生設備：指火災發生時為避難而使用之器具或設備。
　　　　四、消防搶救上之必要設備：指火警發生時，消防人員從事搶救活動上必需之器具或設備。
　　　　五、其他經中央消防主管機關認定之消防安全設備。

第八條　滅火設備種類如下：
　　　　一、滅火器、消防砂。

二、室內消防栓設備。

三、室外消防栓設備。

四、自動灑水設備。

五、水霧滅火設備。

六、泡沫滅火設備。

七、二氧化碳滅火設備。

八、乾粉滅火設備。

第九條　警報設備種類如下：

一、火警自動警報設備。

二、手動報警設備。

三、緊急廣播設備。

四、瓦斯漏氣火警自動警報設備。

第十條　避難逃生設備種類如下：

一、標示設備：出口標示燈、避難方向指示燈、避難指標。

二、避難器具：指滑台、避難梯、避難橋、救助袋、緩降機、避難繩索、滑杆及其他避難器具。

三、緊急照明設備。

第十一條　消防搶救上之必要設備種類如下：

一、連結送水管。

二、消防專用蓄水池。

三、排煙設備（緊急昇降機間、特別安全梯間排煙設備、室內排煙設備）。

四、緊急電源插座。

五、無線電通信輔助設備。

五、交通安全之相關法規

(一)幼稚教育法（節錄）

中華民國九十二年六月二十五日修正

第十八條　（交通安全措施）幼稚園兒童上、下學應實施導護，確保交通安全；其由幼稚園備車接送者，車輛應經交通監理單位檢定合格，嚴格限定乘車人數並派員隨車照護。

(二)台北市學生及幼童交通車管理規則（節錄）

中華民國九十四年九月二十一日訂

第一條　台北市政府（以下簡稱本府）為加強台北市（以下簡稱本市）學生及幼童交通車之管理，以維護學生及幼童乘車安全，特訂定本規則。

第二條　本規則所稱交通車，指公私立高中、職以下各級學校（以下簡稱學校）、補習班、幼稚園及托育機構載送學生及幼童上下學之校車及幼童專用車。前項幼童專用車，指專供載送幼稚園及托兒所未滿七歲幼童之車輛。幼童專用車應以購置新車為之，其使用年限以十年為限，不得使用他種車輛改裝或替代。

第三條　本規則之主管機關為本府，執行機關如下：

一、教育局：學校、幼稚園、補習班交通車之管理。

二、社會局：托育機構交通車之管理。

第四條　學校、補習班及幼稚園申請購買交通車，應報經教育局備查；托育機構應報經社會局備查，並向公路監理機關申領牌照。其車型、規格及設施設備應符合交通

相關法令之規定，並依實際需要購置，不得使用不合規定之車輛。

第五條　交通車之車身顏色及標識，應依教育部函頒之公私立各級學校（含幼稚園托兒所）校車顏色及標誌標準圖辦理，幼童專用車並應於駕駛座兩邊外側加漆主管機關核准立案字號、車號及乘載人數。

第六條　交通車駕駛人應領有職業駕駛執照，學校、補習班、幼稚園及托育機構應慎選性情穩重、具有耐心之資深優良駕駛員負責駕駛，不得僱用資格不合相關交通法規規定者，擔任駕駛工作。

交通車駕駛人應每年定期至醫院健康檢查，檢查合格者，應將檢查結果留存學校、補習班、幼稚園或托育機構備查。駕駛人如罹患足以影響行車及學童安全之疾病者，應即停止其駕駛工作，至病癒後，並取得醫院健康檢查證明，始得續任。

第七條　交通車載送學生及幼童人數，應依車型規定容量載送。

交通車以每人均有座位為原則，不得超載，且須擇定安全地點供學童上下車；幼童專用車應依限載人數載送幼童，不得令幼童站立，並派專人隨車妥善照顧。

第八條　交通車應設置合於規定之滅火器及相關安全設備。駕駛人於每次行車前，應切實檢查車況及滅火器、安全門及相關安全設備，須於檢修妥善後，始得行駛；並應將檢查紀錄留存學校、補習班、幼稚園或托育機構備查。

第九條　交通車應依規定定期檢驗及實施保養，並於行車執照及保養紀錄卡載明，以備檢查。

第十條　交通車如有過戶、停駛、復駛、報廢、繳銷或註銷牌
　　　　照等異動情事之一者，應於異動後十五日內，以書面
　　　　通知教育局或社會局。

第十一條　主管機關得不定期會同台北市監理處、本府警察局
　　　　　等相關單位抽檢交通車之行駛，以維交通安全。

第十二條　學校、補習班、幼稚園或托育機構之交通車，除幼
　　　　　童專用車外，得租賃營業車輛為交通車。

　　　　　學校、補習班或托育機構（不含托兒所）如租賃營
　　　　　業車輛為交通車，不適用第五條之規定。但須於車
　　　　　身前後，註明學校、補習班或托育機構之名稱及學
　　　　　生交通車字樣。

　　　　　前項交通車之租用，應將本規則納入契約內容，契
　　　　　約並應留存學校、補習班或托育機構備查。

第十三條　學校、補習班、幼稚園或托育機構應督導學生或幼
　　　　　童遵守車輛乘坐安全規定，並妥善規劃行車路線，
　　　　　避免行駛高速公路、快速道路、偏僻道路、地下車
　　　　　道及陡坡等，以維行車安全。

第十四條　學校、補習班、幼稚園或托育機構應定期辦理交通
　　　　　車安全演練，以提高緊急應變能力，維護學生乘車
　　　　　安全。

第十五條　學校、補習班、幼稚園或托育機構遴聘交通車駕駛
　　　　　人及隨車專人時，應檢附相關資料報主管機關核備
　　　　　後，始得僱用。

第十六條　台北市身心障礙無法自行上下學特教學生專車、早
　　　　　期療育、身心障礙福利機構之交通車，依本規則及
　　　　　其相關規定辦理。

(三)幼童交通車、駕駛車、隨車人員、托育機構應遵守的工作守則
　　（節錄）

中華民國九十三年六月十日內政部兒童局童托字第
0930054341 號函

(一)駕駛員應遵守：

1.據實填寫幼童專用車行車紀錄表。

2.定期檢查車內設備（滅火器、急救箱、安全門、車窗…
　…）。

3.發生意外事故時，能夠緊急且快速的處理。

4.不可酒後開車或開快車，須遵守各項交通規則。

5.不可在車內吸煙、不在車上有幼童時，駛入加油站加油。

6.於隨車人員離車接送幼童時，應協助看顧車內幼童。

7.於專用車返回機構，熄火鎖車離開前，巡視車內有無幼童尚
　留在車上或有攜帶物品遺留車內。

(二)隨車人員應遵守：

1.確實填寫幼童專用車接送紀錄表。

2.熟悉行車路線、各定點上下車的幼童及其家長或指定人。

3.隨身攜帶乘車幼童名冊及緊急聯絡電話、手機等。

4.當日無法乘車的幼童，應問明原因並記錄後，通知所方及相
　關人員。

5.每次上、下車後，確實清點人數。

6.車輛停妥後才開門下車，協助幼童上下車，並避免幼童跌倒
　及其身體、衣服或隨身物品遭鉤夾。

7.於離車接送幼童時，須將車門關好，並委託駕駛員暫時看
　顧。

8.將幼童送交家長或指定人。

9.隨時注意及維護車內幼童安全與秩序以及車窗、車門、安全門是否鬆動。

10.適時處理車內偶發事件，並於事後告知幼童家長、所方及相關人員。

11.適切傳達或轉交幼童家長的事務給所方。

12.專用車返回機構，巡視車內有無幼童尚留在車上或有攜帶物品遺留車內。

(三)托育機構應遵守：

1.隨車人員應把已接到的兒童點交給帶班老師，沒有接到的名單也須交代帶班老師，經帶班老師確認。

2.禁止將幼童專用車借與他人使用。

3.辦理駕駛員、隨車人員職前訓練。

(四)小客車附載幼童安全乘坐實施及宣導辦法（節錄）

中華民國九十一年五月二十三日修正

第一條　本辦法依道路交通管理處罰條例第三十一條第三項規定訂定之。

第二條　本辦法所用名詞定義如下：

一、小客車：指自用或租賃小客車及小型客貨兩用車（不包括營業小客車及救護車）。

二、幼童：指年齡在四歲以下，且體重在十八公斤以下之兒童。

三、安全椅：指符合國家標準 (CNS) 11497 汽車用兒童保護裝置並經經濟部標準檢驗局檢驗合格，且標印有商品檢驗標識之安全椅。

第三條　幼童專用車座椅另依道路交通安全規則第三十九條附件十二有關幼童座椅配置規定辦理。

第四條　小客車附載幼童行駛於道路時，應將幼童依下列方式乘坐於車內：
一、年齡在一歲以下或體重未達十公斤之嬰兒，應放置於車輛後座之嬰兒用臥床，使其在連續床面上呈平臥狀態下，予以拘束或定位。
二、年齡逾一歲至四歲以下且體重在十公斤以上至十八公斤以下之幼童，應坐於車輛後座之幼童用座椅。每一安全椅以乘坐一位幼童為限。
　　第一項幼童安全椅使用規定，如因幼童體型特殊顯無法依規定使用者，得選用適當之安全椅。
　　年齡逾四歲至十二歲以下或體重逾十八公斤至三十六公斤以下之兒童，應坐於車輛後座並妥適使用安全帶。

第五條　小客車附載幼童有下列情形之一者，第六條、第七條不受前條之限制：
一、有急救送醫、受傷、身心障礙或安置於安全椅對其醫療或健康有不良影響之情形，經相關醫療機構核發證明文件者。
二、當駕駛人以外之車內乘客，對幼童授乳或進行日常生活必需之照顧（指安置於安全椅不能從事之照顧）時。

第六條　幼童安置於安全椅時，除依第四條規定辦理外，並應注意下列事項：
一、裝置安全椅之座位不可搭配使用安全氣囊。
二、車輛遇交通事故或緊急煞車等突發狀況後，應立即查看乘坐之幼童及安全椅是否穩固並做必要之調整。

第七條　為配合實施本辦法，直轄市、縣（市）公路主管機
　　　　關、警察機關與社政及教育主管機關應相互協調，視
　　　　當地交通特性，預先訂定執行計畫辦理。

第八條　小客車廠商於銷售汽車或安全椅製造商於銷售安全椅
　　　　時，應於其產品使用說明書中加註幼童安全椅之相關
　　　　安全使用注意事項，並告知消費者。
　　　　公路主管機關應督導汽車租賃業者於出租小客車時，
　　　　應將有關幼童乘坐之規定張貼於營業處所明顯處告知
　　　　顧客，並提供相關宣導資料。

第九條　為維護幼童乘坐之安全，中央、直轄市、縣（市）公
　　　　路主管機關、警察機關與社政及教育主管機關應會同
　　　　各該級新聞主管機關訂定宣導計畫，並經常協調大眾
　　　　傳播機構、醫療機構、民間團體，合作宣導。

第十條　直轄市、縣（市）政府應督導所屬於召開村里民大會
　　　　或其他各種集會時，宣導小客車附載幼童安全乘坐之
　　　　規定。

第十一條　本辦法有關小客車附載幼童安全乘坐之規定，各級
　　　　　政府機關、公私立學校、公私法人團體均應倡導所
　　　　　屬人員率先遵行。

第十二條　小客車附載幼童安置於安全椅之宣導計畫，由交通
　　　　　部會同相關單位策劃推動之。

第十三條　小客車附載幼童應依本辦法規定乘坐，未依規定之
　　　　　處罰，自中華民國九十三年六月一日起實施。

第十四條　本辦法自發布日施行。

(五)公私立各級學校（含幼稚園、托兒所）校車顏色及標準圖

圖一

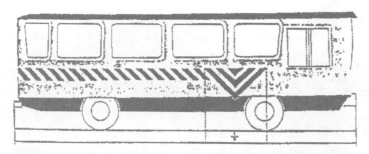

圖二

說明

一、車身的配色如圖一，標準色如圖二。

二、標誌以深紅、深黃相間配色，規格如右圖。

三、車子前後之標誌寬度占車身寬之二分之一。

四、兩側之標誌寬度占車身寬之六分之一。

五、車身兩側「校名」，均由車頭至車尾方向書
　　寫。

六、其他配置如圖。

標誌規格圖

後　　　　　　　前

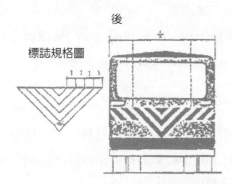

(六)道路交通安全規則

詳見全國法規資料庫（http://law.moj.gov.tw/Scripts/ Query4B.asp?FullDoc= 所有條文 &Lcode=K0040013）。

六、意外事件暨災害之相關法規（節錄）

(一)托兒所設施規範（節錄）

中華民國七十年八月十五日內政部修正公布

8.意外事件之預防與處理

意外事件之發生雖屬偶然，但平時多加小心注意，並將顯而易見之危險性予以消除，即可減低其發生率，意外發生後，在場者更應施以急救。

急救：即在醫生未到前，對意外及突發事件做緊急措施。托兒所內之設備，應防止一切因疏忽所能造成之傷害，教師應受緊急之護理訓練，包括止血、人工呼吸、創傷、中毒、中暑和腦震盪之醫護常識。

(二)天然災害停止辦公及上課作業辦法

詳見全國法規資料庫（http://law.moj.gov.tw/Scripts/ Query4A.asp?FullDoc=all&Fcode=S0110022）。

七、人身安全之相關法規

(一)兒童及少年福利法（民國九十二年五月二十八日公布）
http://law.moj.gov.tw/Scripts/SimpleQ.asp?rb= lname&K1= 兒童及少年福利法

(二)兒童及少年福利法施行細則（民國九十三年六月三日發布）http://law.moj.gov.tw/Scripts/Query4A.

asp?FullDoc=all&Fcode=D0050010

(三)兒童及少年性交易防制條例（民國九十四年二月五日
修正）http://law.moj.gov.tw/Scripts/Query4B.
asp?FullDoc= 所有條文 &Lcode=D0050023

(四)兒童及少年性交易防制條例施行細則（民國八十九年
十二月三十日修正）http://law.moj.gov.tw/Scripts/
Query4B. asp?FullDoc= 所有條文 &Lcode=D0050027

(五)少年及兒童保護事件執行辦法（民國八十九年九月二
十日修正）http://law.moj.gov.tw/Scripts/Query4B.
asp?FullDoc= 所有條文 &Lcode=I0030012

(六)兒童寄養辦法（民國七十二年一月五日公布）
http://law.moj.gov.tw/Scripts/Query4A.asp?FullDoc=all&
Fcode=D0050017

第二節　兒童安全之資源網絡

　　與兒童安全有關的資源網絡，依資源的提供者與接受者的不同，各有不同的內涵。以下列舉一些與兒童安全有關的資源，供大家參考。

一、台北市政府社會局兒少福利相關業務辦理單位

名稱	聯絡方式	兒少相關業務內容
台北市政府社會局第二科（社會救助科）	2759-7725	低收入戶各項輔助事宜、低收入戶第二代「出人頭地發展帳戶」專案
台北市政府社會局第三科（身心障礙福利科）	2759-7728~29	發展遲緩兒童療育補助、身心障礙兒童及少年福利事項（調查、經濟補助）
台北市政府社會局第五科（兒童托育與婦女福利）	2725-6969	托育服務、保母系統、托育補助、育兒補助
台北市政府社會局第六科（兒童及少年福利科）	2720-6507	公私立育幼院及兒少福利機構之輔導與監督、收出養與寄養服務、兒少問題防治、兒少經濟扶助、兒少性交易防制、兒少保護安置、兒少領域專業人員訓練
社工室	2720-6528	兒童及青少年志願服務推動
台北市家庭暴力暨性侵害防治中心	通報專線：113 0800024995	兒少保護、性侵害防治
台北市發展遲緩兒童早期療育通報及轉介中心	T:2756-8852 F:2756-8432	未入小學前發展遲緩兒童之通報、評估、安置、諮詢等服務
身心障礙福利會館	2531-7576 2531-7588	身心障礙個案輔導（15-18歲）、諮詢、休閒活動辦理

二、台北市政府社會局社會福利服務中心

名稱	地址	聯絡方式
中山社福中心	合江街 137 號 3 樓	T:2515-6222　F:2515-6224
大同社福中心	昌吉街 52 號 8 樓	T:2597-4280　F:2597-4785
中正社福中心	濟南路二段 46 號 2 樓	T:2396-2340　F:2393-8567
萬華社福中心	東園街 19 號 4 樓	T:2339-5765　F:2933-2254
大安社福中心	四維路 198 巷 30 弄 5 號 2 樓之 9	T:2700-0960　F:2701-2187
文山社福中心	興隆路二段 160 號 2 樓	T:2932-3587　F:2932-3732
松山社福中心	民生東路五段 163-1 號 2 樓	T:2756-5018　F:2756-5023
內湖社福中心	江南街 43 號 3 樓	T:2657-3010　F:2657-1116
南港社福中心	南港路一段 360 號 9 樓	T:2651-2515　F:2782-8698
士林社福中心	忠誠路二段 53 巷 7 號 9 樓	T:2835-0247　F:2936-2945
北投社福中心	新市街 30 號 5 樓	T:2894-2640　F:2895-9273
信義社福中心	松隆路 36 號 5 樓	T:2761-6515　F:2764-5221
身心障礙福利會館	長安西路 15 號	T:2531-7576　F:2531-7588

三、台北市公設民營兒童福利服務中心

中心別	地址	聯絡方式	服務項目
台北市民生兒童福利服務中心	松山區民生東路五段 163-1 號 3 樓	T:2748-6008 F:2748-6007	托育服務諮詢、宣導、訓練；兒童福利諮詢；親職教育；責任通報研習（教保人員）等。
台北市福安兒童福利服務中心	中正區汀州路一段 123 號	T:2339-1305 F:2339-1308	兒童福利諮詢；親職教育；責任通報研習（醫護心理人員）；兒童安全教育宣導；弱勢家庭兒童個案管理、心理衛生諮詢、課後照顧；單親家庭服務等。
台北市萬華兒童福利服務中心	萬華區東園街 19 號 3 樓	T:2332-0710 F:2332-6452	兒童福利諮詢；親職教育；強制性親職教育；責任通報研習（警察司法人員）；弱勢家庭兒童個案管理、喘息服務、課後照顧；單親家庭服務等。

四、台北市育幼院（所）

機構名稱	地址	電話
台北市立廣慈博愛院育幼所	信義區福德街 200 號	2728-2334#254
中華文化社會福利事業基金會台北兒童福利中心	信義區虎林街 120 巷 270 號	2767-9264
台北市私立華興育幼院	士林區仰德大道一段 IO1 號	2831-6834
台北市私立伯大尼育幼院	文山區保儀路一段 129 號	2939-6396
台北市私立好生育幼院	北投區一德街 75 號	2895-4321
台北市私立忠義育幼院	文山區景興路 85 巷 12 號	2931-0213
台北市私立聖道兒童之家	士林區天母東路六之二號	2871-4445
台北市私立義光育幼院	萬華區和平西路三段 382 巷 II 弄 17 號	2304-5561
台北市私立體惠育幼院	士林區中山北路七段 141 巷 43 號	2871-5276

五、兒童及少年安置及教養機構

(一)緊急暨短期安置

機構名稱	電話
台北市展望家園（公設民營）	2725-6973
台北市立廣慈博愛院育幼所	2726-4072

(二)中長期安置——公設民營庇護家園

機構名稱	電話
台北市希望家園	2725-6973
台北市向晴家園	2725-6973

(三)私立少年中途之家

機構名稱	電話
天主教善牧社會福利基金會附設德蓮、德莉之家	2381-5402
勵馨社會福利事業基金會附設佳音學舍	2367-9595
基督教更生團契附設台北市私立北投中途之家	2895-6814

(四)台北市寄養服務——社會局方案委託

機構名稱	地址	電話
台灣世界展望會（台北市家庭服務中心）	民權東路二段 46 號 10 樓	2541-8092

(五)台北市收出養服務——社會局方案委託

機構名稱	地址	電話
兒童福利聯盟文教基金會	松山區民生東路五段 163 之 1 號 3 樓	2748-6008

六、台北市兒童及少年心理、親子關係諮商專線

機構	服務項目	電話
台北張老師輔導專線	少年心理及人際關係諮詢、親職輔導	2716-6180
友緣基金會親子諮詢專線	家長親職諮詢及教育	2769-3319
人本教育基金會諮詢專線	父母教育、親職諮詢	2362-3245
生命線協談專線	心理及生命關懷、人際關係諮詢	2505-9595
台北市家庭教育中心諮詢專線	親職教育、親子問題	2541-9981
馬偕協談中心（平安線）	親職教育、親子問題	2531-0505 2531-8595
觀音線（協談專線）	心理及人際關係、婚姻家庭諮詢	2768-7733
台北市單親家庭服務中心	單親家庭服務及諮詢	2558-0170
信誼基金會	子女照顧教養	2396-5303
中華民國親子教育推廣協會	親子教育諮詢	2785-8521
國際單親兒童文教基金會	單親家庭諮詢輔導	2302-9099
宇宙光輔導中心	兒童及親子諮詢	2363-2107
台北市立師院特教諮詢專線	特殊幼兒教育諮詢	2389-6215

七、台北縣市少年輔導機構

機構	服務對象	地址	電話
基督教勵友中心	行為偏差、學校適應不良或中輟、原住民少年輔導	台北市中山區民族東路 2 號 505 室	2594-2492
光智基金會	低功能家庭少年及其家長之家族治療、心理諮商	台北市士林區通河街 137 號地下室	2885-4250
勵馨基金會（少年部）	不幸、中輟、未成年未婚懷孕少年及法院轉介少年	台北市中正區牯嶺街 93 號 5 樓	2369-0885
中華民國更生少年關懷協會青少年、中輟少年	觸法之虞及司法處遇中的	新店市行政街 43 號 1 樓	2910-5945
台北青友中心	非行少年	台北市大安區新生南路三段 19 巷 23 號 1 樓	2365-2242
張老師基金會台北分事務所	中輟、行為偏差之虞少年諮詢輔導	台北市松山區敦化北路 131 號	2717-2990
中華民國白浪青少年發展協會	偏差行為、弱勢少年	新店市安業街 151 巷 2 號	2211-4102
台北地方法院少年法庭觀護人室	法院觀護少年	新店市中興路一段 248 號	8919-3866#6
士林地方法院少年法庭觀護人室	法院觀護少年	台北市士林區士東路 190 號	2831-2321

八、兒童及青少年醫療保健與心理衛生諮詢單位

(一)菸、毒藥物癮醫療及諮詢

機構	地址	電話
戒菸諮詢專線		0800636363
董氏基金會（菸害防治）	松山區復興北路 57 號 12 樓之 3	2773-4309
台北榮民總醫院臨床毒藥物防治諮詢中心	北投區石牌路二段 201 號	2875-7121
台北市立療養院藥物成癮防治科	信義區松德路 309 號	2728-5791
晨曦福音戒毒中心	永和市保福路二段 23 巷 37 號	2927-0010

(二)兒童及青少年醫療保健諮詢及門診

機構	地址	電話
台大醫院精神科兒童心理衛生中心	中正區常德街 1 號	2312-3455#6579
婦幼醫院兒童心智科	中正區福州街 12 號	2391-6471#374
婦幼醫院青少年醫療保健門診及諮詢	中正區福州街 12 號	2341-4754
和平醫院青少年特別門診及諮詢	中正區延平南路 189 號 2 樓	2371-2023
台北市立療養院兒童青少年門診	信義區松德路 309 號	2726-3141#1132
台北市社區心理衛生中心	大安區金山南路一段 5 號	3393-6588
榮民總醫院青少年心理衛生門診	北投區石牌路二段 201 號	2871-2151
陽明醫院（青春期門診）	士林區雨聲街 105 號	2835-3456
陽明醫院精神科	士林區雨聲街 105 號	2835-3456#6386；6362
忠孝醫院青少年醫療保健門診	南港區同德路 87 號	2786-1288#6721
忠孝醫院精神科	南港區同德路 87 號	2786-1288#6721；6938
中華民國婦幼衛生協會青少年保健門診	松山區南京東路 5 段 164 號 2 樓	2768-1235

(三)性教育諮詢

機構	地址	電話
台北市立性病防治所諮詢專線	萬華區昆明街 100 號	2370-3738
衛生署愛滋病諮詢專線	中正區愛國東路 100 號 12 樓	0800888995
榮總王大夫專線	北投區石牌路二段 201 號	2871-9494
台北市女性權益促進會健康專線	中山區大直街 1 號	2533-0300
財團法人杏陵醫學基金會－性教育輔導專線（每週一、三、五下午 2:00-5:00）	大安區浦城街 13 巷 30 號 3 樓	2362-7363

(四)憂鬱情緒諮詢——民間團體

機構	地址	電話
董氏基金會－心理衛生組 http：//ww.jtf.or2.tw/psyche/h α ne.asp	台北市復興北路 57 號 12 樓之 3	2773-4309
台北市敦安社會福利基金會	台北市公園路 30 號 l0 樓 A 室	2331-5322

九、兒童及青少年就學諮詢單位

(一)政府單位

名稱	地址	電話
教育局第一科（高職）	信義區市府路 1 號北區八樓	2720-5650
教育局第二科（國、高中）	信義區市府路 1 號北區八樓	2720-3326
教育局第三科（國小）	信義區市府路 1 號北區八樓	2725-6380
教育局第四科（學前教育）	信義區市府路 1 號北區八樓	2759-3376
教育局第五科（特殊教育）	信義區市府路 1 號北區八樓	2725-6347

(二)民間團體

機構	地址	電話
台灣師範大學特教中心	大安區和平東路一段 162 號	2392-2784
人本教育基金會	大安區羅斯福路三段 277 號 7 樓 A 室	2367-0151

(三)中輟學園（學校輔導室轉介）

機構	地址	電話
乘風少年學園	信義區基隆路一段 127 號 2 樓	2765-0638
善牧學園	萬華區西園路二段 79 號	2308-8300
以琳基督徒中心	南港區中坡北路 92 號 2 樓	8787-5473

(四)台北市學校社會工作方案輔導單位（學校輔導室轉介）

機構	服務區域	電話
基督教教會聯合會	東區－信義、內湖、南港	2765-0638
勵馨基金會	南區－松山、信義、大安	2369-0885#552
善牧基金會	西區－萬華、中正、中山	2308-8300
基督教勵友中心	北區－北投、士林、大同	2594-2492

(五)青春之光——中輟生後續追蹤輔導單位（學校輔導室轉介）

機構	服務範圍	電話
基督教教會聯合會	內湖、信義、南港、松山	2765-0638
以琳基督徒中心	內湖、信義、南港、松山（有個別化教育及輔導需求者）	8787-5473
基督教勵友中心	士林、北投、大同	2594-2492
光智基金會	士林、北投、內湖、大同、中山、松山（有心理衛生困擾者）	2886-2773

十、兒童及少年休閒教育服務機構

機構	地址	電話
台北市青少年育樂中心（Y17）	台北市仁愛路一段 17 號	2343-2388
中國青年反共救國團育樂活動處	台北市松江路 219 號	2502-5858
台北市基督教女青年會（YWCA）	台北市青島西路 7 號	2381-2131
台北市基督教青年會（YMCA）	台北市許昌街 19 號	2331-7774
金車教育基金會	台北市羅斯福路三段 230 號後棟 2 樓	2368-0273
飛颺青少年成長中心	台北市羅斯福路五段 150 巷 31 號	2930-2877
中華民國全人文教協會	台北市羅斯福路六段 130 號 4 樓之 1	8935-1699
中華民國戶外教育協會	台北市文德路 66 巷 101 號 4 樓之 1	8797-4681

十一、其他兒童及少年福利及教育服務團體

(一)兒童

機構	地址	電話
台北市基督徒救世會社會福利事業基金會	台北市基隆路一段 432 號 7 樓 704 室	2729-9923
台北市聖道兒童基金會	台北市松江路 23 號 9 樓	2871-4445
台北市賽珍珠基金會	台北市和平西路一段 56 號 4 樓之 5	2369-8880
台北市友緣社會福利事業基金會	台北市南京東路五段 123 巷 8 弄 8 號 1 樓	2769-3319
台北市覺心兒童福利基金會	台北市中山北路二段 59 巷 44 弄 3 號 1 樓	2551-6223
台北市立心慈善基金會	台北市萬華區東園街 19 號 3 樓	2332-0710
兒童福利聯盟文教基金會	松山區民生東路五段 137 巷 2 號 5 樓之 1	2748-6006
台灣兒童暨家庭扶助基金會台北市北區分事務所	台北市士林區前港街 32 號	8861-1245 8861-1246
台灣兒童暨家庭扶助基金會台北市南區分事務所	台北市新生南路一段 160 巷 17 號 1 樓	2351-6948
彭婉如文教基金會	台北市新生南路三段 56 巷 7 號 3 樓	2521-6196
靖娟兒童安全文教基金會	台北市汀州路一段 123 號	2339-1305
味全文化教育基金會	台北市松江路 125 號 4 樓	2056-3564
向陽公益基金會	台北市杭州南路一段 14 號 1 號 7 樓	2393-3882
華人心理治療研究發展基金會	台北市大安區麗水街 28 號 6 樓	2392-3528
台北市恩家貧困家庭協會	台北市萬華區長泰街 139 巷 20 號 1 樓	2309-1388
台北市孤兒福利協會	台北市敦化北路 155 巷 101 號 2 樓	2514-9040
中華育幼機構兒童關懷協會	台北市八德路三段 81 號 8 樓之 4	2579-3338
台灣終止童妓協會	台北市立功街 79 巷 9 號 2 樓	6610-6616
中華民國兒童保健協會	台北市青島西路 11 號 4 樓之 4	2389-0750
台北市教保人員協會	台北市社中街 374 號 2 樓	2555-6094
台北市托兒協會	台北市潮州街 75 之 1 號	2351-2370
台北市兒童托育協會	台北市基隆路二段 79 巷 1 號	2736-1415
台北市托教協會	台北市民生東路四段 80 巷 1 弄 5 號	2718-4466
中華民國保母策進會	台北市和平東路一段 75 巷 1 號 8 樓	2341-6726
中華熊媽媽保母公益協進會	台北市辛亥路一段 86 號 2 樓之 1	8369-5686

(二)少年

機構	地址	電話
台北市私立得榮社會福利基金會	台北市忠孝東路五段 558 號 6 樓	8726-1330
台北市新生代社會福利事業基金會	台北市復興南路一段 1 號 13 樓之 1	2777-5842
台北市敦安社會福利基金會	台北市公園路 30 號 IO 樓 A 室	2331-5322
台北市婦女救援社會福利事業基金會	台北市復興南路一段 321 號 7 樓之 1	2700-9595
吳東進基金會	台北市光復北路 II 巷 35 號 13 樓	2769-0515#18
怡富關懷成長基金會	台北市敦化南路二段 67 號 17 樓	2755-8725
勵馨社會福利事業基金會	台北市羅斯福路二段 75 號 7 樓	2367-9595
善牧社會福利基金會	台北市中山北路一段 2 號 II 樓 1100 室	2381-5402
天主教福利會	台北市中山北路一段 2 號 6 樓 603 室	2311-0223
普仁青年關懷基金會	台北市和平西路一段 26 號 8 樓	2369-1886
張老師基金會	台北市松江路 219 號 401 室	2502-5858
惟生醫學文教基金會	台北市青島東路 4 號 4 樓之 3	2395-1919
白茂發社區教育基金會	台北市羅斯福路一段 20 號 10 樓之 1	2356-00I8
基督教都市人工作群社會福利事業基金會	台北縣、新莊市建興街 60 巷 1 號	2752-8031 8991-4028
泰山文教基金會	台北市長安東路二段 99 號 4 樓之 I	2501-7722
台北市基督教活水江河全人關懷協會	台北市松信路 163 號 BI	2764-1232
台北市生命線協會	台北市中山區松江路 65 號 II 樓	2502-4242
觀音線	台北市南京東路五段 251 巷 46 弄 5 號 7 樓	2558-0220
基督徒芥菜種會	台北市雙城街 49 巷 6-1 號 3 樓	2597-4868
台灣世界和平祈願會	台北市大安路一段 249 號 9 樓之 1	2929-1821
中華溝通分析學會	台北市敦化南路二段 172 巷 5 弄 4 號 3 樓	2735-9424

(三)特殊教養

機構	地址	電話
中華民國智障者家長總會	親職教育　法律諮詢　休閒娛樂　早療個管服務	2701-7271
中華民國自閉症總會	自閉症諮詢　親職教育　庇護工廠	2592-6928
台北市學習障礙者協會	諮詢服務　親職教育　兒童成長團體	2709-9796
第一社會福利基金會	各類身心障礙兒諮詢　早期療育訓練　親職教育　玩具圖書館　輔具專業諮詢服務	2722-4136
中華民國腦性麻痺協會	家長團體　臨時托育　早療個管服務　早期療育	2751-7733
中華民國唐氏症關愛協會	諮詢服務　親職教育　親子休閒活動　早療課程　新生兒家庭訪視	8923-3375
心路社會福利基金會	早期療育　評估復健　親職教育　巡迴輔導	2592-9778
伊甸社會福利基金會婦幼家園	早療服務　臨托服務　親職教育	8792-5072
台北市雙溪啓智文教基金會	0-3歲定期提供早療到宅服務諮詢專線	2532-5002
台北市智障者家長協會	臨托服務　早療個管服務　親職教育　法律諮詢	2755-5690
台北市聽障者聲暉協會	聽障兒諮詢服務　親職教育　就業服務	2723-3703
雅文兒童聽語文教基金會	聽障兒童聽與說之訓練	2827-4500
台北市視障者家長協會	視障兒童諮詢服務　親職講座　就業服務	2505-9885
中華民華陽光社會福利基金會	協助顏面傷殘者就醫、就學、復健、心理及社會適應諮詢服務	2507-8006
台北市中華唇顎裂兒童基金會	醫療補助　語言治療　親職教育活動　諮詢服務	2608-1658
羅慧夫顱顏基金會	諮詢服務　醫療補助　遊戲醫療	2719-0408

機構	地址	電話
中華民國心臟病兒童基金會	心臟病童諮詢　國中小心臟病童篩檢	2331-9494
中華民國兒童燙傷基金會	燙傷兒醫療復健諮詢、醫療費用補助	2522-4690
中華民國早產兒基金會	經濟補助　早產兒預防及追蹤輔導　居家照顧	2511-1608
大觀文教基金會	義工訓練、兒童癌症關懷	2917-8775
中華民國兒童癌症基金會	醫療費用補助、親子活動	2331-9953
中華民國台灣黏多醣症協會	黏多醣症宣傳介紹及篩檢	2503-2125
罕見疾病基金會	罕見疾病諮詢、病友團體	2521-0717
台灣癲癇之友協會	諮詢服務　親職講座	2514-9682
台北市永春文教基金會	感覺統合失常兒童之評估及訓練	2550-2243
台灣兒童暨家庭扶助基金會	經濟扶助　獎助學金　急難救助兒童輔導　娛樂活動　圖書服務早療個管服務　親職講座	2351-6948
台北市自閉症教育協進會	諮詢服務　親職教育　入國小準備班	2595-3937
赤子心教育基金會	注意力缺陷過動症　兒童諮詢服務　親職講座　兒童相關課程	2834-5648
台北市心智障礙者關愛協會	諮詢服務　手足育樂營　希望學園　家長聯絡網站	2346-0801
台北市私立育成殘障福利事業基金會	諮詢服務　療育服務　到宅服務	2706-2686

十二、相關網站網址

政府單位

網站	網址
台北市政府社會局	http：//www.dosw.tcg.gov
台北市政府托育資訊服務網	http：//kids.taipei.gov.tw
台北市政府家暴防治網	http：//www.dosw.tcg.gov.tw/fv/index.htm
台北市早期療育綜合服務網	http：//www.tpscfddc.gov.tw/medicine/index.htm
市民愛心網	http：//action.taipei-elife.net
社區網	http：//community.taipei-elife.net
台北市教育入口網	http：//www.tp.edu.tw
兒童及少年休閒活動資訊網	http：//young.tp.edu.tw/child
內政部兒童局	http：//www.cbi.gov.tw/all-demo.php
內政部	http：//www.moi.gov.tw/moi/index.asp
行政院青輔會青少年資訊網	http：//gysd.nyc.gov.tw/youth/
靖娟兒童安全文教基金會	http：//www.safe.org.tw/
交通安全教育網	http：//www.hpps.ntct.edu.tw/traffic/traffic.htm

附　錄

附錄一　兒童安全指數大調查

居家安全指數大調查

1.陽台沒有圍欄，或圍欄的高度太低，或圍欄的間距太寬時，您會請人來整修。

　〇常常注意　　　　〇偶爾注意　　　　〇從未注意

2.陽台圍欄老舊、鬆動時，您會請人來修理。

　〇常常注意　　　　〇偶爾注意　　　　〇從未注意

3.陽台地板應避免堆滿雜物，才不會讓幼童可攀爬而上。

　〇常常注意　　　　〇偶爾注意　　　　〇從未注意

4.家中應避免種植有毒植物，如：黃金葛等。

　〇常常注意　　　　〇偶爾注意　　　　〇從未注意

5.家中的熱水瓶、烤箱、微波爐等器具，應避免放在幼童可以拿得到的地方。

　〇常常注意　　　　〇偶爾注意　　　　〇從未注意

6.家中的清潔劑、殺蟲劑等，應避免以食品容器盛裝。

　〇常常注意　　　　〇偶爾注意　　　　〇從未注意

7.家中的工具，如錘子、釘子、鋸子等，應避免放在幼童可以拿得到的地方。

　〇常常注意　　　　〇偶爾注意　　　　〇從未注意

8.家中的圖釘等小東西，應避免放在幼童可以拿得到的地方。

　〇常常注意　　　　〇偶爾注意　　　　〇從未注意

9.家中的空塑膠袋、繩子等，應避免放在幼童可以拿得到的地方。

　〇常常注意　　　　〇偶爾注意　　　　〇從未注意

10.瓦斯筒未使用時您會記得關上。
　　○常常注意　　　　○偶爾注意　　　　　○從未注意

11.避免幼童使用的枕頭太過鬆軟，容易使得頭部陷入導致窒息。
　　○常常注意　　　　○偶爾注意　　　　　○從未注意

12.瓦斯、熱水器應裝設在浴室外且通風良好的場所。
　　○常常注意　　　　○偶爾注意　　　　　○從未注意

13.浴室內應鋪設有吸水及防滑的墊子。
　　○常常注意　　　　○偶爾注意　　　　　○從未注意

14.客廳內的玩具應收拾好，不應隨便散落於地板上。
　　○常常注意　　　　○偶爾注意　　　　　○從未注意

15.客廳或餐廳的家具邊緣（如：沙發、桌、椅）應避免是堅硬的
　　凸角或尖銳的邊緣。
　　○常常注意　　　　○偶爾注意　　　　　○從未注意

交通安全指數大調查

1.您會教導孩子行人在過馬路時應行走行人穿越道。
　　○常常注意　　　　○偶爾注意　　　　　○從未注意

2.您會教導孩子行人在過馬路時應看紅綠燈並遵照其指示。
　　○常常注意　　　　○偶爾注意　　　　　○從未注意

3.您會教導孩子行人在過馬路時注意左右兩方來車後再過馬路。
　　○常常注意　　　　○偶爾注意　　　　○從未注意

4.您會教導孩子行人應靠馬路的右方行走。
　　○常常注意　　　　○偶爾注意　　　　　○從未注意

5.您會教導孩子在搭乘火車、捷運時，上下車要小心月台的間隙。
　　○常常注意　　　　○偶爾注意　　　　　○從未注意

6.您會教導孩子在上下車時要注意左右方的來車。
　　○常常注意　　　　○偶爾注意　　　　　○從未注意

7.您會教導孩子在搭乘交通工具時不可以將頭手伸出車窗外。

　　○常常注意　　　　　○偶爾注意　　　　　○從未注意

8.您會教導孩子在搭乘大眾交通工具時應排隊上下車、不爭先恐後。

　　○常常注意　　　　　○偶爾注意　　　　　○從未注意

9.您會教導孩子在搭乘大眾交通工具時不可以在車上嬉鬧喧嘩，要尊重其他乘客。

　　○常常注意　　　　　○偶爾注意　　　　　○從未注意

10.您會教導孩子在搭乘大眾交通工具時不可以靠著車門站立，以避免發生危險。

　　○常常注意　　　　　○偶爾注意　　　　　○從未注意

11.您的孩子年齡或體重在須使用安全座椅的範圍內，您會為其選擇合適的安全座椅。

　　○常常注意　　　　　○偶爾注意　　　　　○從未注意

12.當安全座椅已不符合孩子的體型時，您會重新為孩子購置一合適的、新的安全座椅。

　　○常常注意　　　　　○偶爾注意　　　　　○從未注意

13.您瞭解何謂合格的幼童專用車。

　　○常常注意　　　　　○偶爾注意　　　　　○從未注意

14.您的孩子進入幼稚園就讀後，您會注意園所的幼童專用車是符合法定規格的。

　　○常常注意　　　　　○偶爾注意　　　　　○從未注意

15.看見不合格的幼童專用車，您會善盡通報的責任。

　　○常常注意　　　　　○偶爾注意　　　　　○從未注意

校園安全指數大調查

1.教導小朋友不能進入沒有人的車輛中。

　　○詳細教導　　　　　○偶爾教導　　　　　○從未教導

2.教導小朋友不能任意操作車輛按鍵等器材。

　　○詳細教導　　　　　○偶爾教導　　　　　○從未教導

3.教導小朋友不能躲在車子前面或後面等司機看不到的死角。

　　○詳細教導　　　　　○偶爾教導　　　　　○從未教導

4.教導小朋友在校園施工期間，不要靠近施工場所。

　　○詳細教導　　　　　○偶爾教導　　　　　○從未教導

5.教導小朋友注意電動捲門等校園電動器材。

　　○詳細教導　　　　　○偶爾教導　　　　　○從未教導

6.教導小朋友上實驗課時，確實遵從老師的指示。

　　○詳細教導　　　　　○偶爾教導　　　　　○從未教導

7.教導小朋友不在教室走廊或樓梯間嬉戲追逐。

　　○詳細教導　　　　　○偶爾教導　　　　　○從未教導

8.教導小朋友不在頂樓等高處看風景及追逐嬉戲，以免墜落。

　　○詳細教導　　　　　○偶爾教導　　　　　○從未教導

9.教導小朋友不要到校園停車場、四周圍牆、地下室等偏僻處，以免發生危險。

　　○詳細教導　　　　　○偶爾教導　　　　　○從未教導

10.教導小朋友上下學遵守糾察隊及導護媽媽的指揮，注意交通安全。

　　○詳細教導　　　　　○偶爾教導　　　　　○從未教導

11.教導小朋友遇到校園勒索或恐嚇等校園暴力，應告訴老師或家長處理。

　　○詳細教導　　　　　○偶爾教導　　　　　○從未教導

12.教導小朋友小心使用刀片、圖釘、竹籤、鉛筆等物品，不要當作玩具玩，以免傷人傷己。

　　○詳細教導　　　　　○偶爾教導　　　　　○從未教導

13.教導小朋友遇到可疑的人，要立刻告訴警衛或老師，保護大家的安全。

　　○詳細教導　　　　　○偶爾教導　　　　　○從未教導

14.教導小朋友不要玩危險的遊戲設施或運動設施，發現危險遊戲設施應立刻告訴老師處理。

　　○詳細教導　　　　　○偶爾教導　　　　　○從未教導

15.教導小朋友不要從事絆倒同學、拉椅子、推擠同學等惡作劇的行為，以免傷人傷己。

　　○詳細教導　　　　　○偶爾教導　　　　　○從未教導

遊戲安全指數大調查

1.在孩子使用遊戲設施前，會先檢查遊戲設施的安全性後，才讓孩子使用。

　　○經常檢查　　　　　○偶爾檢查　　　　　○從未檢查

2.會注意遊戲設施設有必要的安全防護措施（如保護網）。

　　○經常檢查　　　　　○偶爾檢查　　　　　○從未檢查

3.您會注意遊戲設施下方鋪面與周圍地面平坦，沒有凹洞、突出物及障礙物。

　　○經常檢查　　　　　○偶爾檢查　　　　　○從未檢查

4.當孩子在使用遊戲設施時，會在旁陪伴照顧。

　　○經常陪伴　　　　　○偶爾陪伴　　　　　○從未陪伴

5.在孩子使用遊戲設施時，會注意孩子的使用狀況。

　　○經常注意　　　　　○偶爾注意　　　　　○從未注意

6.如遇孩子不當使用設施時，會加以勸阻。

　　○經常勸阻　　　　　○偶爾勸阻　　　　　○從未勸阻

7.當發現遊戲設施有斷裂、損壞等危險情況時，願意向主責單位、認養單位或靖娟兒童安全文教基金會反映。

○願意　　　　　　　○看情形　　　　　　○不願意

8.如欲諮詢兒童遊戲安全相關事宜，願意打電話向靖娟兒童安全文教基金會等團體詢問。

○願意　　　　　　　○看情形　　　　　　○不願意

9.注意孩子經常出入之室內遊戲場有無具備相關安全檢查（如消防檢查等）的合格證明。

○經常注意　　　　　○偶爾注意　　　　　○從未注意

10.為孩子選擇就讀學校時，學校遊戲設施的狀況為選擇的主要指標。

○主要指標　　　　　○次要指標　　　　　○不參考

11.確實瞭解孩子學校遊戲設施安全狀況。

○非常瞭解　　　　　○有點瞭解　　　　　○不瞭解

12.因為擔心安全問題而減少孩子遊戲的機會。

○否　　　　　　　　○看情形　　　　　　○是

13.教導孩子勿將如窗簾、鐵門等設備當成遊戲設施、用品玩，並告知該行為的危險性。

○平時教導　　　　　○偶爾教導　　　　　○從未教導

14.選購備有完整使用說明書及安全玩具標誌之玩具。

○僅購買有安　　　　○偶爾購買有安　　　○不看有無安
　全標誌玩具　　　　　全標誌玩具　　　　　全標誌玩具

15.教導孩子遊戲受傷應變處理步驟及方法。

○平時教導　　　　　○偶爾教導　　　　　○從未教導

食品安全指數大調查

1.在選購食品時您會注意食品的製造日期、保存期限。

○常常注意　　　　　○偶爾注意　　　　　○從未注意

2.在選購生鮮食品時您會注意食品上標有檢驗合格的標誌才購買。

　○常常注意　　　　○偶爾注意　　　　○從未注意

3.您識得大部分的食品檢驗合格標誌，如 GMP 、 CAS 、電宰豬肉等。

　○常常注意　　　　○偶爾注意　　　　○從未注意

4.您會依孩子的成長階段為孩子選購合適的食品。

　○常常注意　　　　○偶爾注意　　　　○從未注意

5.您會教導孩子飯前應先洗手，培養孩子良好的衛生習慣。

　○常常注意　　　　○偶爾注意　　　　○從未注意

6.您會教導孩子正確的餐桌禮儀，如咳嗽時不可對著食物或其他共食者等。

　○常常注意　　　　○偶爾注意　　　　○從未注意

7.您會教導孩子掉在地上的食物不要再撿起來吃。

　○常常注意　　　　○偶爾注意　　　　○從未注意

8.您會教導孩子在飯前飯後不要做劇烈運動。

　○常常注意　　　　○偶爾注意　　　　○從未注意

9.您會教導孩子培養均衡飲食的好習慣、不挑食。

　○常常注意　　　　○偶爾注意　　　　○從未注意

10.家中的飲用水您會定期實施水質檢查，並在加熱過後才飲用。

　○常常注意　　　　○偶爾注意　　　　○從未注意

11.您會使用兩套不同的刀具、砧板，分別處理生食和熟食，避免污染。

　○常常注意　　　　○偶爾注意　　　　○從未注意

12.食物有異味時您會丟棄，不食用。

　○常常注意　　　　○偶爾注意　　　　○從未注意

13.食物超過保存期限一、二天，您會丟棄，不食用。

　○常常注意　　　　○偶爾注意　　　　○從未注意

14.收拾剩餘食品前您會先洗手，並以乾淨的器皿冷藏貯存。

　　○常常注意　　　　○偶爾注意　　　　○從未注意

15.剩餘食品復熱時您會充分加熱，食品中心溫度須達攝氏七十五度以上。

　　○常常注意　　　　○偶爾注意　　　　○從未注意

醫療安全指數大調查

1.您在家中備有急救箱，在緊急狀況時可使用。

　　○常常注意　　　　○偶爾注意　　　　○從未注意

2.您會注意急救箱中藥品的保存期限，並將過期藥品丟棄、更換。

　　○常常注意　　　　○偶爾注意　　　　○從未注意

3.您會基本的急救技巧，如處理燒燙傷等。

　　○常常注意　　　　○偶爾注意　　　　○從未注意

4.家中的藥品放在幼童拿不到的地方。

　　○常常注意　　　　○偶爾注意　　　　○從未注意

5.孩子不舒服時您會帶孩子至醫療院所就診，而不是讓孩子服用成藥。

　　○常常注意　　　　○偶爾注意　　　　○從未注意

6.孩子不舒服時您會帶孩子至醫療院所就診，而不是將家中成員過去服用的類似藥品拿給孩子服用。

　　○常常注意　　　　○偶爾注意　　　　○從未注意

7.您會遵照醫師的醫囑讓孩子服用藥物。

　　○常常注意　　　　○偶爾注意　　　　○從未注意

8.您瞭解孩子的體質對某些藥物過敏，並在就診時告知醫護人員。

　　○常常注意　　　　○偶爾注意　　　　○從未注意

9.對於幼童易感染的傳染病類型，您有足夠的瞭解，並能落實預防的工作。

　　○常常注意　　　　○偶爾注意　　　　○從未注意

10.您重視孩子運動及飲食均衡，以培養良好的身體健康狀態。
　　○常常注意　　　　○偶爾注意　　　　○從未注意

11.您會教導孩子視力保健的常識，並定期做檢查。
　　○常常注意　　　　○偶爾注意　　　　○從未注意

12 您會教導孩子牙齒保健的常識，並定期做檢查。
　　○常常注意　　　　○偶爾注意　　　　○從未注意

13.您會教導孩子注意個人衛生，避免使用不潔的公共清潔用品，
以防疾病的感染。
　　○常常注意　　　　○偶爾注意　　　　○從未注意

14.當孩子遭遇心理上的疾病時，您瞭解適當的求助管道（如：醫
療院所兒童心智科）。
　　○常常注意　　　　○偶爾注意　　　　○從未注意

15.您不只重視孩子生理上的健康，您也重視孩子心理上能健康的
成長。
　　○常常注意　　　　○偶爾注意　　　　○從未注意

人身安全指數大調查

1.教導小朋友在路上遇到陌生人跟蹤，應該盡快跑到人多的地方求
救。
　　○詳細教導　　　　○偶爾教導　　　　○從未教導

2.教導小朋友上下學避免單獨一人，應盡量結伴同行，不要在路上
逗留，以免遭遇不測。
　　○詳細教導　　　　○偶爾教導　　　　○從未教導

3.教導小朋友不可以搭陌生人的車、拿陌生人給的物品、飲料、食
品等，遇到陌生人搭訕應保持距離，盡快跑到人多處。
　　○詳細教導　　　　○偶爾教導　　　　○從未教導

4.教導小朋友認識社區與家裡附近危險地方有哪些，並告知小朋友

盡量不要接近。

　　○詳細教導　　　　○偶爾教導　　　　○從未教導

5.和小朋友設定並演練一些小暗號。並教導如果有人到學校代替父
　母接小朋友時，請他說出或表演正確的小暗號。

　　○已設定並教導　　○已設定未教導　　○從未設定教導

6.不讓小朋友在無大人陪伴的家中或車子上。

　　○詳細教導　　　　○偶爾教導　　　　○從未教導

7.教導小朋友如果走失了，應該保持冷靜，找警察或愛心商店、服
　務處的大人幫忙。

　　○詳細教導　　　　○偶爾教導　　　　○從未教導

8.教導小朋友熟記父母聯絡電話及緊急求助電話，當遇到緊急事件
　時可使用。

　　○詳細教導　　　　○偶爾教導　　　　○從未教導

9.教導小朋友遇到色狼時應如何處理。

　　○詳細教導　　　　○偶爾教導　　　　○從未教導

10.教導小朋友身體哪些地方是不管誰，即使認識、尊敬的人也不
　　可以碰觸。

　　○詳細教導　　　　○偶爾教導　　　　○從未教導

11.不會將孩子當作父母的附屬物。

　　○是　　　　　　　○否

12.不會過度體罰孩子。

　　○從來不會　　　　○偶爾會　　　　　○常常會

13.教導小朋友遇到有人欺負，應趕快報告老師或父母

　　○詳細教導　　　　○偶爾教導　　　　○從未教導

14.教導小朋友遇到有人勒索或恐嚇時處理的方式。

　　○詳細教導　　　　○偶爾教導　　　　○從未教導

15.教導小朋友遇到綁架應如何處理。

○詳細教導　　　○偶爾教導　　　○從未教導

資料來源：靖娟兒童安全文教基金會

兒童安全－安全補給

http://www.safe.org.tw/safe/amily_list.asp?class=1

附錄二　兒童遊戲場例行安全檢核表

兒童遊戲場例行安全檢核表（家長版）

題次	檢核內容	檢核結果	
		○	×
1	您是否瞭解什麼是危險的遊戲設施？		
2	在孩子使用遊戲設施前，您是否會先檢查遊戲設施的安全性後，才讓孩子使用？		
3	您是否會先確定遊戲設施沒有斷裂、生鏽、損毀等情況之後，才會讓孩子使用？		
4	您是否會先檢查遊戲設施沒有任何的尖銳突起物（如螺絲釘、玻璃等）之後，再讓孩子使用？		
5	您是否會先確認遊戲設施本身結構的穩固性，並且不會搖晃後，才會讓孩子使用？		
6	您是否會注意到遊戲設施本身不會有因陽光直射而導致溫度過高的情況？		
7	您是否會留意遊戲設施設有必要的安全防護措施（如保護網……）？		
8	您是否會注意到木頭類遊戲設施沒有出現表面粗糙、腐爛、遭白蟻蛀蝕、嚴重磨損、斷裂、變形等危險不可以使用的情況？		
9	您是否會注意到遊戲設施下方鋪面與周圍地面平坦，沒有凹洞、突出物及障礙物？		
10	您是否會注意到遊戲設施下方的鋪面有足夠厚度的軟質覆蓋物（如沙、軟墊等）？		
11	您是否會注意到遊戲設施之間或與其他設施（如花園）有足夠的安全距離？		
12	您是否會留意到遊戲設施附近設有遊戲使用安全告示牌？		
13	您是否會注意在遊戲設施的附近沒有有毒物質（包括：有毒植物，如黃金葛、聖誕紅等；化學染料等）或危險設備（如高壓電等）？		
14	當您發現遊戲設施有危險時，您是否會立即禁止孩子使用？		
15	在孩子使用遊戲設施前，您是否會注意到孩子穿著的合適性？		
16	您是否瞭解各項遊戲設施的使用規則？		
17	平時您是否會確實教導孩子如何辨識危險的遊戲設施？		
18	平時您是否會確實教導孩子在使用遊戲設施時應注意的安全事項（如排隊、遵守使用規則等）？		

題次	檢核內容	檢核結果	
		○	×
19	在孩子使用遊戲設施前,您是否會教導孩子使用規則與方式,並要求孩子確實遵行?		
20	當孩子在使用遊戲設施時,您是否會在旁陪伴照顧?		
21	在孩子使用遊戲設施時,您是否會留意孩子的使用狀況?		
22	如遇孩子不當使用設施時,您是否會加以勸阻?		
23	當發現遊戲設施有斷裂、損壞等危險情況時,您是否願意向主責單位、認養單位或靖娟兒童安全文教基金會(02-23012727)反映?		
24	如欲諮詢兒童遊戲安全相關事宜,您是否願意打電話向靖娟兒童安全文教基金會等團體詢問?		

兒童遊戲場例行安全檢核表(師長版)

園所名稱:			檢查人:主管:		檢查日期: 年 月 日	
項目	設施名稱	設施項次	主要檢核內容	檢核結果		備註
				○	×	
遊戲場所周邊環境		1	於適當地點設有遊戲使用安全告示牌			
		2	地面平坦、無坑洞、排水性良好			
		3	遊戲設施之間或與其他設施(如花園)之間有安全距離			
		4	遊戲設施的地樁埋設深度足夠,不突出於地面影響安全			
		5	遊戲設施下方的鋪面有足夠厚度的軟質覆蓋物(如沙、軟墊等)			
		6	在遊戲設施的附近沒有有毒物質(如有毒植物黃金葛、聖誕紅;化學染料等)或危險設備(如高壓電等)			
滑降設施	滑梯、螺旋梯	1	地坪有安全維護措施(例如:地墊、鬆沙等)			
		2	爬梯或階梯踏面穩固完好,無斷裂鬆脫			
		3	滑道斜度不超過45度			
		4	滑道平順,無接縫高低差或破裂			
		5	平台設有安全圍欄			平台高度____公分
		6	起滑處設有欄杆,協助改變姿勢由立改為蹲坐,防止墜落			

項目	設施名稱	設施項次	主要檢核內容	檢核結果 ○	檢核結果 ×	備註
滑降設施	滑梯、螺旋梯	7	起滑處與平台間無空隙			
		8	滑出著地處與地面安裝牢固，且有適當高度（約 20 公分）			
擺盪設施	搖木馬、鞦韆	1	基座安裝牢固，且無突出地表之尖銳構件			
		2	搖擺彈簧緊密連接基座及座椅			
		3	搖擺彈簧間距適當，無夾傷之虞			
		4	座椅扶手完整無缺損、鬆脫			
		5	基座、支架安裝牢固，無傾倒、鬆脫			
		6	擺盪軸承無鏽蝕、斷裂、破損、異音			
		7	每座鞦韆間距或與支架間距適當，至少大於 60cm			
		8	座位材質鬆軟有彈性，且無破損、鬆脫、尖銳角隙			
		9	擺盪使用範圍有適當隔離措施維護安全，如欄杆、圍板			
		10	地坪鋪面使用鬆軟彈性材質，如：鬆填細沙、安全地墊等			
	蹺蹺板	1	固定基座牢固，無動搖破損			
		2	擺動軸承或彈簧功能正常無損			
		3	乘載板身完整無破損、斷裂			
		4	乘載板身兩端不會接地或設有接地緩衝物，如輪胎等			
		5	扶手完整無鏽損、鬆脫、傾倒			
	搖椅、浪船	1	固定基座牢固，且無突出地面之尖銳構件			
		2	構造本體無變形、斷裂、鬆脫、傾倒			
		3	轉動軸承完好，無破損、鬆脫、異音			
		4	座椅與支架間距達 60cm 以上			
		5	擺盪使用範圍有適當隔離措施維護安全，如欄杆、圍板等			
	地球儀、旋轉椅	1	固定基座牢固，無動搖、破損、傾倒			
		2	構造本體無鏽蝕、斷裂、破損			
		3	轉動軸承完好，平順、無異音			

園所名稱：			檢查人：主管：			檢查日期： 年 月 日	
項目	設施名稱	設施項次	主要檢核內容	檢核結果		備註	
				○	×		
擺盪設施	地球儀、旋轉椅	4	轉動軸承有防止手腳陷入夾傷設計				
攀爬設施	攀爬架、遊戲雕塑	1	固定基座牢固無動搖、鏽損或突出地面之尖銳構件				
		2	構造本體無鏽蝕、斷裂、破損、變形				
		3	構件接合平順或有包覆措施、無尖銳邊角外露				
		4	離地高度超過 50cm 之平台設有護欄				
		5	繩纜鎖鏈完整無斷裂、鏽蝕、鬆脫				

註：相關標準可參考 CNSl2642 之有關規定。

特殊註記事項：

幼教叢書 2

兒童安全管理

作　　者／郭靜晃

出 版 者／威仕曼文化事業股份有限公司

發 行 人／葉忠賢

總 編 輯／閻富萍

執行編輯／胡琡珮

執行美編／周淑惠

地　　址／台北市新生南路三段 88 號 7 樓之 3

電　　話／(02)2366-0309

傳　　眞／(02)2366-0310

郵撥帳號／19735365

戶　　名／葉忠賢

印　　刷／大象彩色印刷製版股份有限公司

ＩＳＢＮ／986-81734-1-8

初版一刷／2005 年 12 月

定　　價／新台幣 400 元

國家圖書館出版品預行編目資料

兒童安全管理 = Child safety management /
郭靜晃著. -- 初版. -- 臺北市：威仕曼文
化，2005 [民 94]
    面；公分. --（幼教叢書；2）
含參考書目
ISBN 986-81734-1-8（精裝）

1.安全教育

528.39   94021930